Lors de son lancement, la périodicité de XXI suscitait souvent la même question : « *Trois mois, c'est l'éternité à l'âge d'Internet ! Comment allez-vous pouvoir traiter de l'actualité alors que le rythme de l'information s'accélère de manière vertigineuse ?* »

La remarque était frappée au coin du bon sens. Les « événements » sont désormais traités en temps réel, rien qu'en France, par six radios, trois chaînes de télévision d'information continue, une vingtaine de sites Internet liés aux quotidiens ou aux hebdomadaires, cinq rédactions exclusivement Web qui sont nées depuis deux ans, et une kyrielle de blogs en tout genre. Ces médias s'interpénètrent de plus en plus. Le dernier site à la mode, Twitter, invite ses adeptes à envoyer de très courts messages sur tout ce qu'ils voient, pensent et dénichent. L'internaute devient ainsi une agence de presse ou un moteur de recherche ambulant pour les autres.

Il faut pourtant se méfier des illusions d'optique. Les études montrent que 70 % des informations qui circulent dans ces gigantesques accélérateurs de particules sont... les mêmes dépêches, indéfiniment dupliquées. À chaque jour son « buzz », sa rumeur qui enfle, sa polémique, sa révélation sur laquelle nous sommes aussitôt sommés d'avoir un point de vue. À peine avons-nous forgé une opinion que l'information est aussitôt remplacée par une autre, toute aussi capitale que la précédente et ainsi de suite.

Cette circulation circulaire de l'information finit par créer une représentation du monde virtuelle, chaotique et inintelligible, qui n'a plus de liens avec ce que chacun d'entre nous peut vivre, ressentir et voir.

Paraissant tous les trois mois, XXI ne participe pas à cette course. À l'écume du jour, nous préférons la vague profonde de l'actualité, c'est-à-dire tout ce qui est sorti du radar de « l'actualité » ou ce qui n'y est pas encore entré.

Pour défricher cette actualité profonde, nous croyons à la force des choses vues. J'y étais, j'ai vu, je raconte. C'est tout simple et c'est beaucoup. Les reporters ne posent pas un regard par le haut. Le reportage part d'en bas et du réel. Il n'a pas de point de vue. Il regarde, c'est tout. Il raconte. Aussi, les lecteurs sont de plain-pied avec le monde. Il n'y a pas de brouhaha ou de chaos, mais des hommes et des femmes, qui aiment, parlent, espèrent, se battent, et que la main peut toucher.

La moisson des choses vues dans ce numéro de printemps est riche. Une séance de cinéma à Peshawar, une « école de lumière » en Turquie, des cousins terribles à Beyrouth, des sapeurs à Brazza qui exhibent leurs habits de fête, un déménageur japonais qui aide des familles entières à échapper à leurs créanciers, le sac d'une Tibétaine prête pour la prison au cas où la police viendrait l'arrêter, la fugue d'une enfant Kennedy effacée de la chronique officielle, une réunion à fleurets démouchetés entre les héritiers Wendel, un village de retraités au Sénégal...

Autant d'histoires que vous n'oublierez pas après les avoir lues, qui apportent une compréhension profonde de l'actualité. Les opinions passent comme des bulles de savon ; les rencontres restent. Le réel finit toujours par émerger un jour ou l'autre. Il suffit d'être patient.

Laurent Beccaria
Patrick de Saint-Exupéry

Les deux derniers numéros de XXI ont connu une diffusion en hausse de plus de 20 % chacun. 38 000 exemplaires du n° 5, *La France du milieu*, se sont écoulés, et le cap des 2 500 abonnés est franchi. Ce succès nous porte. Mais nous n'oublions pas que certains d'entre vous, dont les ressources sont parfois comptées à l'euro près, se privent pour rassembler 15 euros. Ces lettres-là sont parmi les plus fortes que nous ayons reçues. Nous y avons souvent pensé en réalisant ce numéro, pour être à la hauteur de cet effort, qui évidemment n'a pas de prix.

COURRIER DES LECTEURS

Comment ai-je pu rater un truc pareil !

L'autre jour, chez le sympathique libraire de mon quartier, je tombe en arrêt devant le n° 5 de XXI. Quelques mois auparavant, j'avais déjà vu un autre numéro. La couverture m'avait marqué, mais son format à l'italienne m'avait fait croire que le contenu se lisait dans le sens de la longueur. Déplaisant… Je ne l'avais même pas feuilleté. On est si bête quelquefois. Mais il existe des deuxièmes chances et des jours où l'on est plus téméraire que d'autres. Toujours dans la même librairie, me voici à la feuilleter, cette fameuse revue… Je découvre alors que oui, tout est beau là-dedans, d'abord la forme, le grain du papier, son odeur, les illustrations. Et puis le fond. Quelque chose de précieux. Mais comment ai-je pu rater un truc pareil ?
Rentré chez-moi, ce trésor dans mon cabas, je recherche sur Internet, où j'apprends qu'il existe un beau coffret : les quatre numéros précédents. Alors forcément, mon sang ne fait qu'un tour. Je retourne illico presto chez mon sympathique libraire et lui commande ledit coffret.
Mon dieu ce que cela fait plaisir de voir que de telles choses existent et qu'elles ont pu rencontrer leur public ! Indépendant, puisque sans publicité. Magnifique !

Christophe Jacquemain

Cette fois, c'est différent

J'ai reçu le magazine dans ma boîte aux lettres. Je ne commente jamais les publications de mes photos dans les journaux, mais cette fois c'est différent. Car votre travail est différent des autres.
Je vous remercie d'avoir respecté mes images d'une si belle manière.
Je voudrais vous remercier comme je ne l'ai jamais fait encore.

Balazs Gardi (auteur du portfolio « Afghanistan, la vallée », XXI n° 5)

Nouvelles de Cadillac

Je suis assistante sociale en psychiatrie adulte, en intra hospitalier, depuis 1978. Je travaille depuis 1994 à l'unité pour malades difficiles de Cadillac.
J'y travaille avec bonheur. C'est un lieu assez méprisé par le reste de la psychiatrie publique, arc-boutée idéologiquement sur la « prise-en-charge-des-malades-mentaux-dans-les-bassins-de-vie ». Je ne peux en écrire plus car je n'ai aucun talent pour cela. Pour citer Kapuscinski, le grand reporter polonais, il y a sur ce site de Cadillac de quoi *« construire une image globale à partir de détails »,* ou peut-être une image un peu moins fausse de ces patients si seuls et de leurs familles (entre autres).
Je vous adresse ce message après avoir découvert votre revue sur Internet, commandé et lu le coffret 2008 et m'être abonnée pour l'année à venir. Je suis un peu plus en paix avec le monde en sachant, grâce à vous, que le temps, l'écriture, l'exigence, l'intelligence et la culture sont encore parmi nous.
Simplement merci.

Mireille Baros

Où sont les lecteurs râleurs ?

Comment se fait-il qu'il n'y ait pas un seul message qui vous soit défavorable dans le courrier des lecteurs ? Êtes-vous à ce point parfaits que vous n'en recevez aucun ou ne publiez-vous que les éloges ? En tout cas, je suis étonné de ne pas voir de lecteurs râleurs ! J'ai pour ma part un reproche à vous faire : vous m'avez fait perdre le goût de la presse classique. J'ai 16 ans, je suis lycéen, en première littéraire. Je rêve de journalisme, mais je suis malheureusement presque sûr que je ne pourrai pas faire ce métier, tout du moins le faire comme j'en rêve. S'il y a bien un magazine où je serais heureux de travailler, c'est le vôtre, vos articles sont d'une telle beauté, ne semblent pas vains et dénués d'intérêt, ne se vendent pas sur des sujets à scandale. Ne pensez-vous pas qu'il serait intéressant d'accueillir une rubrique écrite par un jeune lycéen de 16 ans en première L ? Je dois vous paraître bien ridicule maintenant, mais au moins j'aurais tenté le coup ! Je vous ferais presque une bise.

Arthur Sabatier

Comme ce jeune lecteur, venu depuis faire un tour dans nos bureaux, vous êtes quelques-uns à vous étonner de la tonalité unanime de cette page de courrier. Effectivement, nous n'avons reçu qu'une vraie lettre critique depuis janvier 2008 sur plus de mille courriers. Elle faisait huit pages serrées, impubliables même par extraits, signées par une professeur de russe dénonçant l'incompétence généralisée d'à peu près tous ceux qui écrivent sur la Russie (sauf elle). Ces pages vous sont ouvertes. Critiques, précisions, témoignage : tout est possible.

Bienvenue au club

Je viens d'offrir un abonnement à une de mes sœurs. Je vous joins un petit mot si vous avez une place dans le courrier des lecteurs…
Sœur Anne, tu n'as rien vu venir ! C'est ton premier numéro de XXI que tu as dans les mains et ce ne sera pas le dernier. Bienvenue au club de celles et ceux qui voient le monde différemment et essaient de le comprendre. Chanceuse !
Tu vas pouvoir t'aérer les neurones et te rafraîchir à la lecture de reportages de grande qualité. Si les parents sont sages, on leur offrira peut-être un abonnement aussi.
Bon anniversaire.

Clo, Marie-do et Blan

Dans la salle d'attente
Je découvre votre revue avec bonheur : quelle bouffée d'oxygène ! Je retrouve le plaisir de lire un magazine, un vrai. Je le dépose avec joie dans ma salle d'attente professionnelle afin de partager ce privilège littéraire. Merci pour cette fraîcheur et ce sérieux réunis.

H.M

Quand l'auteur cache le décor
Je me permets d'attirer votre attention sur le risque de créer un style de plume propre à XXI, qui mettrait en avant le journaliste, inversant la priorité des sujets. Opter pour le quotidien est un défi formidable. Il en faut du talent pour montrer nos réalités sociales sans tomber dans un descriptif plat et monotone. Dans ces exercices de regard, l'auteur s'intègre dans le décor. Il est partie prenante du récit. Avec un risque : cacher ce décor. Ce phénomène où l'auteur phagocyte son sujet est très présent dans la BD indépendante, où la tendance autobiographique et celle de se traiter comme sujet à part a créé de belles surprises (*Persepolis*), mais a conduit aussi tout un pan de la BD indépendante à se regarder le nombril. Je m'en voudrais de terminer ce courrier sur une note négative. XXI est une initiative miraculeuse dans le paysage médiatique francophone. Nous sommes nombreux à Bruxelles à en discuter, à en vanter la qualité et le souci d'exploration. Ne perdez pas votre fraîcheur et votre curiosité.

Olivier Bailly

Un cadeau tombé du ciel
Qui aurait cru qu'un jour je cocherais sur mon agenda les dates de sorties d'un journal comme des rendez-vous ? Je suis infirmière. Je n'ai pas fait de longues études. XXI me nourrit. J'ai encore en mémoire tous les articles que j'ai lus. Ils vivent avec moi. On parle de l'Ukraine et du gaz, et hop je pense à M. Philipenko et son sous-marin, ou à Poutine maniant son « marteau sur la pointe ». Je découvre l'affaire Mandoff et tout de suite je revois le reportage sur le « charity business » à New York, que j'avais lu incrédule au printemps dernier. Je comprends mieux à quoi servait cette comédie aujourd'hui ! Je pourrais écrire des pages, mais vous lire c'est mieux ! Comme je le dis à mes amis de l'hôpital, et parfois aux patients qui trouvent le temps long : XXI est un cadeau tombé du ciel. J'y mets l'entrain d'une chanson d'Higelin et je leur prête, et ça marche ! Surtout ne changez rien. Restez un miracle. Étonnez-nous, encore, encore, encore. Restez vivants. Une lectrice de 20 ans qui a découvert « son » journal en fouinant dans une librairie de Toulouse, en mai dernier et qui n'en revient toujours pas.

Émilie

Vers le magazine XXII
Cela fait un an que j'ai découvert votre magazine, par hasard, entre les mains d'un ami avec qui j'avais rendez-vous et qui m'a contaminé. Vous avez changé ma vision du journalisme et redonné espoir dans l'information en France. Merci beaucoup ! Je vous fais de la pub partout où je passe, et je viens même de me fendre d'un petit article sur mon blog inutile (c'est son nom : blog-inutile.blog4ever.com) afin de faire connaître XXI à ma « cent trentaine » de lecteurs quotidiens (ce qui n'est pas mal pour un blog qui ne sert à rien, je trouve). En espérant vous lire longtemps et avec toujours cette qualité et cette pertinence... Ne vous relâchez pas, ne vous reposez pas sur ces lauriers légitimement acquis. Qui sait ? Peut-être qu'un jour mes arrière-petits-enfants liront le magazine XXII ?

Fred

Elle m'a bluffé la Mère Denis !
A priori je n'en avais rien à battre de la lavandière ! J'en suis même sûr. Mais au bout du compte, elle m'a bluffé, Mère Denis. Ché ben vrai, cha ! Je n'en reviens pas de m'être laissé happé par ce sujet. Emporté par la lecture, offrant des passages franchement haletants (l'entretien avec le fils, par exemple)...

Xavier

En famille
J'aime aller chez mon libraire pour acheter XXI, c'est un bonheur, une attente chaque fois renouvelée (je suis une femme simple !). Moi, 72 ans, mes enfants, 47 et 49 ans, et mon petit-fils, 20 ans, apprécions énormément votre revue. Cela vous prouve à quel point vous touchez un large public.

Fontenay

Une erreur
Amis, ce n'est qu'un petit détail, mais une erreur figure dans le n° 5, page 8, « l'élection de Barack Obama, un scénario déjà écrit par Hollywood ». Il y a un précédent. Dans le film *Back to the futur*, un jeune barman noir apprend, dans une scène se déroulant en 1955, qu'un jour il sera élu... maire en 1985. Il évoque déjà avec son patron le fait qu'un jour il y aura un Président noir.

Patrick Tausch

XXI présente ses excuses à Alain Lewkowicz, auteur de l'excellent récit « Le meilleur des mondes » publié dans le n° 5. Nous avons oublié dans son nom un W et remplacé un C par un T. Deux coquilles impardonnables.

Faute de place – un comble pour une revue de 208 pages ! –, la suite du courrier des lecteurs est publiée sur leblogde21.com

SOMMAIRE

30 DOSSIER DANS LE BLEU DE L'ISLAM

Illustration de couverture : Lorenzo Mattotti

La chute d'un géant indien de l'informatique

Ramalinga Raju, le patron de Satyam. AFP/NOAH SEELAM

La crise n'en finit pas de jouer les révélateurs d'arnaques, et d'éclairer sur les pratiques du monde de la finance. Le président-fondateur du groupe informatique Satyam, Ramalinga Raju, a avoué en début d'année qu'il maquillait les comptes de l'entreprise depuis 2001. Dans une lettre adressée au conseil d'administration, il explique comment lui et son frère, directeur général, ont gonflé artificiellement la trésorerie de plus de 800 millions de dollars, en inscrivant des actifs fictifs afin de faire monter le cours de l'action. Pour justifier leurs résultats, ils ont dû réaliser des investissements et ont ainsi creusé un véritable gouffre financier. *« Toutes les tentatives pour combler le trou ont échoué*, écrit Ramalinga Raju. *C'était comme chevaucher un tigre sans savoir comment descendre sans être dévoré.* » Présent dans 66 pays, Satyam emploie 53 000 personnes, et compte parmi ses clients 185 des 500 plus grandes entreprises du monde.

La machine s'est enrayée en décembre, lorsque Ramalinga Raju a voulu acheter des sociétés de BTP appartenant à sa famille afin de *« remplacer les actifs fictifs par des actifs réels »*. Les actionnaires ont jugé la transaction douteuse et se sont opposés à sa réalisation ; des membres du conseil d'administration ont démissionné en cascade ; les pouvoirs publics se sont penchés sur l'affaire... Ramalinga Raju et son frère ont été placés en détention. Le conseil d'administration a été dissous par le gouvernement, qui en a formé un autre. Une enquête a été ouverte par le bureau indien des délits financiers (SFIO). Le cours de l'action Satyam a dégringolé de 87 % en deux jours.

Les frères Raju assurent n'avoir bénéficié d'aucune complicité. Mais les observateurs se demandent comment la fraude a pu passer les trois contrôles du système indien, notamment celui du cabinet d'audit agréé, l'américain Price Waterhouse Cooper, auquel il suffisait d'éplucher les relevés bancaires de la société pour découvrir le pot aux roses.

En quelques semaines, le SFIO a étendu son enquête à plus 300 entreprises, dont Price Waterhouse Cooper. Les pistes qu'il suit conduisent à des comptes bancaires dans divers pays occidentaux. Des investisseurs américains, s'estimant lésés, ont engagé une *class action* (« action collective »). Pendant ce temps, Satyam cherche un repreneur : une demi-douzaine de candidats, indiens et étrangers, seraient sur les rangs...

La chasse aux « enfants du soleil »

Réfugiés dans une maison au Burundi. AFP/ESDRAS NDIKUMANA

Six albinos ont été assassinés dans des conditions effroyables entre septembre et début janvier, au Burundi, un autre a disparu au Rwanda voisin. Victimes d'une traque, les albinos font l'objet d'un commerce juteux, leur sang étant supposé porter bonheur. Il suffirait d'en verser quelques gouttes sur une mine d'or pour voir apparaître des pépites. Une décoction à base d'organes et d'os permettrait de trouver des diamants. Les pêcheurs utiliseraient des cheveux pour appâter les poissons... Atteints d'une anomalie génétique entraînant une absence de pigmentation, les albinos sont appelés « les enfants du soleil » dans cette région d'Afrique.

Dès les premiers meurtres, survenus entre la capitale burundaise, Bujumbura, et la frontière tanzanienne, le procureur de la province, Nicodème Gahimbare, est allé à la rencontre des albinos et leur a proposé de se réfugier chez lui. En quelques jours, il s'est retrouvé avec une vingtaine de pensionnaires. Les pouvoirs publics ont été alertés ; la communauté internationale et les ONG se sont mobilisées. Une maison de dix chambres a été louée aux frais du gouvernement. Gardée par huit policiers, elle a rapidement abrité une quarantaine de personnes (hommes, femmes, enfants, de 6 mois à 62 ans).

La chasse aux albinos a démarré en Tanzanie, où 36 crimes rituels au moins ont été commis entre janvier 2008 et janvier 2009, selon le décompte effectué par l'Association tanzanienne des albinos (TAS). Mindi, une fillette de 12 ans, raconte comment sa sœur Mariam, âgée de 5 ans, a été massacrée dans sa chambre : *« En pleine nuit, trois hommes sont venus avec des torches. L'un d'eux l'a égorgée pendant qu'un autre la tenait. Ils ont recueilli son sang dans un pot, ils l'ont bu, puis ont coupé ses deux jambes au niveau du genou et ils ont tranché sa langue. Ils ont mis tout cela dans un sac, et ils sont partis. »*

Le Parlement européen a adopté une résolution condamnant *« vigoureusement »* les assassinats d'albinos en Tanzanie. Le gouvernement tanzanien a annoncé que des sanctions sévères, allant jusqu'à la peine de mort, seraient prononcées contre leurs auteurs. Selon l'Unicef, ces menaces pourraient avoir conduit les sorciers et autres trafiquants tanzaniens à se déplacer vers le Burundi, où les autorités viennent de lancer une campagne de sensibilisation à l'albinisme.

Pour avoir prédit la crise, un blogueur coréen est arrêté

Séoul, Korean Exchange Bank. AFP / JUNG YEON-JE

Le blogueur Minerva a été arrêté en début d'année par la police sud-coréenne. Accusé d'avoir *« répandu de fausses informations dans l'intention de porter atteinte aux intérêts publics »*, il risque cinq ans de prison, rapporte BBC News.

L'affaire se déroule en Corée du Sud, pays le plus connecté du monde (90 % de ses habitants ont le Net) et un des premiers à avoir adopté des mesures de contrôle des contenus diffusés en ligne. Les sites surveillés sont pour la plupart dédiés à la pornographie ou à la violence, mais les opposants politiques font l'objet d'une attention grandissante.

Minerva (déesse de la sagesse) est ainsi devenu en six mois une star dérangeante. Il publie ses premières réflexions concernant la crise en juillet 2008, sur un forum dédié à l'économie. En septembre, il fait une prédiction jugée fantaisiste : Lehman Brothers va faire faillite. Cinq jours plus tard, la banque new-yorkaise est à terre. Coup de chance ? Minerva annonce que la devise coréenne va perdre 50 wons par jour par rapport au dollar pendant la première moitié de la semaine du 6 octobre : les choses se passent exactement ainsi. Aucun doute pour ses fans, Minerva est *« le cyber-président de l'économie »*. Jusqu'à 100 000 lecteurs consultent ses articles, et le ministre des Finances déclare vouloir le rencontrer.

Les internautes s'interrogent sur son identité. Minerva dit être un économiste d'environ 50 ans, diplômé d'une grande université américaine et ayant travaillé à Wall Street. Certains le soupçonnent d'être un haut fonctionnaire opposé au pouvoir. Le 29 décembre, il crée la panique en affirmant que le gouvernement a interdit aux banques et aux entreprises locales d'acheter du dollar afin de protéger le won. Le ministre des Finances doit aussitôt démentir pour éviter que la monnaie nationale, déjà à la baisse, ne dévisse davantage. Le ministère de la Justice menace d'engager des poursuites, et le Grand Parti national au pouvoir propose un projet de loi sur la « cyber-diffamation » qui obligerait les auteurs du Net à dévoiler leur identité.

Le 8 janvier, Park Dae-sung, alias Minerva, est interpellé à son domicile et placé en détention. Surprise ! Il s'agit d'un chômeur d'une trentaine d'années qui n'a jamais mis les pieds à la faculté. Tout ce qu'il sait de l'économie, sujet qui le passionne, il l'a appris seul, en lisant et en surfant sur le Net. *« Je voulais aider les gens induits en erreur par le gouvernement »*, assure-t-il.

Les « narcos » contre la vie chère ?

Manifestation de fermiers à Mexico (16 février 2009). AFP / LUIS ACOSTA

Des manifestations « populaires » contre la vie chère, d'une ampleur inédite, se sont produites simultanément dans quatre États du nord du Mexique en début d'année. Leurs mots d'ordre hostiles à l'armée et leur parfaite coordination conduisent les autorités à soupçonner un cartel de la drogue de les avoir organisées.

Le 17 février dernier, à Monterrey (État de Nuevo León), capitale industrielle du Nord, des manifestants au visage souvent caché derrière un foulard ont bloqué les principales artères de la ville, provoquant des embouteillages monstres et paralysant l'agglomération. Dans les environs de Veracruz, ville côtière à l'est de Mexico (État de Veracruz), des routes ont été barrées. Dans des communes frontalières avec le Texas, notamment Ciudad Juárez (État de Chihuahua), Nuevo Laredo, Reynosa et Matamoros (État de Tamaulipas), l'accès aux ponts menant aux États-Unis a été interdit à la circulation, laissant sur le carreau des milliers d'automobilistes et de piétons.

Le gouverneur du Nuevo León, Natividad González, attribue le coup de force au cartel du golfe, dominant dans la région, et à son bras armé, les Zetas. Une semaine avant les manifestations, un de leurs lieutenants a été arrêté par des militaires, qui ont trouvé dans son véhicule des uniformes de la AFI (le FBI mexicain), des armes, et des sacs à dos remplis de fournitures scolaires, qui serviraient à rétribuer de jeunes manifestants. Les narcotrafiquants distribuent de l'argent, des biens d'équipement et de la nourriture aux électeurs en échange de leur soutien. Dans les rangs d'une manifestation du 17 février, l'agence de presse Reuters a recueilli le témoignage d'une Mexicaine accompagnant un ami payé pour protester. *« Cela ne coûte pas très cher de mobiliser des secteurs marginalisés contre les institutions »*, écrit l'éditorialiste Ricardo Aleman dans le quotidien *El Universal*, soulignant que ces derniers mois les attaques contre des commerces d'alimentation ont considérablement augmenté.

Depuis son élection, en 2006, le président Felipe Calderón a mobilisé 45 000 militaires et policiers fédéraux pour lutter contre des narcotrafiquants. En 2008, plus de 6 000 personnes ont été tuées dans cette guerre. L'enjeu est le contrôle de la région nord du Mexique, couloir de l'exportation vers les États-Unis, premier client mondial de cocaïne, produite quasi exclusivement en Amérique latine.

Fermeture de Guantánamo : que faire des prisonniers ?

Les États-Unis **n'en veulent pas sur leur territoire. Ils ont lancé un appel à l'aide internationale**

Les ONG **insistent sur le fait que les prisonniers ne sont pas forcément « une menace »**

Après avoir promis la fermeture de Guantánamo en cent jours, délai rallongé à un an, le président américain, Barack Obama, a signé le 22 février dernier un décret ordonnant la fermeture du centre de détention. *« C'est plus compliqué qu'on ne le pense,* a-t-il déclaré. *Cela va prendre un certain temps, nos juristes travaillent avec les responsables de la sécurité nationale pour savoir comment opérer. »* L'Amérique ne veut pas des détenus sur son sol. Elle ne souhaite pas non plus renvoyer les prisonniers dans leur pays d'origine – ils pourraient y subir des mauvais traitements ou y reprendre des activités terroristes. L'administration cherche donc des pays d'accueil, principalement sur le Vieux Continent. Guantánamo compte 245 détenus – contre 800 en 2006 – dont un occidental. Le jour de la fermeture, certains prisonniers seront en train de purger une peine ; d'autres n'auront jamais été jugés ; d'autres enfin seront libérables ou auront été innocentés, mais ne pourront, ou ne voudront pas, rentrer dans leur pays.

Newsweek résume la position américaine en une formule : *« Not in my backyard »*, littéralement « pas dans mon jardin ». **L'administration Obama** est bien décidée à se débarrasser à la fois de la prison et des prisonniers de Guantánamo. *« On a un sérieux problème,* explique l'ancien sous-secrétaire à la Défense chargé des détenus **Charles Stimson.** *Je n'ai vu aucun parlementaire lever la main et dire : "Envoyez-les-moi." »*
Dans son premier discours de politique étrangère et de sécurité, à Munich, le vice-président, **Joe Biden,** a lancé un appel à l'aide internationale, et particulièrement **aux Européens.** Le terrain a été préparé par **l'administration Bush,** qui aurait officieusement contacté une centaine de pays en 2008.
La fermeture de Guantánamo est désapprouvée par la moitié des Américains, qui craignent un rebond du terrorisme. Selon un rapport contesté du Pentagone, **61 anciens détenus** du camp auraient été impliqués dans des attentats depuis leur libération. Une information a relancé la polémique : un prisonnier renvoyé en 2007 dans son pays d'origine, l'Arabie saoudite, serait devenu l'un des chefs d'Al-Qaïda au Yémen.

Cinq organisations de défense des droits de l'homme, **Human Rights Watch (HRW), Amnesty International, Center for Constitutional Rights, Reprieve et la Fédération internationale des ligues des droits de l'homme,** ont lancé, à Bruxelles, un appel aux 27 pays de l'Union européenne (et au Canada). Elles considèrent que *« les gouvernements européens peuvent aider à la fermeture du camp en accueillant »* une soixantaine de détenus.
Selon un porte-parole de HRW, Reed Brody, ces hommes, *« originaires de pays comme* ***l'Algérie, la Chine, l'Égypte*** *ou la* ***Libye,*** *risquent d'être soumis à des tortures ou à des poursuites s'ils sont renvoyés chez eux, alors qu'ils ont été innocentés par l'administration Bush ».*
Les ONG disent comprendre les réticences sécuritaires de certains pays européens, mais estiment que *« le fait qu'un individu ait été détenu à Guantánamo ou soit décrit comme une menace par les autorités américaines ne peut être considéré comme une preuve que cette personne représente une menace ».*
Ces dernières années, 27 prisonniers originaires d'**Europe** sont rentrés chez eux, et deux autres, originaires de **Russie** et d'**Albanie,** ont obtenu l'asile respectivement aux **Pays-Bas** et en **Suède.** Depuis leur retour, sept ont été soupçonnés d'activités terroristes, mais aucun n'a été condamné.

Centre de détention de Guantánamo, à Cuba.
AFP / BRENNAN LINSLEY

L'Union européenne est prête à offrir une aide mais elle est embarrassée

La déclaration du responsable de la politique extérieure européenne, **Javier Solana,** dit tout l'inconfort de l'Union : *« Si nous pouvons offrir une aide quelconque à la nouvelle administration américaine, nous devons rester ouverts. Et si nous ne le pouvons pas, au moins nous aurons offert une image de coopération. »*
Le Parlement européen a adopté à une large majorité, début février, un texte invitant les États membres à faire un *« geste »* de bonne volonté. Le document avait été expurgé des références aux vols secrets et aux prisons clandestines de la CIA en Europe, un programme auquel une douzaine de pays membres ont participé ; ils ont une *« responsabilité morale »* envers les prisonniers, selon certains députés européens.
L'un des principaux obstacles soulevés par les États membres est la libre circulation des ex-détenus dans l'espace Schengen, quel que soit leur éventuel pays d'accueil. Les discussions entre les États-Unis et l'Union ont débuté en mars ; le processus *« ne sera ni facile ni rapide »*, a prévenu le vice-président de la Commission européenne, **Jacques Barrot.** Il semble acquis que chaque membre de l'Union décidera d'accueillir ou non des prisonniers.

Certains Européens ont déjà fait acte de volontariat

Le premier à avoir donné son accord de principe a été **le Portugal,** un mois avant la prestation de serment de Barack Obama : il s'agit du pays dont le rôle dans les vols et les prisons secrètes de la CIA a été gommé de la résolution du Parlement européen ; à l'époque des faits, le Portugal était dirigé par José Manuel Barroso, actuel président de la Commission de Bruxelles...
La Suisse a surpris en se disant prête à *« étudier favorablement »* la question. Début mars, la conseillère fédérale Eveline Widmer-Schlumpf s'est rendue à Washington pour discuter de deux affaires : UBS et Guantánamo – une coïncidence relevée par les observateurs.
La Lituanie a dit oui au nom de *« la sécurité »* que lui apporte son *« partenariat »* avec les États-Unis.
Depuis Washington, **le ministre espagnol** des Affaires étrangères, Miguel Angel Moratinos, a annoncé que la secrétaire d'État américaine, Hillary Clinton, lui avait *« demandé son aide pour résoudre la tragédie inacceptable des prisonniers de Guantánamo »* et que son pays était *« d'accord »*.
La France, l'Italie, la Finlande et l'Irlande sont elles aussi partantes, *« au cas par cas »*.
Le gouvernement allemand est divisé, mais penche du côté de l'accueil.

D'autres Européens se sont prononcés contre pour des raisons politiques et sécuritaires

Les Pays-Bas ont affirmé dès la fin 2008 qu'ils n'accueilleraient pas de prisonniers de Guantánamo. *« S'ils ne doivent plus être jugés mais ne peuvent pas rentrer dans leur pays, c'est avant tout de la responsabilité du pays qui les a arrêtés et mis en prison, les États-Unis »*, a déclaré le porte-parole du ministère néerlandais des Affaires étrangères.
Sur la même ligne, **les Suédois** considèrent que *« les États-Unis ont la responsabilité de leurs prisonniers »*.
Le Danemark refuse d'accueillir des détenus car ils représentent « *une menace sécuritaire potentielle* » ; **l'Autriche** est du même avis.
La République tchèque, qui préside l'Union européenne jusqu'au 30 juin, est hostile au principe même de l'ouverture de l'espace Schengen à d'anciens prisonniers de Guantánamo.
Quant aux **Britanniques,** ils estiment avoir *« déjà apporté une contribution substantielle »* en accueillant neuf citoyens et trois résidents britanniques à leur sortie de Guantánamo.
Ils ne souhaitent pas aller plus loin, mais *« seraient ravis de partager leur expérience du rapatriement de ces gens avec les pays européens qui sont prêts à jouer un rôle »*, a expliqué le ministre des Affaires étrangères, David Miliband.

À part cela, les volontaires sont rares à travers le monde, et les réticences sont nombreuses

Sollicité par les ONG, **le Canada** ne s'est prononcé que sur un cas : celui d'Omar Khadr, arrêté en 2002 à l'âge de 15 ans. De nationalité canadienne, il est le dernier prisonnier occidental à Guantánamo. Les ONG et l'opposition canadienne réclament depuis des années son rapatriement, en vertu de sa qualité d'« enfant soldat ». Le ministre des Affaires étrangères, Lawrence Cannon, a déclaré qu'il n'interférerait pas dans le dossier, afin de *« respecter le processus mis en place par le gouvernement américain »*.
Après s'être montrée favorable à l'accueil de détenus, **l'Australie** a manifesté de la réticence.
L'Algérie est disposée à rapatrier 17 de ses ressortissants, mais Washington exige des garanties : qu'ils ne subissent pas de mauvais traitements, et que ceux convaincus de terrorisme ne reprennent pas leurs activités ; l'Algérie refuse, invoquant une ingérence.
Un problème comparable se pose avec **la Chine** et ses ressortissants ouïgours, blanchis par la justice américaine mais toujours emprisonnés, faute de pays d'accueil.
Le dialogue s'annonce difficile avec le **Yémen,** pays frontalier de l'Arabie saoudite, dont les ressortissants forment le groupe de prisonniers le plus important de Guantánamo.

MOTS POUR MOTS

Le président américain a prononcé le 24 février dernier un discours au Congrès. L'événement se produit une fois par an ; lorsque le chef de l'État est déjà en fonction, il tire le bilan de l'année écoulée dans le « discours sur l'état de l'Union » ; lorsqu'il vient, comme Barack Obama, d'être élu, il présente les grands axes de sa politique.

Le discours

Sur la relance de l'économie

« Nous allons créer un nouveau fonds qui sera le plus important effort jamais consenti pour donner accès à des prêts automobiles, des prêts scolaires, des prêts aux petites entreprises : des crédits destinés aux consommateurs et aux entrepreneurs, qui sont le moteur de notre économie. »

Sur le redressement de l'Amérique

« Notre économie a beau être affaiblie et notre confiance ébranlée, je veux que chaque Américain sache ceci : nous allons reconstruire, nous allons nous relever, et les États-Unis d'Amérique en sortiront renforcés. »

Sur la réforme de l'assurance santé

« La réforme de l'assurance santé ne peut pas attendre, ne doit pas attendre, et n'attendra pas. »

Sur le sauvetage des banques américaines

« Vous devez savoir que l'argent que vous avez déposé dans les banques du pays est en sécurité, vos assurances également, vous pouvez continuer à compter sur le système financier. Ce n'est pas un sujet d'inquiétude. »

Les réactions

« Qui parmi nous demanderait un prêt à nos enfants pour dépenser de l'argent que nous n'avons pas, afin d'acheter des choses dont nous n'avons pas besoin ? C'est précisément ce que vient de faire le président démocrate au Congrès. »

Bobby Jindal, 38 ans, gouverneur de Louisiane, fils d'immigrés indiens, mandaté par le Parti républicain pour critiquer le discours. Déclaration du 24/02/2009

« Il est difficile de s'enthousiasmer pour un discours qui raconte exactement ce à quoi tout le monde s'attendait : cela n'aura pas d'effet sur la Bourse. »

Marc Pado, analyste financier chez Cantor Fitzgerald, à San Francisco. Reuters, 25/02/2009

« Je ne vois pas comment la réforme du système de santé pourrait se faire cette année : il n'y a pas de consensus au Congrès, et, même au sein de l'administration Obama, il y a un débat sur la manière dont il faudrait s'y prendre pour l'engager. »

Barry Bosworth, expert en économie à l'institut Brookings, ancien conseiller du président Jimmy Carter. *Libération,* 26/02/2009

« Le président manque cruellement de clarté sur les moyens à mettre en œuvre pour sauver le système bancaire. On dirait qu'il hésite encore à évoquer la nationalisation de certaines grandes banques. S'il a un meilleur plan, la nation doit en être très vite informée. »

Editorial, *The New York Times,* 24/02/2009

AFP / ALEX WONG

Sur l'indépendance énergétique

« Nous devons garantir notre indépendance énergétique en investissant dans les énergies propres et renouvelables. Le pays qui les contrôlera sera le leader du XXIe siècle. »

« Malgré les variations du prix du pétrole, les États-Unis ont toujours pu acheter tout ce qu'ils voulaient, même à des pays qui voulaient leur mort. Nous sommes un plus gros acheteur de pétrole qu'aucun pays ne peut en fournir : c'est donc nous qui avons la main. »

Holman Jenkins, éditorialiste et chroniqueur au *Wall Street Journal*, 25/02/2009

Sur le système financier

« Pour nous assurer qu'une crise de cette ampleur ne se reproduira pas, je demande au Congrès d'approuver rapidement une loi qui permettra de réformer notre système de régulation. Si agir va coûter très cher, je peux vous assurer que ne pas agir coûterait encore plus cher. »

« Ses annonces auront de la peine à convaincre Wall Street. Le plan de relance de 787 milliards de dollars et le discours du secrétaire au Trésor, Timothy Geithner, sur la stabilisation du secteur financier ont déjà sérieusement plombé le marché des actions. »

Janet Hook, correspondante du *Los Angeles Times* au Congrès, 25/02/2009

Sur le budget

« Mon budget n'essaie pas de résoudre chaque problème ou de répondre à chaque question. Il reflète la dure réalité de ce dont nous avons hérité : 1 000 milliards de dollars de déficit, une crise financière et une récession coûteuse. »

« Il a parlé de tout ! De la sécurité sociale, de la fin de la guerre en Irak, de l'éducation pour tous, du nouveau système de santé, de la révolution verte... S'il n'a pas évoqué de remède à l'acné, c'est parce qu'il n'avait pas le temps ! »

Richard Cohen, chroniqueur au *Washington Post*, 24/02/2009

Sur la confiance

« Nous sommes un pays qui a su voir les promesses par-delà les épreuves, et transformer les épreuves en opportunités. Aujourd'hui, nous devons renouer avec cet esprit. »

« Obama et ses conseillers ont réécrit son discours jusqu'au dernier moment, pour y insuffler un peu d'espoir. Toute la question est de savoir si le pays – et notamment son système financier – va partager cette confiance. »

Holly Bailey, correspondante de *Newsweek* à la Maison-Blanche, 25/02/2009

Crise de la presse : « Les quotidiens vont connaître leur big bang »

BERTRAND PECQUERIE

Spécialiste de la presse internationale, Bertrand Pecquerie prévoit une mutation radicale de la presse quotidienne, avec l'émergence de rédactions composées de plusieurs centaines de journalistes qui écriront indifféremment pour des supports papier, des sites Internet, des téléphones portables...

XXI : Pourquoi la presse quotidienne va-t-elle aussi mal en France ?

BERTRAND PECQUERIE : Parce qu'elle est malade depuis longtemps et qu'elle ne s'est pas soignée. Cela fait trente ans que le lectorat décline et qu'elle choisit systématiquement la mauvaise solution : augmenter ses prix. Les quotidiens nationaux sont vendus 1,30 €, alors que le *Times*, à Londres, coûte 90 centimes et que des tabloïds, tels que le *Sun* en Angleterre ou *Bild* en Allemagne, sont vendus 50 centimes.

Est-ce la seule explication ?

Non, les rédactions françaises sont très faibles. *Le Monde* compte 230 journalistes et *Libération* 130, alors qu'il y en a 400 à *Die Welt*, en Allemagne, 420 au *Times*, plus 240 au *Sunday Times* (son édition du dimanche). Les gratuits, tels *Metro* ou *20 minutes*, ont 80 ou 100 journalistes. C'est un problème : le lecteur se dit que s'il paye on doit lui offrir de la qualité.

Le nombre de journalistes conditionne la qualité des journaux ?

On ne peut pas faire un bon journal avec une petite rédaction. Les Français ont une faiblesse de pagination. *Le Monde* fait 40 pages, alors que la moyenne des quotidiens européens est de 80 pages. Tous les indicateurs sont au rouge. Le rapport qualité-prix est de un à deux entre le *Times* ou *Die Welt* et *Le Monde* ou *Libération*.

Les subventions de l'État n'entretiennent-elles pas cette situation ?

L'État donne 280 millions d'euros par an aux quotidiens nationaux, ce qui représente 7 % de leur chiffre d'affaires. On va passer à 12 % pendant trois ans (au moins) avec les 600 millions débloqués lors des « états généraux ». Les journaux utilisent deux tiers de ces subventions pour boucler leurs fins de mois. Ce n'est pas normal : il faudrait que 100 % de ces fonds aillent à la modernisation.

Est-ce une exception française ?

Il existe des aides dans tous les pays européens, mais la France est la seule à présenter un tel système. Et les subventions y sont sept fois supérieures à la moyenne.

Les actionnaires aussi renflouent les caisses...

C'est un autre problème : en France, on ne prend pas le contrôle d'un journal pour gagner de l'argent, mais pour exercer une influence. Serge Dassault au *Figaro*, Édouard de Rothschild à *Libération* ou Arnaud Lagardère au *Monde* n'ont pas pour première préoccupation la rentabilité du titre. Il n'existe pas dans l'Hexagone de vrais groupes multimédias, tels Bertelsmann en Allemagne ou – c'est le meilleur exemple – Prisa en Espagne : il détient le premier quotidien, *El País*, la première radio, Cadena SER, une chaîne de télé qui marche bien, Cuatro, etc.

Que pensez-vous du rachat de *France Soir* et de l'*Evening Standard* (Grande-Bretagne) par deux milliardaires russes ?

Ce sont des opérations marginales.

Et l'entrée du milliardaire mexicain Carlos Slim au capital du *New York Times* ?

Le *New York Times* est en mauvaise posture, il a besoin de ces fonds. Carlos Slim peut se permettre d'investir, et il peut se permettre de perdre de l'argent, comme Serge Dassault en France.

Le capitalisme d'influence touche donc aussi la presse américaine ?

Il gagne du terrain : quand un groupe de presse est à vendre, des milliardaires sont sur les rangs. En 2007, par exemple,

Distributeur à journaux, Chicago. AFP / SCOTT OLSON

le géant de l'immobilier Sam Zell a racheté Tribune Company, propriétaire de deux grands quotidiens, le *Chicago Tribune* et le *Los Angeles Times*. Aujourd'hui, le groupe est en faillite, Sam Zell vient de licencier 200 personnes au *Los Angeles Times* et il essaie de se séparer du *Chicago Tribune*…

Vous avez déclaré qu'il serait plus judicieux que l'État aide le site d'information Rue89 plutôt que *Libération*…
Disons que si dix Rue89 émergeaient et qu'un *Libération* disparaissait, la France serait gagnante. J'ai établi cette comparaison car Rue89 a été créée par un ancien de *Libération*, mais j'aurais pu parler d'autres sites, également fondés par journalistes qui exerçaient dans la presse écrite.

Existe-t-il des *pure players* (sites d'information non adossés à un journal) bénéficiaires ?
Un seul dit gagner de l'argent, The Huffington Post, créé en 2005 par Arianna Huffington *[femme politique américaine de gauche, auteur d'une dizaine de livres ; son site a atteint 12 millions de visiteurs fin 2008, ndlr]*. Politico.com, lancé début 2007 par des anciens du *Washington Post*, dit atteindre l'équilibre. Mais il tire 50 % de ses ressources d'un journal gratuit, *The Politico*, qui sort trois fois par semaine, les jours où siège le Congrès.

Dans la presse écrite, qui gagne de l'argent ?
En Europe, le petit groupe suisse NZZ (Neue Zürcher Zeitung) a fait 40 millions d'euros de bénéfices en 2008 ; le groupe suédois Stampen, qui possède une trentaine de quotidiens régionaux, 50 millions. Le quotidien *El País* présentait un bénéfice de 30 millions en 2008. Il avait cependant atteint 120 millions en 2007 et il prévoit des pertes en 2009…

À cause de la chute des ressources publicitaires ?
Depuis la fin des soldes d'hiver, les carnets de commande sont vides. Les investissements publicitaires auront baissé d'au moins 30 % au premier semestre.

Et dans le reste du monde ?
La presse explose dans les pays émergents d'Asie : l'Inde, la Chine, l'Indonésie, le Vietnam et les Philippines. Plus de 50 titres viennent d'être créés en Inde ! Avec la croissance, l'illettrisme recule, tandis qu'apparaissent des classes moyennes, grosses consommatrices de presse. On a connu le même phénomène en Occident au début du XXe siècle.

Votre pronostic pour les années à venir ?
En Asie, la presse a un boulevard devant elle pour trente ans. En Occident, les journaux papier vont connaître leur big bang. Nous allons quitter les mass médias pour des médias de niche, avec des rédactions intégrées Web-papier-téléphone, qui produiront des contenus spécialisés. C'est le concept du « *multinewspapers newsroom* ». Prenez *Die Welt* : avec 400 journalistes, il nourrit cinq médias – le quotidien généraliste (190 000 ex.), une édition culturelle du dimanche, le *Welt am Sonntag* (400 000 ex.), un quotidien pour les jeunes, le *Welt Kompakt* (70 000 ex.), un journal local, le *Berliner Morgenpost* (130 000 ex), et un site Internet, Welt Online.

Propos recueillis par Dominique Lorentz

Bertrand Pecquerie, *normalien agrégé d'histoire, est directeur du World Editors Forum (WEF), l'organisation des rédacteurs en chef au sein de la World Association of Newspapers (WAN).*

Ausencio Calleja, l'ultime ressource de l'acculé

Septembre 2008 Patron d'une PME espagnole, il est au bord du dépôt de bilan

Aujourd'hui Armé et cagoulé, il est pris en flagrant délit de braquage de banque

Ausencio Calleja, 52 ans, chef d'entreprise et père de famille paisible, a été arrêté mi-février dernier devant une agence bancaire d'Ascó, une petite ville de Catalogne. Armé d'un revolver et d'un couteau, il portait un passe-montagne et des lunettes de soleil, et s'apprêtait à commettre son cinquième braquage. Les vols à main armée étaient selon lui la seule possibilité de sauver son entreprise.

Dirigeant fondateur de Casa 24 Horas, une PME du bâtiment spécialisée dans la rénovation de maison et d'appartement, Ausencio Calleja vit à Lérida, la capitale de la province de Catalogne du même nom. Marié et père de trois enfants, c'est *« un type au-dessus de tout soupçon »*, selon ses voisins. Jusqu'en 2007, son seul problème était de faire face aux innombrables demandes de chantiers, dans une Espagne en plein boum économique.

L'activité de Casa 24 Horas ralentit en janvier 2008. Au fil des semaines, les commandes se raréfient, les impayés s'accumulent, la trésorerie fond comme neige au soleil, les découverts se creusent... jusqu'au jour où les banques ferment les robinets. En septembre, les caisses sont vides : Ausencio Calleja ne peut plus payer les salaires. Casa 24 Horas est au bord du dépôt de bilan.

Ausencio Calleja n'est pas un cas isolé. De tous les pays de l'Union européenne, l'Espagne est l'un des plus violemment frappés par la crise. En 2008, le nombre de faillites de PME a été multiplié par trois, et les plaintes pour impayés à l'Inspection du travail ont augmenté de plus de 30 %. Les deux tiers de ces impayés sont volontaires (contre un tiers dans le reste de l'Europe) : pour les géants de l'immobilier, notamment, l'urgence n'est pas de régler les fournisseurs ou les sous-traitants, mais de renégocier leur dette, qui se chiffre en milliards d'euros, avec des pools de plusieurs dizaines de banques.

À défaut de convaincre un banquier de le soutenir, Ausencio Calleja se dit qu'il peut l'obliger à lui donner de l'argent. L'idée naît en regardant un film sur un célèbre braqueur espagnol, Juan José Jimenez Arbe, surnommé *El Solitario* (« le solitaire »). Le gangster a été interpellé en 2007, après avoir dévalisé des dizaines d'agences bancaires et tué deux gardes civils.

Visage masqué et ruban adhésif sur les doigts

Entre septembre 2008 et janvier 2009, Ausencio Calleja commet quatre braquages très professionnels, sur le modèle de ceux d'*El Solitario*, dans la province de Lérida puis dans celle de Huesca, plus au nord : il intervient dans des petites bourgades, où il choisit des agences bancaires avec un seul employé (une femme de préférence). Il repère méticuleusement les lieux, étudie les horaires et les habitudes du personnel, et veille à disposer d'un endroit où se changer rapidement, avant et après le casse. Comme son inspirateur, il se masque le visage et se couvre les doigts de ruban adhésif, pour ne pas laisser d'empreintes. Sur place, il menace l'employé avec un couteau ou un revolver ; il l'attache et l'enferme dans une pièce, puis il vide tranquillement les caisses. *« Il opère toujours à proximité d'une autoroute, ce qui lui garantit une sortie sûre et rapide »*, précise l'inspecteur chargé de l'enquête, Roderic Moreno.

Ausencio Calleja dérobe 80 000 euros, avec lesquels il paye les salaires de ses employés et comble ses découverts bancaires ; il ne modifie pas son train de vie, et ne fait aucune dépense exceptionnelle. Selon le quotidien *El Periódico*, il continue à promener son chien tous les jours, et quand on lui demande comment vont les affaires, il répond : *« Pas si mal... »* L'inspecteur Moreno est convaincu qu'il a *« une double vie »* et que *« personne, pas même sa famille »* n'est au courant de *« ses activités frauduleuses »*.

Sur les images capturées par les caméras de surveillance, les policiers notent immédiatement la ressemblance entre le braqueur et *El Solitario*. Début février dernier, ils parviennent à identifier Ausencio Calleja, malgré ses précautions. Pendant deux semaines, ils le filent, sans résultat : *« Il n'y avait rien de suspect en lui, pas d'antécédents judiciaires, un entourage familial exemplaire, pas de changement d'habitudes »*, raconte l'inspecteur Moreno. Ils espèrent un flagrant délit, qui se produit vendredi 13 février. Ausencio Calleja se laisse alors cueillir sans résistance. Pour la presse espagnole, il est *« le braqueur de la crise »*, un symbole du désespoir des milliers de petits patrons à la veille de mettre la clé sous la porte.

Paul François, dévasté du Lasso

2004 Cultivateur, il tombe gravement malade après avoir inhalé du Lasso, un désherbant de Monsanto Aujourd'hui Il obtient la reconnaissance du lien entre sa maladie et l'exposition à ce produit

L'affaire fait étonnamment peu de bruit : à l'issue de plusieurs années de combat, Paul François, 44 ans, est le premier cultivateur à obtenir la reconnaissance, par un tribunal des affaires de sécurité sociale (TASS), du lien entre la maladie dont il est atteint et l'exposition involontaire à un herbicide de l'entreprise Monsanto, le Lasso (retiré du marché français en 2007).

L'accident se produit le 27 avril 2004. Paul François passe la matinée au volant de son tracteur à pulvériser du désherbant sur les 240 hectares de maïs qu'il cultive à Bernac, un village de Charente. Son travail terminé, il nettoie son pulvérisateur et ouvre la cuve : « *Je pensais qu'elle était vide,* raconte-t-il à la *Charente libre. En fait, elle ne l'était pas. Je n'ai pas réalisé qu'elle venait de passer quatre heures en plein soleil et que le monochlorobenzène, le puissant solvant qui représente 50 % du désherbant, avait pu se transformer en gaz. J'ai tout inhalé.* »

« J'ai mis dix jours pour retrouver la mémoire »

Dans les vapes, il rentre chez lui, prend une douche, vomit et perd connaissance. Il est transporté aux urgences de Ruffec, une bourgade voisine, puis au centre antipoison de Bordeaux, où il passe cinq jours à bégayer, à cracher du sang et à subir d'insupportables douleurs à la tête. Aucune analyse d'urine ou de sang n'est pratiquée. « *À ma sortie, je ne me souvenais plus de rien. J'ai mis dix jours pour retrouver la mémoire, cinq semaines avant de pouvoir remonter sur mon tracteur* », confie-t-il au *Point*.

Cinq mois plus tard, il se met à avoir des absences. « *Je n'étais pas cohérent,* se souvient-il dans *Libération. Mes proches ne me reconnaissaient plus, je devenais irritable. Le matin, je donnais des consignes différentes de celles du soir.* » Il enchaîne alors les pertes de connaissance, suivies de comas profonds. Il est hospitalisé aux urgences de Ruffec, au centre antipoison d'Angers, puis à Paris, à l'hôpital Lariboisière et à la Pitié-Salpêtrière. Les médecins refusent d'envisager un lien avec l'intoxication au Lasso ; trop de temps se serait écoulé entre l'accident et l'apparition des symptômes. Les uns penchent pour une épilepsie, dont ils mettent deux mois à vérifier l'inexistence ; les plus fantaisistes parlent de dépression nerveuse...

L'épouse de Paul François, une ancienne infirmière, exige des analyses d'urine et de sang. Près d'un an après l'accident, celles-ci révèlent la présence d'un composé chimique, le chlorophénol. La famille du cultivateur prend alors contact avec un spécialiste de la toxicologie, le professeur Rocchicioli, de l'Inserm, qui transmet le dossier à un confrère, le professeur Picot, du CNRS. Tous deux sidérés qu'aucune analyse n'ait été pratiquée au moment du « gazage », ils se penchent sur la composition du Lasso. Un chercheur du CNRS, Henri Pézerat, se joint à eux. Ils découvrent que l'herbicide contient une infime quantité de chlorométylester d'acide acétique, un additif très dangereux lorsqu'il est associé au monochlorobenzène. Interrogé, Monsanto évoque un résidu de cuve, fait du hasard. Les scientifiques renouvellent leurs analyses, sur des lots distincts, en parvenant au même résultat. Pour eux, aucun doute, le Lasso est à l'origine des troubles de Paul François : son organisme a stocké des toxines en très grande quantité ; une accélération du processus d'évacuation perturberait le fonctionnement du cerveau et entraînerait des comas.

Paul François demande à l'AAEXA (Assurance accidents des exploitants agricoles), émanation de la Mutualité sociale agricole, de reconnaître son gazage comme accident du travail et maladie professionnelle. L'AAEXA refuse, au motif que l'organisme du cultivateur aurait théoriquement dû éliminer l'herbicide en quelques jours ou quelques semaines. Convaincu d'avoir été floué, Paul François décide de se battre. Il prend un avocat et porte l'affaire devant le tribunal des affaires de sécurité sociale d'Angoulême. « *Établir le lien direct entre un produit et une maladie, ce serait un des premiers cas en France* », déclare-t-il alors dans la *Charente libre*.

Défenses immunitaires au plus bas

S'appuyant sur les conclusions d'un expert qu'il a lui-même nommé (le professeur Jean-François Narbonne, toxicologue à l'université Bordeaux I), le tribunal tranche, le 3 novembre 2008, en faveur de l'agriculteur. Un mois plus tard, l'AAEXA fait appel.

Fort de cette première victoire, l'agriculteur engage une procédure en responsabilité contre Monsanto, devant le tribunal de grande instance de Lyon, ville siège de la firme en France. Le procès devrait se tenir cet été...

Les comas de Paul François ont cessé, mais ses défenses immunitaires sont au plus bas ; il a fait trois septicémies au cours des derniers mois et il souffre de violentes migraines. Un médecin lui a dit qu'il devrait déjà être mort. « *Je suis coriace* », assure-t-il.

Le remède miracle du Dr Olivier Ameisen

2004 Alcoolique, ce cardiologue découvre qu'un relaxant musculaire lui coupe l'envie de boire

Aujourd'hui Libéré de l'alcool, il dévoile sa méthode et divise le monde médical

Olivier Ameisen, un cardiologue âgé de 55 ans, vient de révéler comment la prise d'un relaxant musculaire l'a libéré du désir de boire, après des années d'alcoolisme. Assurant ne pas être *« abstinent »*, mais le premier alcoolique au monde à avoir *« guéri »*, il est décidé à bousculer le *« dogme »* selon lequel l'alcoolisme serait une maladie chronique impossible à guérir avec un médicament.

D'origine juive polonaise, Olivier Ameisen grandit à Paris. Excellent élève à l'école, il a aussi un don pour le piano. Il fait de brillantes études de médecine, jusqu'à devenir interniste et cardiologue. En 1983, il s'envole pour New York, où il enseigne à l'université Cornell, puis il intègre le service de cardiologie du New York-Presbyterian Hospital et ouvre un cabinet à Manhattan.

En apparence, tout va bien, sauf qu'Olivier Ameisen éprouve une anxiété diffuse : l'impression d'être *« un imposteur »* qu'on ne tardera pas à démasquer. Son malaise se transforme en angoisse et débouche sur des crises de panique. Il suit une psychothérapie, puis une psychanalyse, avant de tenter une thérapie cognitive et comportementale. Le résultat est nul ; il pose alors l'hypothèse d'un déficit biologique en GHB (gamma-hydroxybutirique), un sédatif naturel de l'organisme.

Dans les soirées, il joue plus du piano qu'il ne noue des contacts. Pour se désinhiber, il se met à boire un verre de whisky de temps en temps. Il passe à deux verres, puis trois... jusqu'à sombrer dans l'alcoolisme. Entre 1997 et 1999, il fait sept ou huit cures de désintoxication, rechute à chaque fois. *« Je disais aux médecins que mon problème n'était pas l'alcool mais l'anxiété qui était là des années avant la dépendance,* explique-t-il à *Psychologies magazine. Ils me répondaient : "Arrêtez de boire et l'anxiété s'arrêtera." C'était un dialogue de sourds. »*

Au bout du rouleau, il rentre en France. Fin 2000, une amie lui envoie un article du *New York Times*, qu'il ne parvient à lire qu'un an plus tard. Il est question d'un cocaïnomane traité pour des spasmes musculaires avec un myorelaxant, le baclofène, et qui cesse d'éprouver du désir pour la coke. Olivier Ameisen épluche la littérature scientifique et découvre qu'en 1997 des chercheurs ont montré que des rats dépendants à la cocaïne perdaient tout intérêt pour cette drogue s'ils étaient sous baclofène. Le même phénomène était vérifié, toujours chez le rat, pour l'héroïne, l'alcool, la nicotine et les amphétamines.

Il peut même boire un verre à l'occasion sans replonger

Sidéré que *« les médecins spécialisés dans la dépendance soient passés à côté de cette mine d'or »*, Olivier Ameisen démarre un traitement au baclofène en mars 2002 ; le bénéfice est immédiat, mais il lui faudra deux ans pour trouver le bon dosage. Le 14 février 2004, il se considère *« guéri »*. Il n'éprouve plus aucun désir pour l'alcool et peut même à l'occasion boire un verre sans replonger, *« un résultat qu'aucun médicament n'avait jamais permis d'atteindre chez l'homme »*, affirme-t-il dans *Metro*. Il publie deux articles sur son expérience dans des revues scientifiques, *Alcohol and Alcoholism* en 2004, et le très prestigieux *Journal of the American Medical Association* en 2005, où il demande qu'une vaste étude clinique soit lancée. Il reçoit les félicitations des *« plus éminents neurologues et physiologistes »*, mais son traitement reste inutilisé (à part quelques cas aux États-Unis, en Italie et en Suisse) et aucune étude ne voit le jour.

Olivier Ameisen décide alors d'écrire un livre. Sorti fin 2008, l'ouvrage secoue la communauté médicale. *« Ameisen a fait une extraordinaire découverte, le monde entier va le remercier. J'ai prescrit le traitement à deux alcooliques : franchement, c'est assez miraculeux »*, s'enthousiasme, dans *Le Monde*, le docteur Renaud de Beaurepaire, chef de service en psychiatrie. À l'inverse, le professeur Michel Reynaud, psychiatre et chef d'un département de psychiatrie et d'addictologie, s'énerve au micro de l'AFP : *« Laisser penser qu'il existe une molécule miracle, c'est méconnaître la complexité de la maladie alcoolique, et c'est irresponsable. »* Pendant ce temps, généralistes et alcoologues sont assaillis de demandes de baclofène par des patients pleins d'espoir...

Face à la polémique, l'Agence française de sécurité sanitaire des produits de santé (Afssaps) se saisit du dossier. Tout le problème est maintenant de financer une étude ; le baclofène étant tombé dans le domaine public, le laboratoire qui l'avait lancé n'est pas intéressé. *« On peut envisager des financements de promoteurs institutionnels ou encore une subvention du conseil scientifique de l'agence »*, estime l'adjointe au directeur général de l'Afssaps, Fabienne Bartoli, dans *Le Monde*. Olivier Ameisen n'en revient pas : *« Je n'aurais jamais imaginé une telle traînée de poudre... »*

Jade Goody, bientôt réellement morte

2002 Assistante dans un cabinet dentaire, elle participe à l'émission de téléréalité « Big Brother » **Aujourd'hui** Elle bouleverse la Grande-Bretagne en vendant l'actualité de son cancer à la presse

Longtemps raillée par les tabloïds pour son inculture et son manque d'éducation, la starlette anglaise de téléréalité Jade Goody est en passe de devenir une *« légende »* : atteinte d'un cancer incurable, elle a vendu très cher les droits de son mariage à une revue people, pour assurer l'avenir de ses enfants. Son invraisemblable parcours émeut la Grande-Bretagne, jusqu'au 10 Downing Street.

Née en juin 1981 dans une banlieue défavorisée de Londres, Jade Goody est abandonnée à l'âge de 2 ans par son père, un braqueur héroïnomane d'origine antillaise. Elle a 5 ans lorsque sa mère, délinquante et fumeuse de crack, se retrouve handicapée après un accident de moto. Elle alterne alors les placements dans des foyers et les séjours chez sa mère, qui l'oblige à faire le ménage et la bat lorsqu'elle est trop défoncée.

« Qui c'est, Saddam Hussein ? Un boxeur ? »

Jade Goody arrête l'école vers 15 ans et enchaîne les petits boulots. Elle devient assistante dans un cabinet dentaire et postule, en 2002, à la troisième saison de « Big Brother », l'émission néerlandaise de téléréalité adaptée en France sous le nom de « Loft Story ». Elle vient de se faire renvoyer de son HLM, et la municipalité menace de la poursuivre pour non-paiement d'impôts. Son caractère bien trempé et son enfance à pleurer font d'elle une bonne candidate : elle est retenue.

Dès les premiers jours de l'émission, Jade Goody provoque des réactions extrêmes : de méchanceté chez les tabloïds, qui la surnomment *« le cochon »*, et de sympathie dans le public. Son ignorance dépasse l'entendement : *« Qui c'est, Saddam Hussein ? Un boxeur ? »*, demande-t-elle un jour à ses colocataires. Ou encore : *« Ils parlent portuganais au Portugal ? Je pensais que le Portugal était en Espagne. »* Elle termine l'émission en quatrième position, avec une bonne cote de popularité.

Riche et célèbre

Jade Goody ne laisse pas le soufflé retomber : plusieurs documentaires lui sont consacrés ; elle sort des DVD de fitness, puis un parfum nommé Shh..., troisième meilleure vente de l'été 2005 derrière les fragrances de Kylie Minogue et Victoria Beckham. L'année suivante, elle publie une autobiographie qui cartonne à 115 000 exemplaires. En quatre ans, elle devient riche et célèbre.

Jade Goody livre sa vie en direct aux médias, comme un feuilleton perpétuel : ses régimes, ses teintures, ses implants mammaires ; sa relation avec un présentateur de télé, Jeff Brazier, dont naissent deux garçons, Bobby en 2003 et Freddie en 2004 ; sa séparation avec le père de ses enfants ; sa liaison avec un joueur de football ; ses combats contre le cancer, des ovaires en 2004 et des intestins en 2006 ; la mort de son père par overdose...

En 2007, elle traite la comédienne indienne Shilpa Shetty de *« Shilpa poppadom »*, c'est-à-dire de galette indienne, dans un « Big Brother » spécial célébrités. Cet incident n'entame pas sa popularité. Mi-août 2008, elle est l'invitée de la version indienne de « Big Brother ». En direct sur le plateau, elle apprend qu'elle a un cancer du col de l'utérus. Certains croient à une mise en scène. Ce n'est pas le cas. Le 4 février 2009, son agent révèle que la maladie, étendue au foie et aux intestins, est incurable : la jeune femme n'aurait plus que quelques semaines ou quelques mois à vivre.

Chauve, amaigrie et très affaiblie, Jade Goody annonce alors qu'elle va épouser son nouveau compagnon, Jack Tweed. L'exclusivité du mariage est vendue au magazine *OK !* pour près d'un million d'euros. *« Les gens vont dire que je fais ça pour l'argent et ils auront raison,* explique-t-elle au *Sun*. *Je le fais pour l'argent, mais pas pour acheter des voitures de luxe ou des maisons immenses. Pour assurer l'avenir de mes fils. »* Les tabloïds changent de ton : Jade Goody n'est plus *« le cochon »*, mais *« une légende »*. Le Premier ministre, Gordon Brown, déclare que *« la détermination »* de la jeune femme *« à aider sa famille est quelque chose que l'on doit applaudir »*. Le 22 février, jour du mariage, le cardinal Cormac Murphy-O'Connor, archevêque de Westminster, lui apporte son soutien sur Sky News : *« Je crois qu'elle a décidé d'utiliser les derniers mois de sa vie pour donner une leçon de courage. »*

Jade Goody ne fait pas l'unanimité. Ses opposants les plus *trash* offrent sur leur site Internet un iPhone à qui devinera la date de sa mort. Les plus snobs lui reprochent de ne pas avoir l'élégance d'Ivan Noble – ce journaliste de la BBC, atteint à 35 ans d'une tumeur au cerveau, a raconté la progression de la maladie sur son blog jusqu'au dernier jour, en février 2005. *« Les intellectuels sont-ils les seuls autorisés à gagner de l'argent avec leur maladie mortelle ? »*, interroge la journaliste Jenni Murray, de la BBC, elle-même récemment frappée par le cancer.

Le New York Times ouvre sa Une à la pub

Touché de plein fouet par la crise, le *New York Times* a publié pour la première fois de son histoire une pub à la Une. Jusqu'alors, le prestigieux quotidien américain refusait de mêler information et annonces commerciales sur sa première page.

Le bandeau de six centimètres a été réservé par la chaîne de télévision CBS, lundi 5 janvier dernier. La porte-parole du journal, Diane McNulty, a refusé d'en dévoiler le prix. Selon des acheteurs médias cités par le *New York Post*, le tarif de l'espace serait de 75 000 dollars les jours de semaine et de 100 000 dollars le dimanche. *« Cet emplacement, dont l'impact est très élevé, représente pour nos annonceurs une nouvelle occasion d'atteindre nos lecteurs cultivés, influents et aisés à travers le pays »*, a déclaré la vice-présidente chargée de la publicité du *New York Times*, Denise Warren.

En difficulté depuis plusieurs mois, le journal avait déjà réduit son format et supprimé des rubriques ; il a programmé plusieurs dizaines de licenciements, et emprunté 225 millions de dollars en hypothéquant son nouveau siège de Manhattan. Selon ses propres chiffres, il serait lu par 2,8 millions de personnes en semaine et 4,2 millions le week-end.

En Inde, le yoga jugé compatible avec l'islam

L'école coranique indienne Darul Uloom de Deoband l'affirme : le yoga ne va pas à l'encontre de l'islam. *« C'est une pratique bonne pour la santé, et bénéfique à l'humanité tout entière »*, a déclaré le vice-chancelier du Darul Uloom, le 27 janvier dernier. Le porte-parole d'une autre école, le Jamiat Ulama-i-Hind, a approuvé : *« Des exercices similaires au yoga sont présents dans les rites soufis. »*

Né en Inde il y a cinq mille ans, le yoga peut être accompagné de chants religieux hindous, dont le fameux « Om », considéré comme la vibration originelle. Il se pratique également sans. *« Si les mots, supposés être chantés pendant les exercices, ont une connotation religieuse, alors les musulmans n'ont pas besoin de les prononcer*, affirme le vice-chancelier du Darul Uloom. *Ils peuvent réciter à la place des versets du Coran, prier Allah ou rester silencieux. »* Constat du quotidien *Indian Express* : *« Le Darul Uloom a choisi de se ranger du côté du bon sens et de la souplesse. »*

Le yoga est autorisé en Iran. En Malaisie, le Conseil national de la fatwa a *« déconseillé »* sa pratique, soupçonnée d'*« affaiblir la foi »*. Sur la même ligne, le Conseil des oulémas, en Indonésie, l'a proscrit s'il est coloré d'hindouisme, mais autorisé comme activité sportive.

1,4 milliard de travailleurs pauvres en 2009

Selon le rapport annuel du Bureau international du travail (BIT) sur les tendances de l'emploi, jusqu'à 176 millions de personnes pourraient rejoindre la catégorie des *« travailleurs pauvres »* en 2009. Cela porterait à 1,4 milliard le nombre de travailleurs vivant sous le seuil de pauvreté, c'est-à-dire avec moins de deux dollars par jour. L'étude ne prend pas en compte les pays développés (États-Unis, France,

Grande-Bretagne...), où le phénomène est aussi en progression, car la définition du seuil de pauvreté y est différente : 50 à 60 % du revenu médian.

Depuis 1997, le nombre de travailleurs pauvres n'avait cessé de reculer, grâce à la croissance des puissances émergentes (Chine, Inde...). Le BIT prévoit un retour dix ans en arrière, lorsque 45 % de la population active ayant un emploi vivait sous le seuil de pauvreté.

En Afrique du Nord et en Asie du Sud-Est, ces travailleurs pourraient passer de 30 % à 41 % de la population active. L'Afrique subsaharienne et les autres régions très déshéritées devraient se stabiliser à 80 %. Mais le nombre de travailleurs *« extrêmement pauvres »*, qui vivent avec moins de 1,25 dollar par jour, devrait grimper. Le BIT considère que plus 200 millions de personnes pourraient entrer dans cette catégorie en 2009.

À Berlin, un resto du cœur pour animaux

Un centre de distribution d'aide alimentaire pour animaux domestiques vient d'ouvrir à Berlin. Chômeurs de longue durée, retraités et autres personnes démunies peuvent venir, le samedi, retirer des vivres pour leur compagnon. Les chats, les chiens, les lapins, les cochons d'Inde ou les perruches sont nourris par des bénévoles, qui contrôlent également leur état de santé ; la nourriture est offerte par des particuliers et des fabricants. La capitale allemande, où le taux de chômage avoisine 13 %, compte plus de 100 000 chiens.

L'antenne berlinoise est la dix-neuvième de l'association Tiertafel, créée en 2006. Sa fondatrice, l'informaticienne Claudia Hollm, propriétaire de trois chiens, en a eu l'idée en regardant un reportage télévisé. Un père de famille, qui venait de perdre son emploi, était contraint d'abandonner son chien : *« C'était horrible, toute la famille pleurait. Le chien ne comprenait pas ce qui lui arrivait. Il est injuste que des animaux quittent leur foyer parce qu'il manque 30 ou 40 euros par mois »*, dit-elle. *« Tous les jours, nous voyons des gens qui ne peuvent pas garder leur animal de compagnie pour des raisons financières »*, confirme la porte-parole de la fourrière de Berlin, Evamarie König. *« La moitié de nos clients sont des personnes âgées, dont le chat ou le chien est la dernière attache sociale »*, précise Claudia Hollm.

Des magistrats payés pour condamner des mineurs

Deux juges du comté de Luzerne, en Pennsylvanie, ont reconnu avoir touché 2,6 millions de dollars de pots-de-vin d'un centre de détention privé pour mineurs. Lors de chaque condamnation, les entreprises chargées de la gestion de l'établissement recevaient des fonds du comté et reversaient un bakchich aux deux magistrats. Pour arrondir leurs fins de mois, ceux-ci ont prononcé des centaines de peines excessives entre 2003 et 2006.
La presse américaine rapporte le cas d'une gamine de 17 ans, Hillary Transue, condamnée à trois mois de détention pour s'être moquée du proviseur adjoint de son lycée sur le site MySpace. Un garçon du même âge a été incarcéré pour avoir été surpris en compagnie d'un camarade coupable de vol à l'étalage. Le juge Mark Ciavarella et son complice, Michael Cohahan, ont plaidé coupable. Ils risquent sept ans de prison, mais le procès n'ira peut-être pas à son terme. L'État de Pennsylvanie a indiqué qu'il préférerait un arrangement, car *« la complexité des charges pourrait entraîner des années de procédure »*.

Le « cerveau » de l'affaire, le juge Ciavarella, présentait un taux d'incarcération de mineurs de 25 %, contre 10 % pour ses confrères. Aucun de ses supérieurs ne lui a jamais demandé la moindre explication...

Le Japon licencie en masse ses Brésiliens

Les premiers licenciés dans les entreprises japonaises sont les employés à temps partiel, notamment les travailleurs brésiliens. Baptisés *nikkeijin*, ils descendent de Japonais émigrés en Amérique du Sud au début du XXe siècle. Ils sont arrivés dans l'Archipel à la faveur d'une loi de 1989 permettant d'accorder des visas de travail à ceux d'entre eux qui n'étaient pas qualifiés. Le Japon est alors en pleine croissance et manque de main-d'œuvre. Recrutés par l'intermédiaire d'agences spécialisées, les *nikkeijin* ne bénéficient d'aucune couverture sociale. Ils sont généralement affectés aux travaux les plus pénibles,

dits « 3 K » : *kitsui* (« dur »), *kitanai* (« sale ») et *kiken* (« dangereux »). Mi-janvier, 350 *nikkeijin* ont défilé à Tokyo, soutenus par le Brésilien Ruy Ramos, ancien joueur de l'équipe japonaise de foot et star nationale. *« Les résidents brésiliens apportent leur contribution à la société japonaise. Nous voulons que le gouvernement prenne des mesures pour protéger leur emploi, leur logement et leur droit à l'éducation »*, a-t-il martelé. Quinze jours plus tard, les chiffres du chômage tombaient : avec une hausse de 0,5 point, à 4,4 %, il connaît une progression jamais observée depuis quarante-deux ans. *« Les conditions de l'emploi se dégradent à une vitesse sans précédent »*, a déclaré le ministre de la Gestion publique.

Clarence B. Jones

DR

Voir le futur s'écrire

Ami et conseiller de Martin Luther King durant la lutte pour les droits civiques, dans les années 60, Clarence B. Jones n'aurait *« jamais pensé voir un Noir à la Maison-Blanche de son vivant »*. Le pasteur et lui se battaient *« pour les générations futures, pas pour le présent »*, explique-t-il à *Ouest France*. Il n'en revient toujours pas de l'élection de Barack Obama.

Avant sa rencontre avec Martin Luther King, Clarence B. Jones n'avait rien d'un militant de la cause noire. Né en 1931 à Philadelphie dans une famille de domestiques, il grandit dans une école catholique, où une nonne se charge de son éducation. Le pasteur King dira de lui plus tard qu'il n'a jamais été *« un radical anti-blanc parce qu'il a découvert l'amour maternel auprès d'une religieuse irlandaise »*. À l'époque, en Pennsylvanie, *« les Noirs n'étaient plus tout à fait des esclaves, mais ils étaient toujours considérés comme inférieurs »*, rappelle Clarence B. Jones dans *Libération*.

Élève brillant, il entre à l'université de Columbia. Ses études de droit sont interrompues par le service militaire, en 1953. Le pays est alors en plein maccarthysme. Clarence B. Jones est jugé *« indésirable »* par l'armée, car il refuse de signer un certificat attestant qu'il n'est pas communiste. On le soupçonne de *« subversion »* pour avoir appartenu à une association d'étudiants progressistes. Il intente un procès à l'armée, gagne en appel et poursuit ses études jusqu'à l'obtention de son diplôme, en 1959.

En février 1960, les avocats de Martin Luther King le contactent : le leader noir est (injustement) accusé de fraude fiscale par l'État d'Alabama. Clarence B. Jones est un avocat de 30 ans, marié à une aristocrate blanche, et installé dans une luxueuse villa d'une banlieue résidentielle de Pasadena. Les problèmes du pasteur ne l'intéressent pas ; il envoie balader les avocats. Martin Luther King en personne vient le voir. *« Il m'explique qu'il a besoin d'un jeune avocat noir dans son combat contre la ségrégation »*, raconte-t-il lors de la commémoration du 40e anniversaire de la mort du pasteur, en décembre dernier. Il refuse de nouveau. *« Le lendemain, je suis invité à suivre le sermon de King, dans une église de Los Angeles. Il fait le portrait d'un jeune avocat dont la mère, domestique, s'est sacrifiée pour la réussite de son fils, mais qui a oublié d'où il vient. Je réalise alors qu'il parle de moi... »* Après l'office, les deux hommes se serrent la main ; ils ne se quitteront plus.

Clarence B. Jones devient l'ami et l'avocat de Martin Luther King, pour qui il rédige de nombreux discours. Le 28 août 1963, plus de 250 000 personnes écoutent le pasteur scander *« I have a dream »*, au Lincoln Memorial, à Washington. *« Je suis à l'origine des sept premiers paragraphes,* raconte-t-il. *Tout le discours était tourné vers le futur, l'avenir que nous espérions pour nos enfants. »* La même année, le pasteur est arrêté après une manifestation. Son avocat réussit à lui faire parvenir le papier sur lequel il écrira sa célèbre *« Lettre de la prison de Birmingham »*, qui dénonce encore et toujours la ségrégation. *« On y a cru jusqu'au bout, jusqu'à la mort de Martin »*, assassiné en avril 1968. *« Là, le monde s'est effondré »*, se souvient Clarence B. Jones.

Pendant les trois décennies suivantes, il milite dans les prétoires ; il achète et dirige pendant quelques années l'hebdo de la communauté noire new-yorkaise, Le *New York Amsterdam News* ; il est membre de l'Institut Martin-Luther-King, créé en 2005 au sein de l'université Stanford, dans la Silicon Valley...

Le jour de l'élection de Barack Obama, Clarence B. Jones, 77 ans, était chez des amis, en Californie : *« J'ai beaucoup pleuré en pensant à tous ceux qui n'ont pas vécu assez longtemps pour voir cela. »*

Esther Duflo

AFP - PATRICK KOVARIK

Meilleure ennemie de la pauvreté

Reconnue à l'étranger comme l'une des meilleures spécialistes mondiales de l'évaluation des programmes de lutte contre la pauvreté, l'économiste Esther Duflo, 36 ans, a été ignorée par la France jusqu'à début janvier. Titulaire de la toute nouvelle chaire « Savoirs contre la pauvreté », elle est devenue le plus jeune professeur du Collège de France.

La fibre sociale d'Esther Duflo prend sa source dans l'enfance : son père est enseignant-chercheur en mathématiques, sa mère pédiatre et active dans l'humanitaire ; tous deux sont de gauche et protestants. Une amie rencontrée chez les scouts (et devenue une proche collaboratrice), Hélène Giacobino, se souvient que, gamine, Esther Duflo se sentait déjà *« concernée »* par la misère. Son frère aîné, Colas, deviendra professeur d'université, et sa sœur cadette, Annie, spécialiste de l'Inde. La famille vit dans une maison où il n'y a pas la télévision, à Asnières (Hauts-de-Seine).

Esther Duflo passe son bac au lycée Henri-IV, à Paris, puis entre à l'École normale supérieure de la rue d'Ulm. Elle étudie l'histoire – petite fille, elle était fan de Louis XIV –, tout en bossant pour des ONG. Passionnée d'escalade, elle n'a rien d'une *« binoclarde coincée »*. À Normale sup, elle rencontre un étudiant en économie, Thomas Piketty (futur directeur de l'École d'économie de Paris et futur conseiller du Parti socialiste), qui devient un ami. Elle fait un séjour en Russie, à la fin de l'ère Gorbatchev, pour préparer un mémoire sur *« L'image des grands chantiers dans la propagande soviétique du premier plan quinquennal »*. Elle se met à l'économie, travaille un temps avec le français Daniel Cohen, et l'américain Jeffrey Sachs, sur des sujets liés à la fin de l'URSS. En 1994, elle passe une maîtrise d'histoire et une maîtrise d'économie, puis, en 1995, un DEA d'économie. Elle parle anglais, allemand, russe et voyage beaucoup... *« Elle est toujours en mouvement. Elle n'arrête jamais. Elle fait tout à fond »*, assure Hélène Giacobino dans *Ouest France*.

Miriam Kilali

Artiste de la belle vie

DR

Elle poursuit ses études d'économie à l'université de Princeton (New Jersey). Elle est vite repérée par le célèbre MIT (Massachusetts Institute of Technology) de Cambridge, qui l'accueille pour préparer sa thèse en qualité de professeur assistant. Observant que *« les aides humanitaires et les politiques des pays pauvres sont très peu évaluées, et qu'on en change sans tirer les leçons »*, elle consacre ses travaux à l'évaluation économique des projets de développement (*Three Essays in Empirical Development Economics*). En 2002, elle obtient sa thèse, et devient, à 29 ans, professeur titulaire à la chaire d'économie du MIT – un exploit.

L'année suivante, elle cofonde le Laboratoire d'action contre la pauvreté Abdul-Latif-Jameel (J-PAL). Dédié à l'évaluation des programmes de lutte contre la pauvreté, il réunit ponctuellement une cinquantaine de chercheurs du monde entier sur des études. *« Cela fait un demi-siècle qu'on dépense de l'argent dans les pays en développement sans jamais vraiment se donner les moyens de vérifier si ça marche ou pas, comment et pourquoi »*, explique Esther Duflo dans *Le Monde*. Le laboratoire étudie aussi bien les effets du microcrédit aux Philippines que ceux de la scolarisation d'adolescents au Ghana, avec l'objectif d'améliorer les dispositifs en place pour faire reculer la pauvreté.

Dans sa leçon inaugurale au Collège de France, le 8 janvier dernier, la jeune femme a défendu la *« voie ambitieuse »* de l'économie de terrain, qu'elle défriche depuis dix ans déjà.

Pendant ses études d'art, à Berlin, Miriam Kilali, une plasticienne aujourd'hui âgée de 42 ans, a travaillé dans un centre d'accueil pour les sans-abri. La *« désolation »* qu'elle y a rencontrée n'a jamais cessé de la *« hanter »*, confie-t-elle au *Frankfurter Allgemeine Zeitung*. Pendant quinze ans, elle a réfléchi à ce qu'elle pourrait faire *« de plus que des photos ou des peintures »* pour ces oubliés de la société dont *« aucun lobby »* ne défend les intérêts. Elle a trouvé : convaincue qu'on ne peut *« reprendre des forces »* que dans un lieu harmonieux, elle a décidé d'offrir *« un beau cadre de vie à ceux qui ont tout perdu »*. Elle a baptisé son projet artistique *Reichtum* (« richesse ») et s'est mise à la recherche d'un site.

Son premier *« palais social »*, Reichtum 1, a vu le jour à Moscou en 2005. L'hôtel Marfino, cube de béton insalubre où quatre-vingts sans-abri avaient trouvé refuge, a été rénové de fond en comble, meublé et décoré avec le soutien d'associations et de sponsors. Le résultat est stupéfiant. *« L'objectif est de rendre leur dignité à ces gens, et de leur redonner le goût de la vie »*, explique Miriam Kilali à *Libération*. Certains résidents ont participé aux travaux ; deux d'entre eux ont été tellement galvanisés qu'ils ont retrouvé un job. *« Pour ces hommes, c'était une sorte de miracle »*, se souvient la jeune femme.

La création de Reichtum 2, à Berlin, n'a pas été aussi simple. Miriam Kilali a eu beaucoup de difficultés à trouver un lieu, à réunir les fonds nécessaires aux travaux et à convaincre des sponsors... *« Les gens étaient très sceptiques, ils ne voyaient pas l'intérêt du projet »*, raconte-t-elle au *Guardian*. Ses détracteurs l'accusaient de vouloir tirer profit du spectacle de la misère humaine. *« Le véritable cynisme,* répond-elle, *c'est quand une société accepte que des gens vivent dans la rue. »*

Elle parvient finalement à boucler le dossier. Avec un budget de 120 000 euros, sa nouvelle *« peinture vivante »* sera le foyer de Schöneweide, un petit immeuble tristounet, encadré de façades grises, en face d'une gare de RER. Géré par deux associations caritatives, l'une religieuse et l'autre sociale, il est réservé à des sans-abri alcooliques, parfois atteints de cancer, de cirrhose ou de démence. Certains finiront leurs jours dans cette maison. *« Ils vivent depuis trop longtemps avec un problème d'alcool pour être guéris »*, indique le directeur adjoint du centre, Christoph Brenneis.

Comme à Moscou, certains pensionnaires ont participé aux travaux. Mais Miriam Kilali a décidé de tout, jusqu'au moindre petit meuble offert par Ikea, la transformation du lieu étant une *« œuvre d'art dont le concept doit rester lisible »*, assure-t-elle au *Frankfurter*. Elle s'est activée pendant un an et demi, entourée de designers et de plasticiens. Le jour de l'inauguration, fin 2008, les visiteurs ont découvert un ravissant petit immeuble à la façade jaune vif.

L'entrée, au sol couvert d'un parquet, est éclairée par un lustre de style Murano et meublée de canapés rouges. *« Seuls les relents de cantine qui imprègnent l'air rappellent qu'on ne se trouve pas dans un hôtel trois étoiles »*, écrit *Libération*. Les couloirs, ornés de boiseries, conduisent à des chambres confortables, à la déco très épurée... *« Personne ne doit être exclu de la beauté,* a déclaré Miriam Kilali. *Ceux qui vivent ici doivent avoir le sentiment qu'ils ne sont plus en marge de la société. Entre ces murs, ils peuvent se dire : le monde est beau et j'en fais partie. »*

Aujourd'hui, la responsable de l'association qui gère le foyer, Katia Schultz, mesure la transformation accomplie, mais juge qu'il est *« trop tôt pour en évaluer les effets »*. Les pensionnaires, en revanche, sont unanimes pour dire que leur vie a radicalement changé. Quant à Miriam Kilali, elle s'est lancée dans le Reichtum 3, qu'elle va créer à New York.

Xavier Plassat

DR

Frère désintéressé

Dominicain bardé de diplômes, Xavier Plassat se bat depuis vingt ans contre le trafic de main-d'œuvre au Brésil. Menacé par des propriétaires terriens aux méthodes mafieuses, il soutient la politique conduite par le ministère du Travail mais demeure critique à l'égard du président Lula. Déçu par l'Église, dont il déplore le faible engagement, il se consacre à sa mission.

Xavier Plassat naît en 1950 à Roost-Warendin, près de Douai (Nord), dans une famille catholique. Élève doué, il fait Sciences Po Paris, dont il sort en 1970 avec une licence de sciences éco et un diplôme d'expertise comptable. L'année suivante, il entre chez les dominicains, au couvent de la Tourette, près de Lyon.

En 1974, un dominicain brésilien de 28 ans, Tito de Alencar, vient s'y réfugier après avoir été torturé dans son pays. À l'époque (en pleine guerre froide), le Brésil est une dictature militaire de droite soutenue par les États-Unis, où l'on traque les communistes et autres opposants. À jamais meurtri, Tito de Alencar se suicide ; Xavier Plassat est chargé de rapatrier le corps. Il découvre que depuis le début des années 70 *« un évêque et des agents de la pastorale, témoins dans leurs diocèses d'Amazonie »* de l'esclavagisme dont sont victimes *« des milliers de petits paysans et d'Indiens »* dénoncent ces pratiques et subissent la répression du régime.

Un an plus tard, l'Église catholique brésilienne fonde la Commission pastorale de la terre (CPT), qui se veut *« la voix et la main solidaires des églises chrétiennes auprès des communautés paysannes [...] chassées sans merci par de riches exploitants, usurpateurs de leurs terres, avec la complicité du pouvoir, des juges et de la loi »*, écrit Xavier Plassat.

Il poursuit ses études au couvent de la Tourette, mais renonce à devenir prêtre : *« Être prêtre, ou l'ultime diplôme... C'est une vision de l'Église à laquelle je ne pouvais pas adhérer,* confie-t-il au *Monde. J'avais un blocage politique, ou théologique. Du coup, je suis resté ce qu'on appelle un frère convers. »*

Il fait un premier voyage au Brésil en 1983, peu avant le retour de la démocratie, puis part y vivre en 1989. Il s'installe à Araguaína, une petite ville à la lisière de l'Amazonie et travaille pour la CPT. *« Nous recevons des fuyards, éventuellement recherchés par les hommes de main du patron, nous les hébergeons, les nourrissons et, surtout, nous les écoutons »*, raconte-t-il dans une conférence. *« Leur récit se transforme en dénonciation, que nous adressons aux autorités »* afin d'obtenir la libération *« des dix, vingt ou cent autres travailleurs qui sont restés au turbin »*.

En 2003, au lendemain de l'élection du président Lula, le gouvernement lance un « plan pour l'éradication du travail d'esclave » et publie une « liste sale » des entreprises incriminées. La situation des paysans s'améliore aussitôt, mais *« la répression entraîne des réactions violentes de la part des fazeinderos »*, les grands propriétaires, explique Xavier Plassat à *La Croix*. Les gens de la CPT sont menacés de mort. En 2005, sœur Dorothy Stang, un membre de l'organisation, est assassinée par des tueurs à gages... Les religieux sont placés sous protection policière.

Aujourd'hui, *« une plainte sur deux seulement est traitée »*, regrette Xavier Plassat dans *Metro*. *« Le gouvernement n'a pas une position suffisamment claire... [car] l'agriculture est au cœur du développement économique du pays. »* Quant à l'Église, elle s'est selon lui détachée de la CPT pour passer du côté des puissants : *« Elle n'a plus de message, sauf celui d'une obéissance à des règles critiquables »*, affirme-t-il dans *Le Monde*.

Il vient de se voir décerner le prix national des droits de l'homme par la présidence de la République : *« Les prix, ça protège. C'est aussi fait pour ça. »*

Kader Attou

DR

Celui qu'on n'attendait pas

Beur de banlieue, en rupture avec l'école, Kader Attou est devenu à 35 ans l'un des danseurs et chorégraphes les plus doués de sa génération. Il vient d'être nommé à la tête du Centre chorégraphique national (CCN) de La Rochelle, où il succède à une autre avant-gardiste, Régine Chopinot.

La naissance de Kader Attou, le 6 février 1974, est une surprise : sa mère pensait accoucher d'un seul bébé mais, après le premier, un second est arrivé, qu'elle appelle Kader. Les jumeaux grandissent à Saint-Priest, dans la banlieue de Lyon, avec leurs parents, immigrés algériens. Kader Attou est convaincu que son père est un artiste, puisqu'il fait les trois huit chez Renault – comme le grand huit de la fête foraine...

Bon élève à l'école primaire, les choses se gâtent au collège. Kader Attou découvre les insultes raciales, le vrai job de son père, la condition des immigrés de la première génération : la révolte gonfle en lui. *« Lorsque mon père était face à l'institution, il disait toujours : "Oui monsieur"*, se souvient-il dans *Libération*. *Ces mots-là me font encore mal. On n'a pas arrêté de nous parler d'intégration, mais notre génération n'est pas concernée. Ce sont nos parents qui se sont intégrés, et ils ont 20 sur 20, ils ont tout réussi. »*

Sa mère l'inscrit dans un centre d'arts martiaux pour qu'il cesse de se faire tabasser au lycée. Lui, rêve de faire l'École nationale du cirque, pour devenir clown. Il arrête le lycée et entre dans un cours d'arts du cirque. À cette période, raconte-t-il à *Ouest France*, il *« découvre le hip-hop à la télé, grâce à l'émission "H.I.P. H.O.P.", présentée par Sidney, avec son cours de danse à la fin »*. C'est le coup de foudre ; il se met à danser tous les dimanches avec ses amis, Éric, Mourad et Chaouki, sur une pelouse ou dans un gymnase où ils entrent en douce.

En 1987, Antenne 2 tourne un reportage sur son coach du cours de cirque pour l'émission « Tous à la une ». Le jour J, il regarde le sujet : stupeur, le prof est bien là, mais il n'est entouré que de blancs ; Mourad, Chaouki et tous les autres beurs ont disparu. Il claque la porte du cours et se retrouve *« sans repères, avec une rage terrible*, explique-t-il à *Libé*. *J'avais foutu ma scolarité en l'air. Plus aucun lycée ne m'accepterait »*. Grâce à une structure d'insertion, il trouve un job de secrétariat, qu'il gardera deux ans, en continuant à danser la nuit. Un soir, alors qu'il rentre chez lui, sa mère lui demande de relever ses manches. Il réalise qu'elle le soupçonne de se droguer : *« Une bombe atomique a explosé en moi. Un jeune qui sort le soir, c'est forcément pour faire des conneries. »*

En 1989, il crée le collectif Accrorap avec ses potes de toujours, Chaouki Said, Éric Mézino et Mourad Merzouki (devenu directeur de la compagnie Käfig). Le plasticien Gilles Rondot et d'autres artistes se joignent à la bande. La première pièce, *Athina*, créée à Lyon et mêlant hip-hop, cirque et danse classique, connaît un succès immédiat. Tout va alors très vite : en 1994, la compagnie Accrorap devient professionnelle. Kader Attou enchaîne les créations, voyageant notamment au Brésil, en Palestine, en Croatie, en Algérie, dans les villes et les campagnes, pour faire dialoguer les danses du monde. *« Le hip-hop résonne partout*, déclare-t-il à *Ouest France*. *Ce n'est plus une danse urbaine, elle est également rurale. »*

Fin 2008, Kader Attou prend la succession de Régine Chopinot à La Rochelle. *« C'est une vraie reconnaissance, après avoir travaillé pendant des années de manière vagabonde »*, se réjouit son ami Mourad Merzouki dans *Lyon Capitale*. Pour le directeur de Montpellier Danse, Jean-Paul Montanari, *« Kader est un des grands chorégraphes politiques actuels, et je dis bien chorégraphe, pas chorégraphe hip-hop »*.

Sabine Weiss

AFP - PHILIPPE HUGUEN

Un regard amoureux

Sabine Weiss est un personnage inclassable : exposée dans des galeries et des musées du monde entier, rattachée contre son gré au courant humaniste de la photographie, elle réfute le statut d'artiste et assure, dans *Libération*, *« pratiquer une photo de compassion »*.

Née en 1924 en Suisse, Sabine Weber découvre la photographie à l'âge de 12 ans. *« Lors d'un voyage à Paris, je me suis acheté un petit appareil en Bakélite noir à Monoprix, avec mon argent de poche »*, raconte-t-elle à RFI. Elle se passionne pour la photo, au point de décider, à 17 ans, de *« quitter l'école »* pour en faire son métier. Non seulement ses parents ne s'opposent pas à son projet, mais son père, chimiste de profession, la présente au meilleur photographe de studio de Genève, Frédéric Boissonnas. *« Je ne suis pas issue d'un milieu artistique, mais ma famille s'intéressait à l'art »*, explique-t-elle dans un entretien avec Artclair.

Elle apprend le métier chez Boissonnas et obtient un diplôme de photographe. À 22 ans, après une histoire d'amour un peu *« compliquée »*, elle fait ses valises pour Paris, où elle s'installe au lendemain de la Libération. Un ami la recommande au photographe de mode Willy Maywald, parmi les premiers à sortir les mannequins de Dior ou Schiaparelli des studios pour les emmener dans la rue. Elle devient son assistante et découvre auprès de lui *« la lumière naturelle comme source d'émotion »*.

En 1949, à l'occasion d'un voyage en Italie, elle rencontre le peintre américain Hugh Weiss, qui vit lui aussi à Paris. Ils tombent amoureux et se marient aussitôt. Un an plus tard, Sabine Weiss croise Robert Doisneau dans le bureau du directeur de *Vogue France*. Il voit ses clichés et lui propose de rejoindre Rapho, la première agence de photojournalisme française, à laquelle appartiennent également Willy Ronis ou Édouard Boubat, qualifiés par la critique de *« photographes humanistes »*.

La carrière de Sabine Weiss décolle rapidement. *« J'ai eu la chance d'avoir beaucoup de commandes, de* Life, Time, Newsweek, Paris Match... *J'ai pu vivre de mon travail »*, dit-elle. Elle saisit le quotidien en noir et blanc de gens ordinaires, à Paris, en Inde, en Espagne, au Maroc, aux États-Unis..., photographie beaucoup d'enfants, car *« avec eux, il y a toujours un défi »*. Elle pose parfois son regard sur des gens démunis : *« J'y vais avec beaucoup de douceur, je ne les agresse pas. »* Passionnée par la musique, elle fait des portraits d'Igor Stravinski, Pablo Casals, Stan Getz, ainsi que de nombreux peintres et écrivains : *« Le dialogue est constant entre moi, mon appareil et mon sujet. J'ai besoin d'être émue. L'amour des gens, c'est beau, c'est grave, il y a une profondeur terrible. »* En 1955, pour le premier numéro de la célèbre revue d'art *L'Œil*, elle réalise une visite de l'atelier d'Alberto Giacometti. La reconnaissance arrive à cette période, avec la sélection de trois de ses clichés par le photographe Edward Steichen pour l'exposition, devenue mythique, *« The Family of Man »*.

Depuis, certaines de ses photos ont rejoint les collections de grands musées, notamment le MoMA de New York, l'Art Institute de Chicago, le musée d'Art moderne de Paris, le centre Pompidou, le musée d'Art moderne de Kyoto... Elle ne se considère pourtant pas comme une artiste : *« Je photographie ce que je vois, je ne crée rien, je n'interviens pas. »* Et le cadrage ? Cela ne compte pas : *« Je ne photographie que ce qui me touche. »* Selon elle, le seul créateur, c'est *« le peintre »*.

Son mari, Hugh, est mort en 2007. Il reste à Sabine Weiss le gouffre de l'absence, une fille et des petits enfants. À 85 ans, elle continue à être *« active »*. L'été dernier, elle a passé trois semaines en Chine pour un reportage. En 2010, elle exposera à Moscou.

IL A DIT

WARREN BUFFETT

Homme d'affaires et philanthrope, surnommé « l'oracle d'Omaha »

À la tête du fonds d'investissement Berkshire Hathaway

Homme le plus riche du monde en 2008, devant Bill Gates

497e patron le mieux payé des États-Unis

Décide en 2006 de léguer sa fortune à une fondation

Soutient Barack Obama depuis les sénatoriales de 2005

OCTOBRE 1968

« Trouveriez-vous normal que notre équipe olympique de l'an 2000 soit composée de descendants des athlètes des JO de 1976 ? »

À propos des dynasties en politique et dans les affaires

MARS 1994

« Si le président de la Réserve fédérale me soufflait à l'oreille sa politique monétaire pour les deux ans à venir, je ne changerais rien à mes décisions. »

Déclaration

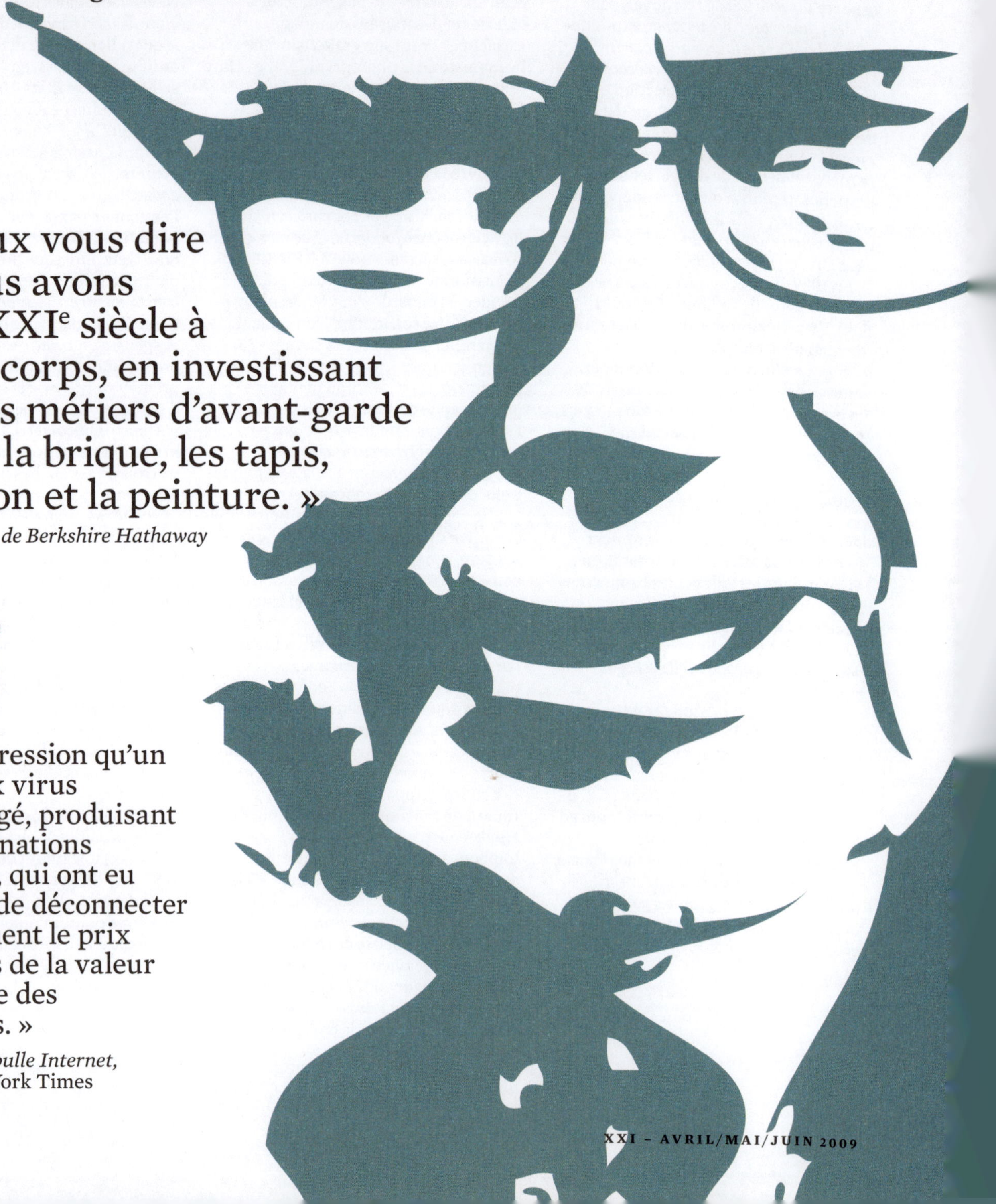

JUIN 2001

« Je peux vous dire que nous avons pris le XXIe siècle à bras-le-corps, en investissant dans des métiers d'avant-garde comme la brique, les tapis, l'isolation et la peinture. »

Discours à l'AG de Berkshire Hathaway

JUILLET 2001

« J'ai l'impression qu'un mystérieux virus s'est propagé, produisant des hallucinations collectives, qui ont eu pour effet de déconnecter complètement le prix des actions de la valeur intrinsèque des entreprises. »

À propos de la bulle Internet, lettre au New York Times

DÉCEMBRE 2001

« Vous savez que j'adore les hamburgers. Lorsque le prix des hamburgers baisse, toute la famille Buffett chante alléluia. Lorsqu'il augmente, nous pleurons. La plupart des gens font pareil avec tout ce qu'ils achètent, sauf les actions : lorsque les cours baissent, alors qu'ils pourraient en avoir plus, ils n'en ont plus envie ! »

Déclaration devant des patrons, rapportée par Forbes

FÉVRIER 2002

« Ces dernières années, j'ai été écœuré de voir des actionnaires perdre des milliards de dollars, alors que les PDG à l'origine de ces désastres quittaient leur poste avec de véritables fortunes. »

Déclaration

SEPTEMBRE 2004

« Lorsqu'un PDG demande au conseil d'administration de lui attribuer une mégaprime sous forme de stock-options, oser émettre une objection est aussi grossier que péter à table. »

Déclaration

JUIN 2006

« Une personne très riche doit laisser suffisamment à ses enfants pour qu'ils fassent ce qu'ils veulent, mais pas assez pour qu'ils ne fassent rien. »

Annonce du legs de la quasi-totalité de sa fortune à la Fondation Bill et Melinda Gates

OCTOBRE 2007

« Je paie moins d'impôts que ma réceptionniste, vous trouvez cela normal ? Pourtant, je n'abrite pas mon argent dans des paradis fiscaux, j'applique juste les lois votées par le Congrès. »

Entretien avec la chaîne NBC

MAI 2008

« L'économie américaine va continuer à subir les effets de la crise qu'elle a elle-même créée. Ces gens n'ont rien compris aux instruments qu'ils mettaient en place ni aux produits qu'ils vendaient. »

Entretien avec le journaliste Éric Tréguier

FÉVRIER 2009

« Avec la crise, le mot d'ordre est à nouveau celui qu'on voyait fleurir à l'entrée des restaurants, du temps de ma jeunesse : "En Dieu nous croyons, tous les autres paient cash." »

Lettre aux actionnaires de Berkshire Hathaway

DANS L'ŒUF

Le trafic spatial en manque d'espace

Techniciens d'EADS, à Toulouse. AFP/PASCAL PAVANI

Pour la première fois de l'histoire de l'espace, deux satellites seraient involontairement entrés en collision dans l'orbite terrestre. Kosmos 2251, un engin militaire russe hors service depuis quinze ans, et Iridium 33, un satellite de télécommunication américain en fonctionnement, se sont percutés à 800 kilomètres d'altitude au-dessus de la Sibérie. Pulvérisés par le choc, ils ont projeté des milliers de débris dans la zone la plus fréquentée de l'espace.

« Nous savions que cela se produirait un jour », commente un scientifique du Centre de contrôle américain de Houston, Mark Matney. Depuis Spoutnik 1, premier satellite, mis en orbite par les Russes en 1957, près de 6 000 engins ont été lancés. Trois accidents ont été *« officiellement recensés »*. Le premier, en 1991, est le fruit d'une reconstitution américaine ; un Kosmos aurait été heurté par un fragment d'un satellite frère. Les suivants ont été observés : en 1996, un morceau d'une fusée Ariane ayant explosé dix ans plus tôt se crashe contre le satellite français Cerise. En 2005, un lanceur américain Thor est percuté par un débris chinois.

D'autres collisions ont été volontaires. En janvier 2007, par exemple, les Chinois ont détruit un vieux satellite météo, le Fengyun 1C, en guise d'essai de missile antisatellite. Un an plus tard, les Américains ont embrayé, avec la pulvérisation du satellite USA 193 par un missile tactique tiré d'un croiseur stationné dans l'océan Pacifique. Pékin et Washington ont tous deux démenti, pour la forme, la nature militaire de leurs tirs.

Des millions de débris se baladent ainsi dans l'espace, à une vitesse moyenne de 28 000 km/h. Le département américain de la défense les répertorie grâce à son réseau mondial de radars et de télescopes optiques, et met les données à disposition des agences spatiales (dotées de leurs propres systèmes de veille). Ces informations, expurgées de tout ce qui a trait à la flotte militaire spatiale américaine, permettent d'empêcher des collisions par des manœuvres d'évitement.

Un système international de contrôle du trafic spatial limiterait sérieusement les risques d'accident. Mais aucune grande puissance n'en veut : secret militaire oblige. Donald Malhey, du département d'État américain, a ainsi rappelé début 2007 le refus de son pays de *« négocier des contraintes et limitations à son droit de développer, tester et déployer des capacités dans l'espace »*.

L'agence internationale pour les énergies renouvelables

Parc éolien, Port-la-Nouvelle, Languedoc-Roussillon. AFP/GIANESINI

Plus de 75 pays ont signé, en Allemagne, le traité fondateur de l'Agence internationale pour les énergies renouvelables (Irena). Elle a pour mission de promouvoir le solaire, l'éolien, la géothermie et toutes les énergies non fossiles, comme l'Agence internationale de l'énergie atomique (AIEA) a pour vocation de diffuser le nucléaire. Toujours à l'image de l'AIEA, l'Irena devra favoriser les transferts de technologies entre pays du Nord et du Sud ; elle apportera une assistance technique à ses adhérents et facilitera le montage de plans de financement. L'objectif est de desserrer l'étreinte du tout-carbone (pétrole, gaz, charbon) et de développer l'électrification de pays pauvres. *« Les énergies renouvelables ne permettent pas seulement de lutter contre le réchauffement climatique et de sécuriser les approvisionnements énergétiques, elles recèlent d'énormes potentiels économiques »*, a déclaré le ministre allemand de l'Environnement, Sigmar Gabriel, fin janvier.

Parmi les tout premiers signataires figurent l'Allemagne, l'Espagne, le Danemark, l'Inde, l'Égypte, le Pakistan, le Nigeria, la Serbie, la Syrie et la Turquie. Quelques-uns des pays les plus pollueurs de la planète ont fait le déplacement, mais n'ont pas paraphé le traité : les États-Unis, la Chine, le Japon, le Brésil... La France a signé, mais à reculons. Officiellement, ses réticences tiennent au fait que la langue unique adoptée par l'Irena est l'anglais. Plus sérieusement, les priorités de Paris sont la commercialisation du réacteur de troisième génération EPR, et le mécano industriel autour du groupe Areva (leader mondial de l'industrie nucléaire), au lendemain du retrait de son partenaire allemand, Siemens.

L'Irena commencera ses travaux après la nomination de son directeur général, prévue en juin, et le choix de son siège. L'Allemagne, pilier du projet, défend la candidature de Bonn ; l'Espagne, le Danemark, l'Autriche et le Kenya postulent également. Un autre candidat s'est déclaré, Abu Dhabi ; l'émirat entend promouvoir le chantier de Masdar, une éco-ville dont la construction devrait être achevée en 2016. Elle serait alors la première cité du monde à présenter un bilan neutre en dioxyde de carbone. *« Nous mettrons tout notre poids dans la balance pour l'obtenir »*, a déclaré le promoteur de Masdar, Sultan Al-Jaber.

Le « Madridgate » déchire la droite

Esperanza Aguirre et Jean-Claude Trichet, à Madrid. AFP / PHILIPPE DESMAZES

Scandale en Espagne : des dirigeants du Parti populaire (PP), de droite, auraient fait espionner des rivaux au sein de leur propre formation. L'affaire du « *Madridgate* », révélée mi-janvier par le quotidien *El País*, oppose le maire de la capitale, Alberto Ruiz-Gallardón, à la présidente de la région, Esperanza Aguirre.

Selon *El País*, les faits se sont produits au printemps 2008, lors de la bataille pour la direction du PP. Le courant centriste du maire de Madrid faisait campagne pour le maintien de Mariano Rajoy, à la tête du parti depuis 2004. Il contrecarrait ainsi les ambitions d'Esperanza Aguirre, de la droite du parti, qui désirait se présenter.

La présidente de région aurait demandé à l'un de ses lieutenants, le ministre de l'intérieur régional, Francisco Granados, de surveiller deux adjoints au maire. D'après les documents publiés par *El País*, Francisco Granados aurait créé une officine de renseignement au sein du ministère régional, et confié l'espionnage des élus à d'anciens gardes civils. Les flics à la retraite auraient marqué leurs cibles à la culotte, relevant scrupuleusement leurs moindres déplacements, l'identité de leurs contacts professionnels et privés, etc. Un rapport de filature de Manuel Cobo, l'un des adjoints au maire, rapporte par exemple qu'il *« sort de son domicile à 8 h 25 du matin en suivant son itinéraire habituel. Il occupe son poste de travail à 9 h 02. [...] Le soir, il se dirige vers un restaurant de la rue Zorita, dans lequel entrent aussi sa femme et une fille très jeune. Nous demeurons dans la zone jusqu'à leur sortie, vers 0 h 50. Nous nous posterons en face de son domicile jusqu'à l'aube. »* Mariano Rajoy a finalement été réélu, Esperanza Aguirre ayant renoncé à la dernière minute à se présenter.

Aujourd'hui, Francisco Granados reconnaît avoir fondé *« un service de surveillance »*, mais nie toute activité d'espionnage. Dans un entretien avec le quotidien conservateur *ABC*, Esperanza Aguirre dénonce *« une manigance de la gauche pour diviser la droite »*.

Le procureur de Madrid a ouvert une enquête, dont les premiers effets sont des soupçons sur l'origine du patrimoine d'un autre lieutenant de la présidente de région. Le chef du PP, Mariano Rajoy, en a lancé une autre, en interne, sur ces *« faits d'une extrême gravité »*. À quelques semaines des élections européennes de juin, le gouvernement socialiste de José Luis Rodríguez Zapatero se frotte les mains.

L'obésité, un problème de santé publique en Chine

Un enfant chinois souffrant d'obésité. AFP / PETER PARKS

L'obésité, reconnue comme une maladie par l'Organisation mondiale de la santé (OMS), connaît une progression fulgurante en Chine : dans les grandes villes, un adolescent sur cinq en est atteint. À l'échelle du pays, plus de 200 millions de personnes présentent un surpoids (près du quart de la population), et 90 millions sont obèses – des chiffres en hausse respectivement de 39 % et de 97 % par rapport à 1992. Les jeunes vivant en milieu urbain sont les plus touchés : une étude portant sur 80 000 sujets a révélé une augmentation de 156 % du nombre d'obèses entre 1996 et 2006.

Dans les pays développés, l'obésité progresse surtout dans les couches inférieures : en Californie, par exemple, les adolescents défavorisés risquent trois fois plus d'être atteints que ceux des milieux aisés. En Chine et dans les autres pays émergents, le surpoids est une maladie de riches. Les causes en sont le développement du travail sédentaire, la généralisation de l'automobile et l'évolution du mode d'alimentation, avec la pénétration de la restauration rapide (pizzas, hamburgers...) et le boum des supermarchés. Selon une étude du cabinet AC Nielsen, menée en 2006 sur 14 000 personnes dans 28 pays, 30 % des Asiatiques ont recours au fast-food au moins une fois par semaine, juste derrière les Américains (33 %).

Le surpoids provoque des maladies chroniques : hypertension artérielle, diabète, problèmes cardio-vasculaires... En 2007, l'OMS estimait le coût de l'obésité en Chine à 2,1 % du PIB. Ce taux devrait grimper : le ministre chinois de la Santé publique a indiqué, lors de la Journée mondiale du diabète de l'ONU, en fin d'année dernière, que le nombre d'enfants et d'adolescents atteints de cette maladie progressait dans toutes les grandes villes du pays. Les scientifiques ont en outre observé que le diabète et l'hypertension chez les personnes en surpoids survenaient plus rapidement dans les régions dont les habitants ont connu des carences nutritives – telles l'Asie, l'Afrique ou l'Amérique latine. Ils ne savent pas pourquoi, mais supposent que les organismes longtemps privés de graisses pourraient les stocker massivement, en prévision de futures disettes.

Le gouvernement chinois est en train de réagir : il vient de lancer une campagne de sensibilisation à la prévention du diabète, et les premiers centres médicaux spécialisés dans le traitement de l'obésité ont ouvert leurs portes.

DANS LE BLEU

Les sentiers de l'Islam réservent bien des surprises. CÉLIA MERCIER a enquêté au Pakistan sur un remake de Tarzan et Jane. DELPHINE MINOUI a assisté à Beyrouth aux retrouvailles de deux cousins. GUILLAUME PERRIER a exploré les facettes du puissant réseau des Jésuites de l'Islam.

LORENZO MATTOTTI

DE L'ISLAM

La maison de l'Islam

par Patrick de Saint-Exupéry

Le Vatican l'a annoncé au printemps dernier : la planète compte 1,322 milliard de musulmans (19,2 % de la population) contre 1,130 milliard de catholiques (17,4 %). L'islam est, aujourd'hui, la première religion au monde même si, toutes confessions confondues, les chrétiens représentent le tiers de l'humanité.

Depuis 2001, l'islam est aussi au premier rang des préoccupations de l'Occident. À l'attaque d'Al Qaïda contre le World Trade Center, les États-Unis ont répliqué en lançant une « guerre contre le terrorisme ». Les soldats de la première armée du monde sont, aujourd'hui, présents sur deux fronts : l'Irak et l'Afghanistan. Mais la bataille se mène aussi sur une autre ligne, l'idéologie : en 2002, l'Iran fut désigné comme pivot de « l'axe du mal ».

Par « axe du mal », précisa alors l'ancien président George Bush, il fallait entendre les États menaçant « la paix dans le monde » et leurs « alliés terroristes ». Dans les rues, celles du village mondial, du fin fond du désert aux grandes métropoles, le message fut réduit à sa plus simple expression : l'Occident partait en guerre contre le monde musulman.

Des images affluèrent, qui nourrirent ce sentiment par le truchement des télévisions du monde entier. D'un côté, de lourds bombardements, des chars, des soldats du XXIe siècle engagés dans des déserts ou des montagnes d'un autre temps. De l'autre, des vidéos terribles d'attentats, d'exécutions d'otages, des messages enregistrés lourds de menaces.

En apparence, donc, la guerre. Incarnée par les couvertures de magazines ou de livres. Par des images de femmes voilées « vendues », « mariées de force ». Ou par des photos de corps déchirés et éclatés. Avec, toujours, en arrière-plan, le musulman barbu, devenu représentation de la violence.

À XXI, nous nous méfions des apparences du moment. La réalité est plus riche, plus colorée aussi. Voici un siècle, l'orientalisme était à la mode. Peinte par Ingres, Manet ou Matisse, la figure de l'odalisque était promesse de délices et de sensualité. À la veillée, les contes lus aux enfants avaient pour titre *Les Aventures d'Aladin*, *Sinbad le marin* ou *Ali Baba et les quarante voleurs*.

Avant d'être théorie, l'histoire est d'abord faite par les hommes et les femmes, par leurs destins entrecroisés, par leurs rencontres, par les hasards. La « guerre des civilisations » a beau être proclamée, les Américains ont élu un président prénommé Barack Hussein, qui a grandi en Indonésie, premier pays musulman du monde.

C'est pourquoi nous avons voulu déplacer une loupe qui, focalisée sur le seul terrorisme, réduit à un trait une communauté de 1,3 milliard d'hommes. Pour cela, il fallait frapper à la porte de la maison de l'Islam.

La maison de l'Islam, « Dar al-Islam » en arabe, désigne littéralement les terres placées sous gouvernement musulman. C'est notre point de départ. Le premier des récits que nous publions se déroule au Pakistan. « Le pays des purs » est une jeune république islamique de 160 millions d'habitants, née de la partition des Indes britanniques, en 1947.

Le Pakistan est aussi l'un des pays les plus contradictoires que l'on puisse imaginer. Dans certaines vallées du nord et de l'est du pays, la charia, la loi islamique, est la norme. Mais, dans les grandes villes et les agglomérations, une bourgeoisie naissante parvient à faire entendre sa voix. Les religieux et leurs partis n'ont jamais réussi à émerger sur la scène politique, alors qu'ils sont omniprésents dans la vie quotidienne.

D'Islamabad à Lahore en passant par Peshawar, Célia Mercier a sillonné cette paradoxale république islamique à la recherche d'une actrice, Sunita, qui avait incarné la Jane de Tarzan dans un remake sauce locale. Elle est allée au cinéma à Peshawar, elle a vu les tournages de Lahore et a rencontré Mussarat Shaheen, la « reine des bandits » qui, après avoir tourné dans 300 films, s'est lancée en politique.

Au Liban, pays multiconfessionnel, Delphine Minoui s'est attachée à l'histoire de deux cousins. Jeunes, beaux et ambitieux, les cousins, amis d'enfance, ont suivi leur voie. Lui, Imad, s'est engagé dans les rangs du parti de Dieu, le Hezbollah. Elle, Najat, préférait regarder *Rintintin* et *Agatha Christie* à la télévision pendant la guerre.

À Constantinople, longtemps capitale de l'empire de la « sublime porte », Guillaume Perrier a enquêté sur une confrérie religieuse qui étend son influence de l'Afrique du Sud aux États-Unis en passant par l'Europe et l'Asie centrale. Son fondateur, Fethullah Gülen, vit aux États-Unis, où la revue *Foreign Policy* l'a placé en tête de liste du classement des « intellectuels publics mondiaux ».

Dans ces trois récits, un point commun : aucun ne rentre dans une case. Si la guerre est parfois là, elle n'apparaît qu'en toile de fond. Entre les extrêmes, il existe ce que nous avons appelé « le bleu de l'Islam », un espace où il revient à chacun d'écrire son histoire.

Tarzan & Jane, version pachtoune

Les Pachtouns sont ce peuple qui vit à cheval entre l'Afghanistan et le Pakistan, ne se promène qu'armé, obéit à un code quasi féodal… et raffole du cinéma. Les producteurs multiplient les astuces pour passer entre les gouttes de la censure. Les salles de projection sont saturées de fumée, de cris et de rires. L'important tour de taille des actrices ajoute à leur sensualité. L'aura de ces stars déborde sur la politique. Un road-movie hilarant en pleine zone tribale. Par Célia Mercier

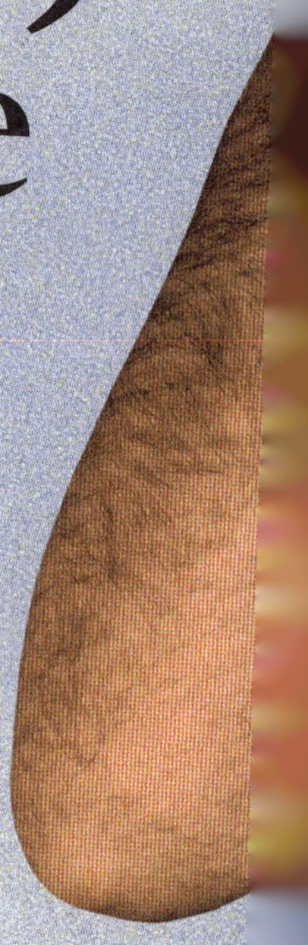

Gros plan sur un dos grassouillet. Une naïade aux formes rebondies dégrafe lascivement son soutien-gorge. Zoom pudique de la caméra sur ses mollets. La femme enlève maintenant le bas et se glisse dans l'eau d'une rivière. Sur la rive, un gros singe à la fourrure synthétique, excité par les frétillements aquatiques de la dame, court voler les dessous restés à terre. Plan large. Porté par le courant, un énorme crocodile en caoutchouc vert apparaît dans le champ. Les cris de la femme attirent l'attention d'un homme des bois qui se jette à l'eau. Le corps-à-corps est effréné, le monstre dentu finalement occis à coups de poignard. Travelling. L'homme des bois ressort, la dépouille sanguinolente sur les épaules. Enhardie par l'aventure, la femme glisse un regard de braise. L'homme l'enlace, l'embrasse langoureusement sur la joue et… *cut*, fin de la scène.

TARZAN ET JANE, VERSION PACHTOUNE

Un couple en sous-vêtements léopard qui se balance de liane en liane dans la forêt, cela vous rappelle quelque chose ? Mais oui, c'est bien Tarzan et Jane qui étaient à l'écran. Sauf qu'il s'agit là de la version pachtoune.

Pachtoune ? Oui, pachtoune, du nom de ce peuple qui vit à cheval entre l'Afghanistan et le Pakistan, ne se promène qu'armé et ne connaît qu'une loi, celle de son code tribal imprégné d'islam.

Remake sauce locale, le film s'appelle *Shookmar,* « Les bandits ». D'un érotisme totalement débridé, ce monument du kitsch a été réalisé en 1995, puis projeté dans les cinémas de Peshawar, la grande ville de la province pachtoune du Pakistan. Il est toujours diffusé dans les bazars et les marchés.

Dans les années 80, Peshawar était la base arrière du djihad contre les Soviétiques. C'est aussi dans cette capitale régionale qu'un jeune et riche Saoudien prit ses quartiers pour créer une organisation appelée Al Qaïda.

Mais s'il y a Dieu et puis l'honneur, il y a aussi des femmes voluptueuses. Et des réalisateurs assez cinglés pour les faire courir en slip léopard, poursuivies par toutes sortes d'animaux affamés, humains compris. Et, surtout, une incroyable Jane pachtoune qui promène son quintal de sensualité pure en terre des talibans. Comment retrouver sa trace ? Le bureau de censure des films pakistanais, établi dans la capitale du pays, connaît peut-être la réponse...

Qui peut bien s'intéresser au cinéma pachtoun ?

Première étape donc, Islamabad. Aérée, verte et confortable, la vitrine bien proprette du Pakistan tient plus de la banlieue de *« Desperate housewives »* que de la mégalopole asiatique en plein chaos.

F6/4, Str55 : c'est à cette étrange adresse de bataille navale que se trouve le bureau de la censure. Supposées protéger les innocentes rétines pakistanaises de l'obscénité et de la débauche visuelle, les cisailles de l'institution sont plantées dans un bloc de béton entouré d'une triste pelouse. À l'entrée, une plaque dorée immortalise les noms de ses illustres directeurs.

Affable, Mister Ziad Ud Din reçoit volontiers les visiteurs. Le temps est parfois long, les occupations parfois rares. Les distractions ne sont pas à négliger : qui peut bien, ma foi, s'intéresser au cinéma pachtoun ?

Le dossier de son fauteuil est couvert d'une serviette éponge. Il fait chaud, très chaud. Le front de Mister Ziad Ud Din goutte. Tout sourire, il propose : *« Pepsi ? Miranda ? »* Le directeur n'est pas pressé. Il a le temps.

A-t-il entendu parler du film *Shookmar,* « Les bandits » ? Oui, il en a entendu parler, c'est un *« fameux »* film, il l'a même peut-être vu, mais ne le dit pas. Se souvient-il de l'actrice qui y incarnait Jane ? Oui, vaguement, très vaguement. Où la trouver ? Mister Ziad Ud Din ne sait pas, il est confus, il aimerait bien aider mais...

Une dernière question, Mister Ziad Ud Din. Juste une dernière. Comment le bureau de censure a-t-il pu laisser Jane se trémousser ainsi en bikini ? *« Il faut bien que l'industrie du cinéma pakistanais survive. Si nous étions trop sévère, aucun film ne serait autorisé.*

– Est-il possible d'assister à une projection avec les censeurs ?

– Malheureusement non... Aucune n'est prévue. Ni aujourd'hui. Ni demain. Et d'ailleurs, pas plus la semaine suivante. »

Il s'excuse, l'air désolé. Dommage, j'aurais été curieuse d'entendre les vénérables garants de la morale publique débattre de la profondeur d'un décolleté vertigineux, du moulant d'une robe en lycra qui boudine au plus serré ou de l'honnêteté d'une danse digne d'un peep show occidental.

Mister Ziad Ud Din sirote toujours son thé, un peu embêté. Il veut se rattraper, glisse : *« Je peux quand même vous aider. »* Il connaît le réalisateur pachtoun de *Tarzan et Jane.* Imran Khan vit à Peshawar, c'est l'un des nombreux homonymes du célèbre roi du cricket qui, voici plusieurs années, fut candidat à l'élection présidentielle. *« Voici ses coordonnées. »*

Le taxi file plein ouest sur une autoroute flambant neuve avant de rejoindre, aux abords de la capitale provinciale, la *Grand trunk road,* la route historique bondée, poussiéreuse et crevassée par

S'il y a Dieu et l'honneur, il y a aussi des femmes voluptueuses. Et des réalisateurs assez cinglés pour les faire courir en slip, poursuivies par toutes sortes d'animaux affamés

Il a réalisé ses propres images de bêtes sauvages. Il en est fier : « Mon équipe a passé deux mois au zoo. » Il insiste : « Oui, madame deux mois ! »

des nuées de camions multicolores surchargés. Un dernier *check point* militaire, celui-ci hérissé de barbelés : nous y sommes. Peshawar est une cité-garnison, la dernière avant l'Afghanistan.

Entre motos et vendeurs ambulants, le flot de la foule déborde sur les bas-côtés de ruelles boueuses. Debout sur leurs carrioles en bois, des Ben-Hur locaux fouettent des ânes fatigués. Les omniprésents *rickshaws* – de drôles de tricycles à moteurs zonzonnants – sont couverts d'affiches ornées de portraits colorés d'acteurs moustachus, des réclames pour les nouveaux films. Aux coins des rues, de petits marchands de fruits et légumes négocient pied à pied avec des paysannes en burqa bleue et des citadines voilées.

Le marché de la contrebande de Karkhano regorge de camelote chinoise bon marché. Du frigo au viagra frelaté, des radios aux pommades *« sex tonic »*, des ustensiles de cuisine aux DVD occidentaux classés X, tout est disponible pour une poignée de roupies. Avant l'achat de films pachtouns, les vendeurs suggèrent même de les visionner sur leur écran déglingué. Là, surprise. Si la nudité reste bannie, les réalisateurs locaux ont trouvé mille parades pour repousser toujours plus loin les limites de la décence. C'est l'art du porno soft tout habillé.

La caverne d'Ali Baba

Imran Khan le cinéaste, a donné rendez-vous au magasin de son frère. La nuit tombe déjà sur les faubourgs lorsque le *rickshaw* déboule pétaradant dans la ruelle indiquée. Des enfants jouent au chat et à la souris dans la poussière, au pied d'une petite boutique de jouets mal éclairée. C'est là.

Perché sur un tabouret dans la caverne d'Ali Baba, Imran Khan attend. Sa grande carcasse est cernée de panoplies de Superman en pile, de parfums bon marché étiquetés « Endu pour elle », de kalachnikovs en plastique, de poupées en robes roses, bleues, vertes et jaunes… Le cinéaste détonne. Sur sa tunique traditionnelle, il porte un blouson en cuir noir. Une crinière ondulée à l'allure de perruque encadre ses joues rasées de près et balafrées. Imran Khan est un fou, un passionné du grand écran.

Sa jeunesse, il l'a passée à se rêver en images un futur. Les jours sans pain, il s'en souvient, il se rassérénait en se disant qu'il ferait carrière dans le cinéma. Après quelques petits rôles, il parvient à réaliser un film d'horreur, l'inoubliable *Gorkund*, histoire hallucinée d'un croque-mort nécrophile qui viole les cadavres de jeunes filles fraîchement ensevelies et dévore les entrailles des morts. La scène la plus fabuleuse, tournée dans un cimetière reconstitué, est sans doute la reprise du clip de Michael Jackson *Thriller* version pachtoune, avec des zombies, des nains et des squelettes en plastique.

Plein de ferveur, Imran Khan se lance ensuite dans le tournage du remake de *Tarzan*. Plutôt que d'utiliser des archives, il décide de réaliser ses propres images d'animaux sauvages. Il en est très fier : *« Mon équipe a passé deux mois dans le zoo de Lahore. »* Il insiste : *« Oui, madame, deux mois ! »*

Les gambades des petites bébêtes du film – tigres, girafes, éléphants… – ont donc été prises sur le vif. Mais le crocodile ? Celui qui finit lacéré au couteau ? Imran Khan l'avait commandé spécialement à un atelier d'artisans de Peshawar. *« J'avais vu que Tarzan était souvent confronté à des crocodiles. Il m'en fallait un. À tout prix. »* Il lui a coûté plus de 300 euros, une somme.

Ruineux, le tournage de *Shookmar* grève les recettes finales : *« Le film a très bien marché, mais j'ai perdu de l'argent. »* Le réalisateur s'est-il tout de même bien amusé ? *« Oh ! oui ! »* Et Jane, qu'est-elle devenue ? *« Ah ! Jane, Jane, Jane… »* Imran Khan rigole. *« Jane n'est plus ici. Elle s'appelle en fait Sunita et vit à Lahore. »* Puis devient d'un coup très sérieux . *« Je n'ai plus de contact avec elle depuis un moment. Je crois qu'elle a arrêté le cinéma. »*

Coincé entre les jouets, le réalisateur se fait pensif. Les artistes de Peshawar sont inquiets, assure-t-il. Liés à des mafias et à des gangs de kidnappeurs, des groupes de « militants » proches des talibans poussent comme des champignons. Une ambiance délétère plombe la ville. *« Une actrice a été enlevée il y a quelques mois, et des hommes masqués ont passé à tabac Gulzar Alam, le joueur d'harmonium, en pleine rue. »* La peur s'installe. *« Je m'habille souvent en religieux pour sortir de chez moi, je dois être prudent. »* Signe des temps, des boutiques de CD explosent régulièrement. En ligne de mire, les films accusés de propager l'obscénité et de corrompre les esprits.

Le cinéma aux sièges branlants

Sur *Grand trunk road*, un convoi de l'armée fend toutes sirènes hurlantes la circulation nocturne, à quelques pas du vieux cinéma Paradis. C'est l'un des plus anciens de Peshawar. Le public d'habitués est toujours content d'y retrouver ses sièges branlants. Aujourd'hui, c'est la dernière séance, celle d'après le travail. Un à un, ouvriers, marchands, conducteurs de *rickshaws* et étudiants prennent place dans la salle, exclusivement masculine. Au fond, les anciens aux dents rougies par la chique crachent régulièrement sur un sol déjà vermillon. Au premier rang, les plus jeunes et les fumeurs. Un petit vendeur fait circuler entre les rangées clairsemées un plateau chargé de sucreries et de pois chiches grillés.

Noyé dans les volutes de fumée, l'écran est à peine visible. Le « méchant » apparaît, aussitôt accueilli par des huées et des sifflements. Une héroïne dodue lui succède. Qui entame une chorégraphie endiablée. D'un autre âge, les enceintes peinent à suivre et stridulent. Le premier rang, celui des fumeurs de haschich, se lève pour danser devant l'écran. Les tuniques blanches virevoltantes renvoient au projectionniste les éclats d'images de sa danseuse. Armé d'une canne de bambou et d'une lampe de poche, un employé du cinéma s'efforce de refréner les ardeurs. Le film s'arrête : la bobine a brûlé ! Le projectionniste est hué à son tour. Dans son cagibi noyé de relents de plastique carbonisé, l'homme recoud au plus vite.

Le *manager* du Paradis est M. Pervez. Il reçoit dans son pompeux « bureau du manager ». Massif et visage poupin, le directeur de la salle n'incarne pas un idéal de raffinement. Pour refroidir son thé brûlant, il le renverse dans sa coupe. Alors seulement, il l'aspire à grande lampée. L'opération est ardue : les manches tâchées de sa tunique en témoignent.

Ce petit détail ne saurait mettre en cause le profond attachement de M. Pervez au septième art. De *Tarzan et Jane*, la mémoire du cinéma de Peshawar se souvient très bien : *« Un vrai succès. »* Et le connaisseur d'expliquer comment de tels films parviennent à être diffusés ici : *« C'est très simple, le bureau de la censure approuve un film parce que le bureau de la censure a reçu de l'argent. Il est illégal sinon de montrer des danses et des chants. »* Évidemment...

Attention, poursuit M. Pervez, il peut y avoir des pièges : *« Parfois, les inspecteurs mènent des raids dans des cinémas, ceux qui n'ont pas payé de bakchich. »* D'autres chausse-trapes plus insidieuses encore guettent. Six années durant, la province fut dominée par un parti ultra-religieux. Le théâtre de la ville où se produisaient danseuses et travestis a été fermé, de jeunes exaltés ont détruit les panneaux publicitaires représentant des femmes, et les musiciens, interdit de musique *live*, n'ont eu d'autre choix que de se cloîtrer dans leur quartier de Dab Gari Bazar.

Les cinémas ont-ils souffert ? M. Pervez se lisse la barbe. *« Des mollahs m'ont demandé de changer*

« Le bureau de la censure approuve un film parce qu'il a reçu de l'argent. Il est illégal sinon de montrer des danses et des chants. » Évidemment...

le nom de mon cinéma, mais il s'appelle toujours Paradis. » Des talibans l'ont-ils menacé ? *« Je n'ai jamais reçu de lettre.* » N'y a-t-il pas moins de monde dans les salles ? *« C'est évident. À cause des attentats, les gens préfèrent regarder la télévision chez eux plutôt que sortir le soir.* » Cela n'est-il pas un problème ? *« La vie et la mort sont entre les mains de Dieu.* » Le gardien du Paradis est un vrai philosophe...

Evernew Studio

Départ pour Lahore, refuge de Sunita – la Jane du *Tarzan* pachtoun –, capitale des studios pakistanais, capitale aussi de la province du Pendjab. Dans le bus VIP de la compagnie Daewoo, une hôtesse coiffée d'un voile en mousseline accueille les passagers d'un sourire sucré : *« Welcome* », lance-t-elle dans son micro qui fait écho, *« come-come-come* ». Une télévision suspendue dans le couloir diffuse des clips en boucle. Sept heures de route et, au bout, une impressionnante arrivée de nuit dans la ville mythique des jardins Shalimar. La cité est à

ce point polluée que le bus semble d'enfoncer dans une vague jaunâtre. À droite, à gauche, des façades d'immeuble que l'on peine à distinguer.

De jour, le nuage jaune est toujours là. Plus épais, plus gras encore. Bloqués dans les embouteillages, les véhicules crachent une fumée lourde d'huile. Rendez-vous est pris aux studios de cinéma de Lollywood, le Bollywood pakistanais. Heureusement, le conducteur de *rickshaw*, à l'âme sans doute romantique, a tapissé sa cabine de pétales de fleurs fraîches. Il file sur *Multan road*.

Difficile de localiser le panneau « Evernew Studio » derrière les nombreuses échoppes de thé où des ouvriers discutent le bout de gras, installés sur des lits de corde. En face, accrochées aux immeubles décrépits, des enseignes peintes à la main proposent les services de musiciens et de danseuses pour animer des fêtes de mariage. De petites boutiques louent des déguisements pour les tournages.

Evernew Studio porte assez mal son nom. Les lourdes grilles en fer des « studios toujours nouveaux » s'ouvrent sur un bâtiment blanc décati où plane une odeur chimique de révélateur de film. Dans une pièce à l'écart, un jeune travesti aux yeux de biche répète une scène de danse tandis que grésille un vieux tube indien.

Le bureau de M. Afridi se trouve au bout d'un long couloir tapissé d'affiches de cinéma. Producteur, M. Afridi est aussi le président de l'Association du film pachtoun. Son bureau est jonché de chutes de bobinots. Le vieil homme, petit calot vissé sur le crâne et grandes lunettes juchées sur le nez, commande des boissons fraîches à un jeune homme malingre qui flotte dans sa tunique.

L'électricité a sauté. Dans la pénombre, une dizaine de collègues du producteur, thés à la main, écoutent religieusement leur aîné. Gul Akbar Khan Afridi est une figure de la célèbre tribu Afridi. Depuis les temps immémoriaux, les Afridi veillent sur la zone tribale de Khyber, passage obligé vers l'Afghanistan. Le président de l'Association du film pachtoun est né au village des armuriers de Dara Adam Khel. Un bourg perdu et aride où armes russes, chinoises, américaines, de petits ou de grands calibres, sont en vente libre. C'est pratique : *« Sur les tournages, nous utilisons souvent des kalachnikovs pour les fusillades, mais avec des pétards, pas avec des vraies balles.* »

Seulement interrompu par son sourire édenté lorsqu'il fait une pause, M. Afridi aime à discourir : *« Dans les films, il faut montrer de la violence et des armes parce que cela fait partie de la culture pachtoune. Le public adore.* » Les armes, c'est l'homme ;

et l'homme, c'est l'honneur. *« Les habitants des zones tribales ont plus d'armes que le gouvernement lui-même. Chaque homme en porte sur lui. »*

L'électricité revient dans la pièce. Son retour, acclamé, est célébré par une deuxième tasse de thé. Le producteur ne laisse pas la discussion lui échapper : *« Chez nous, même les montagnes sont causes de conflit. Une tribu va dire qu'elle appartient à ses ancêtres, l'autre dira que non. Alors, elles se bagarrent... »*

Il y a deux mois, le vieil Afridi a rapatrié toute sa famille à Lahore. Pas à cause d'une montagne, à cause des talibans. *« C'est trop dangereux : les talibans se réfugient chez les habitants, et l'armée les attaque. Les gens sains d'esprit ont quitté le coin. »* Le vieux producteur maugrée : *« Ces pseudo-talibans ne respectent pas l'islam. Un musulman n'a pas le droit de tuer un musulman au nom du djihad. »*

Il s'empare d'un journal, montre un article et dit : *« Les kamikazes s'achètent. Ils ne se font pas exploser pour Dieu, mais pour l'argent. »* Le journal relate une histoire de dettes qui s'est close par un attentat. D'après l'enquête, un débiteur de Lahore aurait contacté un mollah des zones tribales pour se faire livrer, contre monnaie sonnante et trébuchante, un kamikaze afin d'éliminer son créancier. Vingt-six personnes sont mortes dans l'explosion, dont le créancier.

« À cause de la menace terroriste, les tournages sont cantonnés dans des parcs, des endroits paisibles où la vie des artistes n'est pas menacée », poursuit M. Afridi. Ces dernières années, les scènes de danse qui ponctuent les films étaient encore tournées dans les décors bucoliques des montagnes du nord de la province pachtoune. À Swat notamment, la « Suisse du Pakistan », une splendide vallée parsemée de sites bouddhiques. L'ancien paradis des touristes, passé sous contrôle des « militants », est désormais bombardé par l'armée.

Les films évoquent-ils le problème du terrorisme ? *« On ne peut pas en parler. On ne peut pas non plus montrer de l'alcool, ni prononcer des mots religieux comme Allah ou Mahomet. En fait, nous ne faisons que des films d'action. C'est un problème. La nouvelle génération réclame des films modernes, avec des acteurs habillés comme ceux de Bollywood. Le public veut aussi des minijupes. Donc nous devons montrer des minijupes. »*

> Le méchant se jette sur la jeune femme. « Cut ! » Le réalisateur fulmine. L'héroïne ne donne pas assez l'impression d'être violée

Pièces satiriques à l'humour graveleux

Le hit pachtoun du moment est le film *I love you*, « Je t'aime ». Assis à côté de M. Afridi, son réalisateur est un petit homme rond à moustache. Il se vante : *« On m'a beaucoup critiqué parce que j'avais donné un titre anglais à mon film. Tout le monde ici pense que rien ne marche mieux que de montrer des turbans et des kalachnikovs. Mais j'ai fait un carton. Mon prochain film s'appellera* I miss you ["Tu me manques"]. »

Très en verve, l'homme insiste pour raconter l'intrigue de *I love you*... qui n'est pas vraiment celle que l'on attendait : *« Le film parle de la différence de mentalité entre hindous et musulmans. Jamais les hindous ne pourront être amis avec les musulmans s'ils ne se convertissent pas à l'islam. Ils ne sont pas fiables. »* Cela promet...

Pour qu'un film marche, l'essentiel est de trouver une belle actrice. *« Il y a peu d'actrices pachtounes sur le marché car, dans notre culture, une femme honorable ne s'exhibe pas en public,* reprend M. Afridi. *Nous embauchons donc des actrices pendjabis, des jeunes filles pauvres qui veulent être connues. »* C'est dans les théâtres de boulevard de Lahore que le cinéma recrute ses futures starlettes. Ces salles programment des pièces satiriques à l'humour graveleux et des spectacles de danse où de pulpeuses vedettes ondulent frénétiquement. *« Les actrices de ces théâtres sont, en général, des prostituées »*, précise un confrère de M. Afridi.

Au cœur de la vieille ville, blotti aux pieds du fort et de la grande mosquée, l'ancienne capitale Moghol abrite un « quartier rouge », le ghetto des castes de musiciens et de danseuses-prostituées descendantes des courtisanes de l'époque impériale. À quelques kilomètres, un autre quartier – celui de Lakshmi Chowk – sert de repère aux hôtels borgnes, abritant les ébats tarifés de clients ivres et des danseuses nues. Un peu plus loin encore, dans les banlieues chics, les call-girls de luxe portent jean moulant et débardeur, et gèrent leur clientèle grâce à un téléphone portable dernier cri.

Au Pakistan, le milieu du cinéma a longtemps flirté avec celui de la prostitution. La mauvaise réputation des acteurs leur colle à la peau. Le vieux producteur se lamente : *« La société n'a pas*

de respect pour les artistes. Ils sont méprisés parce que l'islam n'encourage pas les comédiens. D'ailleurs, on nous appelle kanjar. » Ce qui veut dire « saltimbanques » ou « maquereaux »...

Après une troisième tasse de thé, M. Afridi se lève pour se rendre sur le toit des « studios toujours nouveaux ». Il s'y tourne un film pachtoun, *Peshawar sera toujours Peshawar.* La terrasse est bondée. Techniciens et curieux plaisantent tandis que hoquette péniblement un groupe électrogène. Bouche en cul-de-poule, une héroïne retouche son maquillage. Le réalisateur engueule les figurantes, le caméraman hurle qu'il a besoin de lumière. Des spots rouillés s'allument. Une antique caméra prend place sur un rail de travelling.

L'un des héros, un acteur venu de Peshawar, est couvert de sang de la tête aux pieds, prêt à tourner une scène de meurtre. Un technicien en pause cigarette résume rapidement le scénario, un *Jules et Jim* pakistanais. Deux hommes tombent amoureux de la même femme, qui se trouve être leur enseignante. La femme décide d'épouser l'un. Jaloux, l'autre tente de la kidnapper le jour du mariage. Les deux hommes s'entre-tuent. La femme est enlevée par un méchant bandit accompagné de huit gardes du corps. Mais le futur marié trucidé ressuscite et la sauve.

La caméra tourne. Affublé de longs cheveux gris hirsutes, le « méchant » s'escrime à forcer l'enseignante. Se jette sauvagement sur la jeune femme, la plaque sur un canapé multicolore posé au milieu de la terrasse. *« Cut ! »* Le réalisateur fulmine. L'héroïne ne donne pas assez l'impression d'être violée. Il faut tout reprendre.

Puis l'équipe passe à la scène suivante, celle de l'époux ressuscité qui délivre sa belle et liquide le bandit. Un expert en explosif dispose des poches de faux sang sous les vêtements du méchant. Le dispositif se déclenche à distance par un fil. Des pétards explosent. Comme criblé de balles, le méchant se vide à grands flots. Au tour maintenant des gardes du corps, dont la méchanceté est proportionnelle à la longueur des moustaches. Le sang gicle. Ils s'écroulent, mais l'un d'eux est mort le sourire aux lèvres. De nouveau, le réalisateur tempête. Il faut nettoyer les flaques de sang sur le sol, tout recommencer.

À l'écart, l'une des stars du film se fait décoller la moustache par le maquilleur. Sans ornement pileux, il est nettement moins impressionnant. Mais, bon sang, c'est bien sûr ! C'est Tarzan, le Tarzan de *Shookmar* ! À l'époque petit acteur, Shahid Khan est devenu une grande vedette du cinéma pachtoun. Presque aucun tournage ne se fait aujourd'hui sans lui. Shahid se souvient très bien de *Shookmar* : *« J'étais terrorisé par le lion. Il grondait et essayait de me griffer avec ses énormes pattes. Après la scène, je suis resté dix minutes en état de choc.* »

Sa célébrité nouvelle ne lui a pas porté chance. Son frère a été enlevé devant un cinéma de Peshawar : « *Les kidnappeurs ont demandé une énorme rançon. Ils l'ont gardé pendant deux mois. Pour le libérer, nos économies de dix ans y sont passées.* »

La grosse moustache qui rebiquait est soigneusement rangée dans la boîte à postiches. Shahid ne cache pas sa peur : « *Maintenant je ne préviens personne quand je prends la route pour Peshawar. J'y vais en secret.* » Une discrétion relative puisque son visage est sur toutes les affiches de cinéma de la ville. « *Les activistes imposent leurs propres lois. La province est devenue une zone tribale. Nos vies sont en danger.* » Le maquilleur efface à présent les taches de sang écarlates qui maculent le visage de Shahid.

Se souvient-il de Jane, sa compagne de la jungle ? « *Sunita ! Mais bien sûr. C'était une spécialiste des danses en petite tenue, c'était aussi une excellente actrice, elle jouait très bien.* » Tous deux ont travaillé ensemble pendant cinq ans, jusqu'à ce que Sunita décide de tout arrêter. « *Elle porte le hijab maintenant. Il paraît qu'elle a rejoint un groupe religieux près de Lahore. Elle serait devenue une sorte de prêcheuse. Je n'ai plus de contact avec elle.* »

M. Afridi et ses amis se consultent, mais personne ne sait comment joindre Sunita. L'un : « *Elle a changé de vie et coupé tous les ponts.* » Un autre : « *Allez donc voir Mussarat Shaheen, c'est elle la vraie reine du cinéma pachtoun.* »

« Sa Majesté » Mussarat Shaheen reçoit chez elle, toujours. Elle est installée dans le quartier très chic de Defence, une banlieue résidentielle mêlant notables et nouveaux riches en quête de respectabilité. Le taxi s'engage d'abord sur *Mall road*, le grand axe de Lahore, bordé, sur toute sa longueur, d'édifices en brique rouge construits par les colons anglais. À nouveau des *check points*. Au bazar de la Fleur de Grenade, les habitants dévorent des ragoûts épicés et des glaces crémeuses. Pétards et feux d'artifice des mariages illuminent la nuit. La ville ne dort jamais.

En route, Ahmad, le traducteur, ne peut s'empêcher de se souvenir des films de Mussarat Shaheen qu'il voyait enfant. « *J'allais au cinéma en cachette de mes parents. Mussarat avait une arme à la main et d'énormes fesses. Sur les affiches de film, on ne voyait pas le visage des héroïnes mais leur derrière gigantesque. Plus le derrière était gros, plus le film avait du succès.* » Il s'allume une cigarette Gold Leaf et poursuit, narquois : « *Mussarat Shaheen a beaucoup innové dans le domaine des postures de l'arrière-train mais, après avoir épuisé toutes les poses, elle a décidé de servir la nation.* » L'actrice a créé son propre parti. « *Elle a pensé que ce serait un tournant dans l'histoire politique du Pakistan. Elle s'est dit qu'après avoir suivi Mme Benazir Bhutto le peuple allait se mettre à suivre le derrière de Mme Mussarat Shaheen.* »

Chez la reine des bandits

Le taxi s'arrête pour demander son chemin. La nuit est noire. Le courant a sauté, encore. La grande maison de Mussarat n'est pas loin. Des portes qui claquent, un perron, la maison semble vide. Juste des figurines de porcelaine kitsch et quelques miroirs. Déjà ronde dans sa jeunesse, l'ancienne reine du cinéma pachtoune est devenue obèse. Son visage aux lèvres écarlates a conservé ses traits fins. Moulée dans une tunique à paillettes décolletée, un voile en mousseline posé sur les épaules, elle affiche du haut de son mètre quatre-vingts et de ses chaussures à talons un sourire provocateur.

Au contraire des riches familles de Defence qui disposent en général d'un bataillon de domestiques et de sonnettes diverses pour les faire venir sans avoir à se déplacer, il n'y a pas de serviteurs chez elle. Notre reine apporte donc elle-même des biscuits et du Sprite sur un plateau. « *Je suis une femme moderne. Ma fille, étudiante à Londres, fume des cigarettes et elle a des petits copains.* » Battement de cil en direction du traducteur. « *Je ne suis pas un mollah qui interdit de boire de l'alcool.* »

Mussarat est pourtant née en plein cœur du pays pachtoun. Son père était un soldat sans grade, devenu agriculteur après avoir perdu un doigt. Sa mère est morte peu après sa naissance. Toute sa jeunesse, elle subit les foudres de l'acariâtre

« Je suis moderne. Ma fille fume des cigarettes, a des petits copains. » Battement de cil en direction du traducteur. « Je ne suis pas un mollah qui interdit de boire de l'alcool »

« J'avais toujours une arme à la main, mais je ne savais pas m'en servir. J'ai appris plus tard, en me lançant dans la politique. Mes gardes du corps m'ont montré comment tirer à la kalachnikov. J'adore »

deuxième épouse de son père. Comme les autres femmes, Mussarat porte la burqa. Mais, elle, elle est différente : *« J'étais si belle qu'on pouvait deviner ma beauté sous la burqa. Quand je prenais le bus pour aller au travail, les hommes me suppliaient de m'asseoir à côté d'eux. Les mollahs du coin se sont plaints. J'ai dû quitter mon travail. »*

La jeune Mussarat n'est pas farouche. Son père mort, elle court l'aventure avec des amies. *« J'avais 15 ans et je voyageais en burqa pour ne pas être reconnue. Je suis devenue danseuse dans un hôtel pachtoune de Lahore. »* Présentée à un acteur comique, elle obtient un petit rôle au cinéma, dans une production de série B, *L'Épouse d'une nuit*. Le bureau de la censure interdit le film pendant six mois, pour *« vulgarité »*. *« Ç'a été un super hit »*, assure-t-elle en aspirant son Sprite avec des yeux langoureux. *« J'étais aussi très populaire auprès des Afghans du Pakistan. »*

Sa carrière est lancée. En vingt ans, elle joue dans plus de trois cents films. Elle campe des personnages de femme à poigne – policière ou reine des bandits. Elle se fait aussi redresseuse de torts. Il lui arrive de venger une sœur violée par des criminels ou un mari assassiné. *« J'avais toujours une arme à la main, mais la vérité c'est que je ne savais pas m'en servir. J'ai appris plus tard, en me lançant dans la politique. Mes gardes du corps m'ont montré comment tirer à la kalachnikov. J'adore. »*

Mussarat ne regrette pas d'avoir délaissé son passé. Le travail d'actrice était fatigant et mal considéré, dit-elle. *« Bien sûr qu'il doit y avoir du sexe et de l'action dans un film, mais il doit aussi y avoir de la décence. On me demandait tout le temps de montrer mon derrière aux photographes parce que les Pachtouns aimaient bien mes poses. Les producteurs me disaient : "Ma sœur, relève un peu le bas. Il faut que tu portes telle robe sinon le film sera un flop." J'étais obligée de le faire. Ces types c'étaient des maquereaux. »*

Elle maugrée : *« De toute façon, je n'aime pas parler le pachtou, je n'aime pas la musique pachtoune. En fait, je n'aime vraiment pas les Pachtouns. Ils sont stupides. Ils agissent d'abord et pensent ensuite. Moins on les fréquente, mieux on se porte... »*

La jeune actrice se marie au démarrage de sa carrière. Le premier époux a quarante ans de plus qu'elle. *« Je l'ai choisi riche, il fallait bien que je fasse vivre ma famille. Quand il a voulu que je renonce au cinéma, j'ai divorcé. »* Elle se remarie avec un grand propriétaire, un homme influent au passeport britannique. *« J'avais besoin d'être protégée. C'était une des pires époques de l'histoire du pays. Les actrices étaient sans cesse harcelées par des gangsters, il n'y avait aucun respect pour les femmes. »*

Quand elle passe voir ses proches restés au pays pachtoun, Mussarat est accueillie comme la fille prodigue. *« Je couvrais ma famille de cadeaux très coûteux. Ma belle-mère, qui m'humiliait sans cesse et me traitait de putain, n'osait plus me critiquer en face »*, rigole-t-elle.

« Le parti pour l'égalité »

Vingt ans plus tard, Mussarat se lance dans la réalisation. En 1996, elle tourne *Je suis le gouvernement*. *« Ce film était une critique sociale. Mes héros étaient une prostituée et un gangster qui voulaient se marier et mettre fin aux activités d'un policier corrompu, d'un juge vendu et d'un politicien véreux. Mais l'élite les opprimait et les empêchait de changer de vie. »*

C'est le déclic. L'actrice décide de créer son propre parti politique, *« le parti pour l'égalité »*. Pour défendre des idéaux de justice bien sûr, mais aussi pour gagner une respectabilité qui lui faisait défaut. Elle se présente dans sa ville natale contre un mollah pro-taliban, une figure indéboulonnable de la politique pakistanaise. *« À cette époque, j'étais folle et arrogante. Je suis allée pleurer dans le bureau du ministre de l'Intérieur, qui m'a donné une escorte de police. Et j'avais la protection d'un "parrain" local. J'étais quand même un sacré garçon manqué. »*

Pendant la campagne, elle dénonce le mollah et sa clique : *« J'ai dit à tout le monde que le mollah était un pourri. Mais il avait le soutien des services secrets, ils m'ont harcelée, ils ont tout fait pour que j'arrête la politique. »* Mussarat fond en larmes. *« Que Dieu soit remercié si je suis encore là aujourd'hui. J'aurais pu être assassinée. »*

Le parti de Mussarat n'a jamais remporté un seul siège, mais elle veut y croire. Dans un film pachtoun, l'héroïne gagne toujours à la fin. XXI

Le peuple pachtoun

AFP

Les Pachtouns sont près de 40 millions (25 millions vivent au Pakistan et 13 millions environ en Afghanistan).

Ce peuple est d'origine iranienne, mais les Pachtouns affirment descendre d'une tribu perdue d'Israël.

Les Pachtouns vivent dans une société tribale régie par le *pachtunwali*, un code de l'honneur. En voici les principes les plus connus :

- la *jirga* est l'assemblée traditionnelle des anciens, les « barbes blanches ». Elle permet de régler les conflits entre individus ou entre tribus ;
- la *jirga* peut demander à une *lashkar*, « une armée tribale », de mettre en œuvre ses décisions ;
- l'hospitalité est sacrée : l'hôte doit être accueilli, et protégé s'il est recherché par les autorités ;
- la vengeance peut attendre plusieurs générations et conduit à des vendettas sans fin ;
- l'honneur est un pilier. Un homme doit préserver son honneur et celui de sa famille, surtout en ce qui concerne les femmes.

Dans les années 90, des centaines de jeunes Pachtouns d'Afghanistan réfugiés au Pakistan sont passés par des écoles coraniques et ont fourni d'importants contingents aux talibans. Les services secrets pakistanais ont incité les Pachtouns du Pakistan à les rejoindre.

Le cinéma pachtoun

- Le premier film fut *Laila Majnoon*, sorti en 1939.
- Le budget moyen d'un film est de 50 000 euros.
- Il faut un à deux mois pour tourner, monter et sortir un film en salles, avec une équipe d'environ 60 personnes.
- Une chaîne de télévision pachtoune, AVT Khyber, a vu le jour en 2004. Son slogan ? *« La fierté des hommes fiers. »* Elle propose des séries télévisées de qualité, inspirées des réalités de la société. Elle a beaucoup de succès.
- Chaque année, plus de 25 films en pachtou sont produits (contre 15 en pendjabi et autant en ourdou, la langue officielle du Pakistan). Ces films sont appréciés et rentables commercialement.

Le Depardieu local

Colosse à la crinière en bataille et à l'épaisse moustache, Badar Munir a été une légende du grand écran pakistanais pendant près de quarante ans. Il est né dans la vallée de Swat, dans une famille pauvre, son père était imam d'une mosquée.

Le jeune Badar est d'abord conducteur de *rickshaw* à Karachi, la capitale économique du pays, avant de devenir technicien des lumières sur les plateaux de cinéma. Lors du tournage de *Youssouf Khan Sher Bano*, qui deviendra un film culte, le réalisateur est déçu par la prestation de l'acteur principal et demande à Badar l'éclairagiste de jouer à sa place. À la surprise de tous, le jeune homme se débrouille très bien. Il deviendra une star.

Badar Munir est décédé l'an dernier à l'âge de 68 ans. Il aura joué dans plus de 400 films.

Les dernières sorties

Omar Khan est un fan absolu du cinéma kitsch et gore du sous-continent. C'est d'ailleurs le thème qu'il a choisi pour la décoration de son salon de thé à Islamabad, le Hot Spot.

Sur le site Internet de Hot Spot, le jeune homme à l'humour caustique décortique ses films préférés. On y trouve un best-of des productions pachtounes les plus incroyables. (www.thehotspotonline.com/blahblah/articles/pushto.htm)

En 2007, Omar Khan a réalisé son propre film d'horreur, le truculent *Zibakhana* ou *Hell's Ground*. Selon la bande-annonce (visible sur Youtube), *« le premier film pakistanais d'horreur extrême »* est arrosé de litrons d'hémoglobine.

Avec humour, le réalisateur détourne les clichés du film d'horreur classique, qu'il relève d'un peu de sauce massala. *Hell's Ground* est l'histoire d'une bande d'adolescents qui se rendent à un concert de rock, mais qu'un détour sur la route conduit tout droit en enfer : ils tombent entre les mains de zombies terrifiants et d'un mystérieux tueur caché sous une burqa sanguinolente...

Le nouveau maître du Pakistan

AFP

Ancien play-boy, il doit son accession au pouvoir à sa femme, Benazir Bhutto. Tuée dans un attentat près d'Islamabad, le 27 décembre 2007, elle laisse une lettre manuscrite par laquelle elle demande à son époux et à son fils jeune Bilawal de reprendre les rennes si elle venait à disparaître.

Porté par une vague de sympathie après cette mort tragique, le parti de Benazir Bhutto remporte la majorité et élit Asif Ali Zardari président du pays. Il succède au général Pervez Moucharraf, qui dirigeait le Pakistan depuis son coup d'État de 1999.

Asif Ali Zardari n'est pas populaire. Surnommé « Monsieur 10% » à l'époque où sa femme était au pouvoir, il a amassé des millions de dollars, envoyés sur des comptes un peu partout dans le monde. Emprisonné pour corruption pendant sept ans, il a été libéré en 2004.

Considéré comme un « parrain », il est détesté par l'opinion publique, et sa prise de pouvoir a provoqué beaucoup de grincements de dents.

Une terre de discorde

Les conflits actuels du Pakistan trouvent leur origine dans la partition sanglante de 1947 avec l'Inde. Créé pour être la patrie des musulmans du sous-continent, le « pays des purs » reste une construction fragile qui vit dans la crainte permanente de l'éclatement. Elle est le théâtre de nombreux conflits. Les principaux points chauds sont :

• **Le Waziristan.** Située le long de la frontière afghane, la zone tribale du Waziristan a été utilisée depuis les années 80 comme plate-forme pour le djihad en Afghanistan. De nombreux combattants d'Al Qaïda et des talibans y ont trouvé refuge après l'attaque contre le World Trade Center en 2001. Les Américains ont fait pression sur le Pakistan pour intervenir dans les zones tribales. L'armée a perdu un millier de soldats et aliéné les tribus locales. Depuis, des milices talibanes ont pris le pouvoir dans la région.

• **Swat.** Des troupes sont déployées dans cette vallée touristique depuis l'été 2007. Les partisans d'un religieux, le mollah Fazlullah, y réclament l'application de la charia. Ils ont pris les armes et ont été rejoints par des djihadistes étrangers, notamment ouzbeks. L'armée a bombardé la région. Le gouvernement vient d'accepter un accord de paix. En contrepartie, les talibans ont obtenu l'application de la loi islamique dans la vallée.

• **Le Cachemire.** Le conflit lancinant du Cachemire a été la cause de trois guerres entre le Pakistan et l'Inde. Il empoisonne toujours les relations entre les deux pays. Le territoire disputé est divisé par une ligne de contrôle, qui n'a pas statut de frontière. La région connaît une tranquillité assez relative.

• **Baloutchistan.** Des tribus y mènent une guérilla contre le pouvoir central et réclament une plus grande autonomie de cette province longtemps négligée, au sous-sol regorgent de gaz et de minéraux. La réponse des autorités a été la répression brutale. La zone est stratégique : situé à la frontière iranienne, le Baloutchistan présente un intérêt pour le passage de pipelines depuis l'Asie centrale. Les chinois ont construit à Gwadar, sur la côte baloutche, un immense port.

À lire

Khyber Pass **de Catherine Decours** (Albin Michel, 2008). Un roman historique qui se déroule au XIXe siècle sur les terres pachtounes. Une histoire d'amour entre la fille d'un pasteur écossais et un aventurier français, avec en toile de fond la guerre désastreuse que tente de mener l'empire britannique pour conquérir les Afghans.

Le Suicide et le Chant, poésie populaire des femmes pashtounes **de Sayd Bahodine Majrouh** (Gallimard, 1994). Un recueil d'étonnants poèmes scandés qui parlent d'amour, d'honneur et de mort.

Le Pakistan **de Christophe Jaffrelot** (Fayard, 2000). Un livre de référence, complet et approfondi.

ILLUSTRATIONS : MICHAEL STERCKEMAN

Cousin, cousine à Beyrouth

Petits, ils fêtaient ensemble l'Aïd ou la fin du ramadan, synonymes de jeux et de sucreries. Depuis, les cousins ont fait du chemin. Imad est une vedette de la télévision du Hezbollah. Najat anime une émission sur Future TV, le fleuron de l'empire Hariri. Ils se sont éloignés, déchirés, parfois maudits. Récit de leurs retrouvailles.

Par Delphine Minoui

Attablée au premier étage du café Lina's, devant sa tasse d'expresso vide, Najat jette un coup d'œil désabusé sur sa montre en voyant arriver Imad. Il est en retard, comme d'habitude. *« Tu ne m'en veux pas ? »*, lui lance-t-il, essoufflé d'avoir grimpé les marches deux à deux. Si, justement, elle lui en veut. Mais, pas pour son retard. Depuis le printemps 2008, qui marqua l'apogée des affrontements entre milices sunnites et chiites, c'est la première fois qu'ils se revoient.

Elle, Najat Charafeddine, 41 ans, sourire de Barbie orientale et décolleté pigeonnant, star montante de Future TV, une chaîne sunnite pro-occidentale. Lui, Imad Marmal, 40 ans, costume sobre et sourire dentifrice, présentateur d'un des talk-shows les plus en vogue d'Al Manar, la chaîne du Hezbollah chiite. Deux cousins d'une même famille, unis par la terre et par le sang. Deux histoires communes. Mais, deux visions diamétralement opposées.

« Tu aurais pu m'appeler », répond-elle sans détour. Encadré par de longs cheveux bruns aux légers reflets acajou, son visage de Joconde reste figé.

Dehors, le thermomètre affiche 38 degrés à l'ombre. Sur le rond-point du quartier Verdun, face au centre commercial Concorde, les BMW rutilantes jouent à cache-cache avec les passantes aux bras encombrés de sacs de marques à la mode. Sur l'écran noir de leurs lunettes de soleil dernier cri, le retour de la folie libanaise se reflète dans toute sa splendeur : embouteillages, drague, accolades. Au loin, les bulldozers – baromètre de l'activité économique du pays – ont repris leur mélodie tapageuse. Sur les trottoirs ombragés, les joueurs de dominos sont lancés dans d'interminables parties. Après dix-huit mois de paralysie politique, la capitale du Liban sort du coma.

« T'appeler ? reprend Imad en retrouvant sa chaise préférée. *Najat, ce n'était pas le bon moment... »*

Il a changé. Elle aussi, sans doute. Comment rester neutre dans ce Liban où chaque communauté s'enferme dans ses tiroirs idéologiques ? *« Je suis journaliste, pas milicienne »*, soupire Najat. *« Al Manar est l'arme médiatique du Hezbollah et je ne ferai rien qui puisse trahir son idéologie »*, assure Imad.

Tous deux sont nés à Beyrouth à la fin des années 60, à l'heure du réveil chiite. Najat et Imad avaient tout pour se ressembler. Petits, ils fêtent ensemble l'Aïd, la fin du ramadan, lors de retrouvailles familiales, synonymes de jeux, de plats épicés à la cannelle, de sucreries fondantes et de cadeaux habituellement inabordables. Enfants pauvres, ils restent à l'écart de la modernisation du Liban.

Leurs parents sont de Tayebeh. Dans ce petit village du Sud chiite, ils labourent une terre sèche et difficile. Ils ne savent pas lire. La vie est rude. En ce Liban sous mandat français (1920-1943), les privilégiés sont les chrétiens du Nord. À l'indépendance, ils se partagent le gâteau avec les sunnites. Marginalisés par le pouvoir central, les chiites apprennent très vite à ne compter que sur eux-mêmes. Les plus aventureux tentent leur chance en Afrique, en Amérique latine ou dans les pays du Golfe, comme le père d'Imad, qui s'envole pour le Koweït.

Dès les années 50, les parents de Najat font leurs valises pour Beyrouth. Ils atterrissent en banlieue, où les loyers sont plus abordables. La vie ne leur fait pas de cadeaux. D'abord manutentionnaire chez un concessionnaire automobile, le père de Najat décroche un poste d'homme à tout faire à Air Liban. La famille de sept enfants vit entassée dans un petit appartement. Pour assurer les fins de mois, Sania Marmal – la mère de Najat, la tante d'Imad – coud pour les bourgeoises de la capitale. *« Elle me confectionnait aussi mes robes »*, se souvient Najat. Avec leurs économies, ils achètent leur premier téléviseur, enfermé à double tour dans un placard au moment des devoirs. *« Mes parents n'avaient qu'une idée en tête : nous payer de bonnes études et nous voir réussir. »*

> « Cet appel qui n'est jamais venu, je l'ai attendu. » Oui, Imad aurait pu appeler lorsque le Hezbollah coupa brutalement le câble de la télévision de Najat

La génération de Najat et d'Imad est celle des « héritiers » de l'imam Moussa Sadr, un clerc atypique au turban noir et aux yeux verts. À cet homme qui, dès les années 70, s'impose comme le fer de lance du tout nouveau « mouvement des dépossédés » (*harakat al-mahroumin*), leurs parents vouent un culte sans mesure. Son charisme rassemble les foules. Il est le premier à incarner la bataille des chiites pour une reconnaissance de leurs droits. Il fait construire des établissements scolaires, des dispensaires. Il encourage l'éducation. Aujourd'hui, encore, sa photo orne les façades des immeubles des quartiers chiites. *« Un homme de conviction, qui nous a permis de lutter contre l'injustice et d'exister sur la scène libanaise »*, affirme Imad.

Mais, rapidement, aux aspirations sociales se juxtapose la complexité des enjeux politiques. Au Sud, de l'autre côté de la frontière, le jeune État hébreu en butte aux combattants palestiniens, réfugiés sur les terres libanaises, s'impose comme un acteur imprévu dans l'histoire de la communauté chiite. Et dans la vie des deux cousins, qui assistent, au même moment, au début du long conflit libanais (1975-1990).

« On ne se bat pas avec des fleurs »

Le premier étage du café Lina's, c'est un peu leur second bureau à tous les deux. Un refuge aussi, où les souvenirs du passé peuvent s'inviter. Situé dans la partie ouest et multiconfessionnelle de la capitale libanaise, le café voit défiler le tout-Beyrouth. Quelques étagères noires où se chevauchent des journaux de diverses tendances, des stores jaune et rouge, de petits fauteuils en cuir lisse : dans ce décor aseptisé, les vieilles blessures n'ont pas leur place. Mais aujourd'hui, une « ligne verte » imaginaire divise leur table.

« Cet appel qui n'est jamais venu, je l'ai attendu », reprend Najat. Oui, Imad aurait pu saisir son téléphone ou envoyer un message, quand, au printemps 2008, au pic de la crise, le Hezbollah coupa brutalement le câble de la télévision de Najat. *« Najat, tu dois comprendre... Dans un conflit, tout est possible. On ne se bat pas avec des fleurs. »*

Le visage couleur porcelaine de la jeune journaliste se fige. Elle aurait préféré ne rien avoir entendu. Lui, poursuit. Il n'a pas été *« choqué »* par cet incident *« nécessaire »* car il fallait *« éviter* que les médias n'attisent à nouveau la guerre civile ». D'ailleurs, *« une fois la crise passée, Future TV a pu reprendre ses activités, sans aucune forme de pression »*, ajoute Imad, pensant minimiser l'affaire.

Najat trépigne, enrage même. Elle sait bien qu'on *« ne se bat pas avec des fleurs »*. Elle n'a pas oublié cette année 2006, où le Hezbollah et Israël étaient en guerre. Un missile avait pulvérisé comme un mille-feuille les locaux de la télévision de son cousin. Inquiète pour Imad, elle n'avait pas hésité à prendre sa voiture et à slalomer sur les routes défoncées jusqu'au cœur de la banlieue chiite. Najat ne s'était arrêtée qu'au pied du tas fumant de décombres de la télévision du parti de Dieu. Pourquoi y était-elle allée ? *« Par solidarité familiale et professionnelle, simplement. »*

Beyrouth se scinde : chrétiens à l'est, musulmans à l'ouest

La passion du journalisme, Najat et Imad l'ont attrapée dès les premières années de la guerre civile. En réaction aux offensives des combattants palestiniens, Israël s'invite en 1982 au Liban-Sud. La guerre entre milices fait rage. Beyrouth se scinde en deux. Une ligne de démarcation divise les chrétiens, à l'est, et les musulmans, à l'ouest.

Le regard collé au petit écran, Imad assiste, impuissant, à l'incursion d'une armée étrangère dans les champs d'oliviers du village de ses parents. Sur son visage rond et légèrement joufflu, pointent les premiers cheveux blancs. *« Le stress »*, dit-il.

Dans le petit appartement familial de la banlieue de Beyrouth, Najat essaye d'échapper au bruit des bombes. Entre deux coupures d'électricité, elle regarde à la télévision *Rintintin* et *Agatha Christie*, doublés en arabe.

Jeunes témoins de la guerre, les deux cousins n'ont pas le temps de vivre leur adolescence. *« La nuit, j'allumais des bougies et je passais mon temps à écouter les nouvelles, l'oreille collée au transistor qui fonctionnait sur piles. Le soir, mon père rentrait à la maison avec le journal* Al Safir, *gratuitement distribué aux employés d'Air Liban. On se rassemblait autour de la table, et je lisais les gros titres à haute voix pour mes parents, qui étaient analphabètes »*, se souvient Najat.

Mordu de politique, Imad dévore tous les journaux. Chaque jour, il sélectionne les meilleurs articles, les photocopie, les agrafe... et les revend à ses parents sous forme de revue de presse. Les événements qui secouent son pays l'obsèdent. Sur un petit carnet, il note ses impressions. *« Certains de mes camarades firent le choix d'aller se battre avec les armes. J'ai préféré prendre la plume »*, dit-il aujourd'hui.

> Najat essaye d'échapper au bruit des bombes. Entre deux coupures d'électricité, elle regarde Rintintin et Agatha Christie, doublés en arabe.

De ces années douloureuses et chaotiques, tous deux souffrent. Les cousins cherchent leur voie, trouvent chacun une réponse.

Pour Imad, le révolté, ce sera la révolution islamique iranienne de 1979. *« Je n'avais que 10 ans quand l'ayatollah Khomeyni a pris le pouvoir à Téhéran, mais jamais je n'effacerai cette image de ma mémoire. Cet événement a marqué une nouvelle ère pour notre communauté. »* Disséminée à travers le Moyen-Orient, la communauté chiite – seconde branche de l'islam, après le sunnisme – vient, avec Khomeyni, de se trouver un porte-drapeau.

Pour Najat, l'idéaliste, ce sera la blessure de son père. En 1987, il est touché grièvement au poumon par un tir d'obus qui coûte la vie à deux de ses voisins. Les trois hommes discutaient sur le perron de l'immeuble. Ils se trouvaient *« au mauvais endroit au mauvais moment »*. Najat est terriblement marquée : *« C'était le moment où les deux principales milices chiites, celle créée par Moussa Sadr et celle du jeune Hezbollah, se tiraient dessus. La guerre était devenue intracommunautaire. C'était absurde : des groupes d'une même confession qui s'entre-tuent, pas de vraie ligne de démarcation, des civils pris en sandwichs... Ça m'a beaucoup appris sur la fragilité de notre communauté. »*

À la fin des années 80, leur décision est prise : les deux cousins s'inscrivent ensemble à l'université libanaise pour se former aux rouages du journalisme. Étudiants brillants et studieux, ils sont la fierté de leurs parents, le symbole d'une revanche des chiites au sein d'une société qui les néglige. Dans Beyrouth, une capitale désarticulée et perforée de partout, placée sous occupation syrienne, tout est à reconstruire. Y compris le paysage audiovisuel. Une myriade de nouvelles chaînes télévisées voient le jour et offrent des opportunités aux jeunes reporters.

Leurs débuts sont prometteurs. Après seize ans de conflit et de ghettoïsation à outrance, Imad et Najat entendent rattraper le temps perdu. Un semblant de liberté d'expression flotte dans l'air. Ils s'engouffrent dans la brèche.

En 1993, Najat rejoint Future TV, le fleuron télévisé de Rafic Hariri, un homme d'affaire libanais qui a fait fortune en Arabie saoudite. La devise de ce jeune Premier ministre de confession sunnite : recruter des journalistes de tout bord. Très vite, la petite chaîne respire la diversité, la jeunesse et la soif de rebondir. Najat est heureuse : *« Nous étions une mosaïque, à l'image du pays. L'équipe était composée de sunnites (40 %), de chiites (20 à 30 %), mais aussi de chrétiens et de druzes. »*

En 1999, Imad débarque sur Al Manar (littéralement « le phare »), la nouvelle tribune médiatique du parti de Dieu. Les speakerines sont voilées. De nombreux programmes sont à connotation exclusivement religieuse. Le jeune journaliste est lui-même profondément croyant. Mais il ne colle pas à la caricature. Il porte d'élégants costumes à l'italienne. De tempérament convivial, il serre la main aux femmes, répond aux appels urgents pendant la prière et n'hésite pas à imposer son propre look. *« J'ai été le premier à porter une cravate sur Al Manar. Au début, ça a choqué. Après, d'autres journalistes ont suivi. »*

Fan de sacs Vuitton et de chaussures à bouts pointus

Beaux, jeunes et ambitieux, ils crèvent immédiatement l'écran et font exploser l'audimat. Dans la rue, ils distribuent des autographes. Pour une fois, on ne les juge pas sur leur confession, mais sur leurs compétences. L'avenir leur sourit, enfin. Mais leurs destins se mettent à diverger.

Chez Imad, le goût des valeurs familiales et l'attachement presque charnel au Liban-Sud l'emporte. Sa femme, qui lui donne deux enfants, porte un foulard en public. Il l'a rencontrée sur les bancs de l'université. Elle est journaliste à la rubrique société du quotidien panarabe *Al Safir*, dans lequel il travaille également, à mi-temps, au service politique.

Najat, elle, voit le monde au-delà des frontières et veut croquer la vie à pleines dents. Elle perfectionne son anglais et son français. Avec ses premières économies, elle s'offre des vacances à Cannes. L'année précédente, c'est grâce à un billet gratuit d'Air Liban qu'elle avait découvert la France pour la première fois. Un vrai coup de cœur. Fan de sacs Vuitton et de chaussures à bouts pointus, elle se rêve en Claire Chazal lorsqu'elle présente le journal télévisé. L'appel du large, le goût des voyages et des rencontres...

L'un comme l'autre continuent, pourtant, à faire partie de ceux qui pensent qu'on doit assumer son destin dans le pays où l'on est né. Ils rêvent d'un Liban libéré de ses traumatismes et placent leurs espoirs dans le Premier ministre Rafic Hariri, le seul homme auquel ils veulent croire. *« Il était notre point de repère. Avec lui, il n'y avait ni barrière religieuse ni barrière communautaire »*, confie Najat, nostalgique. Jusqu'à ce terrible attentat à la voiture piégée, qui, par une journée froide et ensoleillée de février 2005, déchire le dernier cordon reliant les deux cousins. La veille de son assassinat, Imad a été le dernier à l'interviewer : *« Hariri était un vrai ami. J'admirais l'ambition qu'il avait pour son pays. C'était également un homme de compromis. À sa mort, quelque chose s'est cassé à jamais. »*

À partir de là, *« rien n'a jamais plus été comme avant »*, dit Najat. Montrées du doigt, les troupes syriennes font leurs valises. Orphelin et libéré de sa puissance de tutelle, le Liban se trouve traversé par de nouvelles lignes de fracture, qui se reflètent immédiatement au zapping télévisé.

À Future TV, désormais dirigée par le jeune Saad – Hariri « Junior » –, la couleur est affichée. Appuyée par l'Occident et l'Arabie saoudite, à majorité sunnite, la chaîne s'inquiète ouvertement de l'influence croissante du parti de Dieu, chiite.

Sur Al Manar, la télévision du Hezbollah, c'est l'ingérence américaine dans la région et *« l'entité sioniste »* qui sont dénoncées. L'Iran et la Syrie sont les amis.

Une fois de plus, le Liban redevient le théâtre d'affrontements entre puissances. Iraniens contre Américains, Israéliens contre Arabes, chiites contre sunnites...

Entre les deux cousins, les rencontres deviennent plus espacées, les conversations plus périlleuses. Najat et Imad ont beau faire des efforts, leurs lectures des événements prennent des directions opposées.

Dans son talk-show « Les questions des gens », Imad fait parler la « résistance ». Admirateur

Il serre la main aux femmes, répond aux appels urgents pendant la prière. « J'ai été le premier à porter une cravate sur Al Manar. Au début, ça a choqué »

d'Hassan Nasrallah, le jeune leader montant du Hezbollah, il l'interviewe à quatre reprises en sept ans. *« À chaque fois, c'était dans un endroit différent, pour des questions de sécurité. Et, à chaque fois, j'ai ressenti le même trac avant de le rencontrer. »* Décrit comme un *« terroriste »* par ses adversaires, l'homme est à ses yeux un héros : *« C'est notre libérateur, comme De Gaulle l'a été pour la France. Il défend l'esprit du nationalisme arabe et ose défier Israël »*, dit-il en plissant d'émotion ses yeux couleur noisette.

Chez Najat, l'appel du large prime. Plus elle évolue, plus elle ressent le besoin de prendre du recul. En 2007, elle se jette à l'eau et lance une nouvelle émission, « Transit », avec l'aide d'un collègue producteur fraîchement rentré de Paris. Assis sur des fauteuils disposés en enfilade, au cœur d'un décor inspiré d'une salle d'attente d'aéroport, ses invités, venus du Liban, d'Europe ou d'Amérique, commentent l'actualité de la semaine. Ils sont journalistes, sociologues ou politiciens. À l'inverse du JT – où les textes du prompteur sont minutieusement rédigés par la rédaction en chef –, elle bénéficie d'une entière liberté éditoriale. *« Ma règle d'or, c'est l'objectivité. »*

« Beauty Clinic » contre « martyrs »

La place qui fait face au café Lina's bourdonne toujours de monde et de bruit. Au milieu des embouteillages, un convoi de Jeep militaires remplies de soldats en armes et en treillis se fraye un chemin parmi les BMW et les Mercedes décapotables. Par la fenêtre ouverte d'un taxi, la voix suave et dorée de Nancy Ajram, la star de la musique pop libanaise, s'échappe en faisant des vagues.

Enfoncée dans son fauteuil en cuir lisse, juste à côté de la fenêtre, Najat a beau essayer, elle n'arrive pas à effacer sa rancune. Et sa déception. *« Je n'aurais jamais pensé que le Hezbollah puisse un jour retourner ses armes contre sa propre population. Une "ligne rouge" a été franchie. Rien ne sera plus comme avant.*

– C'est vrai qu'un câble a été coupé, mais c'était une réaction d'autodéfense. La veine de la résistance a été attaquée. La réaction du Hezbollah était donc inévitable. Les armes, c'était son dernier recours. C'était le prix à payer pour sauvegarder notre résistance. »

Oui, en ce mois de mai 2008, Najat s'était attendue à tout sauf à « ça ». Cela faisait des semaines et des semaines qu'elle annonçait, comme un vieux refrain rouillé, dans son journal télévisé, le énième report de l'élection présidentielle, compromise par les querelles intestines. Mais là, le parti de Dieu avait frappé fort. Après avoir pris le contrôle de Beyrouth-Ouest en vingt-quatre heures, les miliciens s'étaient directement attaqués à la liberté d'expression. Ils avaient forcé au silence un organe de presse.

Durant la crise, une autre image forte était venue illustrer le fossé politique et culturel qui ne cessait de se creuser entre Imad et Najat. Au centre-ville, de jeunes barbus installés dans des tentes s'étaient mis à bloquer, symboliquement, l'accès au Bouddha Bar, repère incontournable de la jeunesse dorée libanaise.

D'un côté, une population occidentalisée, qui regarde MTV, s'habille en Gucci, s'éclate en soirée, rêve de vivre comme à Paris ou à New York. Et qui regarde sur Future TV « Beauty Clinic », une émission entièrement consacrée à la chirurgie esthétique. De l'autre, une population traditionnelle, attachée à sa terre et à l'islam. Et qui se nourrit de vidéoclips mortifères diffusés en boucle sur

Al Manar, où se juxtaposent, au rythme d'un chant populaire sur la *moqawama* (« la résistance »), scènes de mères pleurant leurs « martyrs » et photos d'enfants déchiquetés.

Depuis la table d'à côté, des yeux viennent de se poser sur Imad et Najat. Les a-t-on reconnus ? Ont-ils un peu trop levé le ton de leur voix ?

« Imad, tu parles comme un soldat qui brandit son arme.

– Pour comprendre l'esprit de la "résistance", il faut aller au Sud », réplique-t-il, impassible face aux grimaces de sa cousine.

La caresse du soleil sur les oliviers

Le Sud, oui, bien sûr. Najat le connaît, par cœur. Évoquer Tayebeh, le village parental, à cinq kilomètres des barbelés de la frontière israélienne, lui noue l'estomac. Deux ans, déjà, que du haut de ses 78 ans, son père fait reconstruire la maison familiale, réduite en cendres par un tir de Tsahal. Comme une centaine d'autres. Le spectacle de désolation reste gravé dans sa mémoire. *« C'est la première fois que j'ai vu papa pleurer. Cette maison, c'était sa vie. C'était l'héritage qu'il tenait à nous laisser après avoir travaillé d'arrache-pied pendant plus de cinquante ans. Il avait mis toutes ses économies pour la construire, en 2000, quand les troupes israéliennes avaient fini par quitter le Sud. »* L'appel de la terre, le sens de la résistance, malgré tout...

Au sud du fleuve Litanie, dans cette large bande qui sépare l'armée libanaise de la frontière israélienne, les allers et venues des blindés blancs de l'ONU en disent long sur la fragilité de ce charmant pli du monde aux allures de tableau de Van Gogh. Le soleil a beau caresser les oliviers à longueur d'année, la guerre est là, tapie.

Sur un poteau, accolée aux barbelés qui s'étalent sur près de 77 kilomètres de frontière, une photo géante du chef du Hezbollah nargue, turban noir et poing levé, les soldats israéliens postés à quelques dizaines de mètres. Le père de Najat n'a jamais vraiment aimé la politique mais, pour lui, cette main menaçante est la seule aujourd'hui à même de protéger *« ce petit coin de paradis où le chant des cigales se mêle à l'odeur du pin »*. À sa fille, il répète souvent : *« On a besoin d'un homme comme ça, qui soit capable de tenir tête. Sans lui, les Israéliens nous prendraient tout : l'eau, le ciel, l'air et la terre. »* Des paroles qui font écho à celles d'Imad.

Najat comprend, évidemment, le poids de la douleur, l'accumulation des peines. À chaque réunion de famille, sa mère ne cesse de le lui répéter : *« Quand finira-t-on par nous laisser vivre en paix ? À Beyrouth, nous sommes blessés ; au Sud, nous sommes blessés. »* Elle n'est pas, pour autant, prête à tout tolérer. À Tayebeh, où le parti de Dieu règne en maître, elle voit bien les changements. À la sortie des écoles, les filles sont voilées. Et lors des dernières élections municipales, la seule femme candidate n'a pas été élue. *« Parce qu'elle ne portait pas de foulard »*, dit-on. *« À Beyrouth, on peut s'asseoir à la terrasse d'un café et boire une bière. Là-bas, à Tayebeh, ce n'est plus possible »*, regrette Najat.

C'est ce retour en arrière qu'elle refuse. *« Quand on pense différemment, on n'a plus sa place au village. Du coup, il y a ceux qui restent et qui acceptent. Les autres font leurs valises et partent travailler dans le Golfe. »* Rien à voir avec la génération de ses parents : *« Ma mère porte le voile, elle fait ses prières et jeûne pendant le ramadan mais, jamais, elle ne nous a forcées, mes sœurs et moi, à mettre un foulard. »*

Hanna, l'aînée des enfants, a épousé un druze. Wafa, la deuxième, s'est mariée à un chrétien maronite. Deux de ses autres sœurs ont des maris sunnites. La femme de Wafiq, le premier frère, est bulgare. Celle de Mofid, un ingénieur installé en Arabie saoudite, est une sunnite de Tripoli. Comble du paradoxe, Najat, la plus occidentalisée, est la seule à avoir épousé un chiite, il y a moins de deux ans. Un hasard. Pour elle comme pour son mari, éduqué en France et diplômé en économie de l'université Dauphine, la réussite prime sur la religion. *« Je suis journaliste avant d'être chiite »*, insiste Najat.

« Qu'est-ce qui te prend de parler comme ça ? »

Le Sud, a dit Imad. Le Sud, socle de *« l'identité des chiites »*. Oui, mais à quel prix ? Dans l'esprit de Najat, les questions se bousculent. *« Comment accepter que le Hezbollah impose des valeurs dans lesquelles je ne me reconnais pas ? Comment tourner la page ? Comment rester muette face aux dizaines de morts qui viennent de périr dans les affrontements et qu'on a déjà oubliés ?* lui lance-t-elle à la figure.

– Tu t'emportes pour rien, répond Imad, retrouvant son air taquin qui a toujours, malgré tout, le don de détendre l'atmosphère. *Ce coup de force du Hezbollah, c'était une opération au laser, qui n'a laissé qu'un minimum de traces. »*

Les sourcils de Najat forment des accents circonflexes. Au royaume du Botox et de la chirurgie esthétique, la métaphore est étrange. Elle enchaîne : *« Le problème, c'est que lorsqu'une opération au laser est mal faite elle peut laisser des marques. À vie. »*

« Quand on pense différemment, on n'a plus sa place au village. Du coup, il y a ceux qui restent et qui acceptent. Les autres font leurs valises et partent »

Elle sait de quoi elle parle. Dans les couloirs de Future TV, l'ambiance a changé. Les *« marques »* sont là. Elle le constate aux remarques glissées au détour des phrases. *« À chaque déclaration du chef du Hezbollah, les collègues sunnites me montrent du doigt en lançant : "Regarde ton Hassan, ce qu'il a encore dit !" »*

En s'attaquant à Future TV, le parti de Dieu a créé une réaction viscérale côté sunnites. *« Aujourd'hui, il est impossible de rester neutre dans ce pays. D'un côté comme de l'autre, on nous colle des étiquettes et on nous force à choisir notre clan. Dans les médias, la notion de nuance a complètement disparu ».*

À l'antenne, le ton a changé. L'objectivité n'est plus de mise, ni dans un clan ni dans l'autre. Expression de la « résistance » sur Al Manar, le Hezbollah est assimilé à une « milice » sur Future TV. Et, dans certaines de ses émissions, les invités vont jusqu'à comparer le *« coup de force »* du parti de Dieu à un *« coup d'État »* ou, même, à une *« invasion ».*

Des mots gravés noir sur blanc sur le prompteur que Najat doit se forcer à lire sans grimacer quand elle présente, parfaitement poudrée, le journal télévisé. Des mots que sa mère, éternel *« baromètre de tolérance »*, refuse de laisser passer. *« Ma chérie, mais qu'est-ce qui te prend de parler comme ça ? Tu veux provoquer une nouvelle guerre ou quoi ? »*, lui lance-t-elle, affolée à l'autre bout du fil après avoir zappé sur Future TV. *« C'était la première fois que ma mère m'appelait pour commenter une de mes prestations télévisées. Ça m'a fait l'effet d'une douche froide. »*

Il lui reste « Transit », sa dernière lucarne de liberté. Mais les volets menacent de se refermer... Du côté de la direction, les dents ont récemment grincé après le passage d'un politologue américain connu pour son penchant à l'égard du Hezbollah. Habituellement retransmise à plusieurs reprises, l'émission n'a été diffusée qu'une fois. Et puis, il y a cette consigne de ne pas laisser les invités critiquer l'Arabie saoudite ou encore la Jordanie. Cela pourrait blesser les amis sunnites du jeune Saad Hariri...

Ironie, c'est sur Al Manar qu'un appel à la concorde a pu être entendu. Dans l'émission d'Imad, justement. Ce soir-là, le journaliste décide d'installer son talk-show dans un terrain vague de Msaytbé, un quartier mixte de Beyrouth. Dès le départ, il annonce la couleur. *« Nous sommes ici pour régler les malentendus »*, explique-t-il face aux caméras qui filment en direct ses invités du jour, piochés parmi les membres des communautés sunnite et chiite. Assis en cercle sur des chaises en plastique blanc, jeunes aux cheveux gominés, hommes en costume, clercs en turban et femmes voilées se parlent et s'écoutent... pendant trois heures. *« Cette émission, c'était un exploit »*, reconnaît Najat. *« Tu vois, au Liban, il n'y a jamais de vérités définitives »*, lui répond Imad.

Le fou rire des cousins

Sur la télévision à écran plat du Lina's, une image inédite passe en boucle. Le chef du Hezbollah, turban noir et barbe poivre et sel, discute avec son rival, Saad Hariri, cheveux gominés, bouc et cravate bleue. Ils ne se sont pas parlé depuis trois ans. C'est un événement et, pour une fois, toutes les chaînes montrent la même chose.

À l'approche des législatives de ce printemps, l'ambiance est à la réconciliation. Dans les rues qui entourent le café, affiches et posters politiques ont été décrochés des murs, sur décision gouvernementale. Un peu plus loin, au bord de la corniche, entre le McDonald's et la mosquée avec vue sur mer, les portraits des leaders politiques rivaux ont disparu. Dans quelques jours, ils seront remplacés par des publicités pour dessous chic ou pour bière sans alcool. Une fois de plus, de gros pansements recouvrent les plaies de Beyrouth.

« Pour combien de temps ? s'interroge Najat, dubitative. *Parfois, je me demande si je pourrai continuer à travailler à Future. »* Imad, lui, se pose moins de questions. Il a choisi son camp depuis longtemps, il l'assume. *« Je ne ferai rien qui puisse trahir Al Manar. »*

Najat est songeuse : *« Future est en train de devenir une chaîne idéologique comme Al Manar. Chez eux, 95 % des personnalités sont pro-Hezbollah. Chez nous, 95 % sont pro-sunnites.*

– Tu exagères un peu... Je dirais 90 % et pas 95 % », enchaîne Imad, sur le ton de la plaisanterie.

Un fou rire traverse alors la salle. Ce même fou rire des fêtes de l'Aïd, des heures de pause à l'université, des blagues d'Imad. À cet instant, seulement, les deux cousins réalisent qu'ils se sont manqué. XXI

Qui sont les chiites ?

Les chiites – 150 millions de musulmans à travers le monde – s'opposent aux sunnites au sujet de la descendance de Mahomet, juste après sa mort, en 632 après J.-C. Les premiers voient en Ali, son gendre, le successeur du prophète. Pour les seconds, c'est un calife, Abou Bakr, qui doit prendre la relève.

À lire

***Le Renouveau chiite* de Vali Nasr** (Demopolis, 2008). Selon l'auteur, la compétition entre le chiisme et le sunnisme est déterminante pour l'avenir du Moyen-Orient. Vali Nasr part de la révolution iranienne, base du « réveil » chiite. Puis s'intéresse à l'Arabie saoudite, qui n'aura, selon lui, de cesse de contrer le radicalisme iranien en inspirant un radicalisme sunnite à travers le monde.

***Le Hezbollah, état des lieux,* sous la direction de Sabrina Mervin** (Actes Sud, 2008). En Occident, le Hezbollah fait peur. Mais sait-on qui se cache derrière le parti de Dieu ? De la télévision Al Manar aux scouts du Mahdi, cet ouvrage collectif explore ses facettes méconnues.

Romans libanais

***L'Armoire des ombres* de Hyam Yared** (Sabine Wespieser, 2006). Dans ce premier roman, la jeune poétesse de 34 ans aborde, au-delà des apparences trompeuses de la femme « libérée » libanaise, le poids des traditions – toutes religions confondues – et les faux-semblants. Un *must* à lire pour comprendre le Liban au féminin.

***De Niro's Game* de Rawi Hage** (Éditions Denoël, 2008). Beyrouth, au début des années 80, est une ville dévastée par les bombes. Deux amis d'enfance tuent leur mal de vivre à coup de petits boulots minables et de soirées trop arrosées. L'un rêve de fuir à l'étranger. L'autre est tenté de rejoindre une milice chrétienne. Une plongée vertigineuse au cœur de la guerre civile et de ses folies.

Les deux Beyrouth des cousins

La ville de Najat

Le Bardo : À la fois café, lounge et restaurant, en plein cœur du quartier commercial de Hamra, à Beyrouth-Ouest, c'est un des nombreux repères branchés de la jeunesse dorée libanaise.

Le Concorde : Un *shopping mall* à l'occidentale par excellence. Les incontournables marques – Mango, Zara, Vero Moda – y ont pignon sur rue. L'eldorado des reines de la coquetterie libanaise.

Le White : Dans cette boîte de nuit ultra-huppée, perchée au-dessus des bâtiments du quotidien *An Nahar*, sur une terrasse qui domine la Méditerranée, la jet-set libanaise se trémousse tous les week-ends d'été jusqu'au bout de la nuit.

AFP

La ville d'Imad

Le Saha : Avec ses tables garnies de hommos, tabouleh et autres mezzehs libanais, ce restaurant traditionnel de la banlieue sud de Beyrouth affiche toujours complet en période de ramadan. Son *iftar* – le repas qui marque la rupture du jeûne quotidien – est un des plus prisés de la communauté chiite.

Beirut Mall : Avec sa façade tout en verre, ce centre commercial du quartier Chiya – à majorité chiite – propose une véritable palette de vêtements à la mode, adaptés aux goûts et aux besoins des *mohadjaba* (les femmes voilées) : chemises à manches longues, larges tuniques à l'indienne, foulards en coton.

Le complexe du « Seigneur des martyrs » : Situé à Haret Hreik, le périmètre sécuritaire de la banlieue sud à majorité chiite, c'est un des endroits culte de rassemblement des partisans de Nasrallah, le leader chiite. Ses discours y sont régulièrement retransmis sur écran géant, devant un parterre noir de monde.

La crise du printemps 2008

3 mai : Le leader druze pro-occidental Walid Joumblatt demande le limogeage du chef de la sécurité de l'aéroport de Beyrouth, qu'il accuse de complicité avec le Hezbollah. Il réclame également l'ouverture d'une enquête sur le réseau de communication du parti de Dieu.

6 mai : Le gouvernement déclare illégales les lignes téléphoniques du Hezbollah.

AFP

7 mai : Le Hezbollah appelle ses partisans à rejoindre une manifestation contre la vie chère. Le rassemblement dégénère. L'aéroport est bloqué.

8 mai : De violents combats éclatent entre miliciens armés.

9 mai : Des miliciens du Hezbollah font couper les câbles de diffusion de Futur TV.

22 mai : Signature des accords de sortie de crise, à Doha.

25 mai : Élection du général Michel Sleimane à la présidence. Retour au calme.

Les visages du chiisme

Hassan Nasrallah (né en 1960). Il est à la tête du Hezbollah libanais depuis 1992. Aîné d'une famille de 9 enfants, il fait ses premières armes au sein du mouvement Amal avant de rejoindre le parti de Dieu.

Abdul Aziz al-Hakim (né en 1953). Exilé en Iran à l'époque de Saddam Hussein, il est rentré en Irak en 2003, juste après l'invasion américaine. Il dirige aujourd'hui un des partis politiques chiites les plus importants du pays.

Moqtada Al-Sadr (né en 1973). Ce jeune clerc radical chiite s'est fait connaître en fondant, à la chute de Bagdad, l'armée du Mahdi, une milice chiite anti-américaine. Son discours, à la fois populiste et religieux, plaît aux laissés-pour-compte.

AFP

Ayatollah Ali Sistani (né en 1930) Né en Iran, ce grand *marja* (« source d'imitation ») prône une version quiétiste du chiisme. Retranché à Najaf, en Irak, il se dit apolitique mais reste une personnalité influence de la scène irakienne.

Les Jésuites

ILLUSTRATIONS : CHRISTIAN ROUX

La confrérie fondée en Turquie par Fethullah Gülen quadrille le globe. Ses missionnaires ouvrent des écoles, mais cherchent également à gagner le cœur des commerçants, des hauts fonctionnaires et des politiques. Enquête sur le réseau musulman le plus puissant du monde.

Par Guillaume Perrier

A l'été 2008, la revue américaine *Foreign Policy* a placé en tête de liste de son classement des *« intellectuels publics mondiaux »* un illustre inconnu. Son nom : Fethullah Gülen. Mystique Turc à la tête du mouvement Nur (« lumière »), le « penseur musulman » a recueilli plusieurs centaines de milliers de votes d'internautes et coiffé au poteau des vedettes telles que le « banquier des pauvres », Mohamed Yunus, ou le télé-évangéliste d'Al Jazeera, Yusuf Al-Qardawi.

« Je n'ai jamais souhaité ni même imaginé être désigné comme quelqu'un d'important dans le monde », a commenté Fethullah Gülen, petit homme de 67 ans, à l'allure modeste et à la fine moustache blanche, toujours vêtu d'un costume sombre. Campé en « Ottoman moderne » ou en « soufi surfeur », l'intellectuel souhaitait se faire discret : *« J'ai toujours essayé d'être un humble serviteur de Dieu et un humble membre de l'humanité. »*

de l'Islam

C'était pour mieux savourer son triomphe. Les sites Internet ont abondamment relayé la victoire du « penseur » qui, mine de rien, avait tout fait pour se trouver là.

Trois mois avant le vote crucial, à Durban (Afrique du Sud), le professeur de mathématiques Ilhami Demirtas avait entamé, comme d'habitude, sa journée par la lecture du journal. Turc d'origine, Ilhami est abonné au quotidien *Zaman*, le plus gros tirage de Turquie avec environ 700 000 exemplaires. Ce matin-là, *Zaman* consacre sa manchette au sondage du *Foreign Policy* et incite ses lecteurs à se mobiliser. Ilhami sourit. « *Quand nous avons vu cet appel, nous avons tous voté au moins une fois.* »

Dans son collège, le professeur réquisitionne chaque ordinateur de la salle informatique. Ses collègues parcourent les cybercafés de Durban. Comme un seul homme, des milliers de Turcs de Lima, de Oulan-Bator ou de Paris plébiscitent leur maître.

Le nombre de votes grimpe en flèche. La campagne – en forme de « *prise d'otage* », selon *Foreign Policy* – en dit long sur la capacité de mobilisation de Nur, bien discrète communauté de « la lumière ».

Créé en 1986, *Zaman* est le navire amiral de la confrérie religieuse de Fethullah Gülen. Dirigé par les proches du « soufi surfeur », le journal est une tribune qui permet de souder les troupes d'adeptes éparpillés dans le monde. À la fois conservateur et démocrate, pro-européen et influent, *Zaman* se décline dans une dizaine d'éditions distribuées dans quatre-vingts pays et existe en version anglaise.

C'est depuis les monts Pocono, dans la verte campagne de Pennsylvanie, que Fethullah « hodja » (le « maître ») observe l'agitation du monde. Gülen vit reclus dans un vaste *compound* rural, au calme, entouré de quelques disciples. Sa santé est fragile, dit-on. Il souffre de diabète. Il ne voyage plus guère et reçoit les visiteurs de marque dans son petit appartement personnel.

Dans son refuge, le mystique lit Sartre, Kafka et Dostoïevski. Il noircit des pages d'une prose ésotérique diffusée par ses fondations à travers le monde. Ses best-sellers, vendus sur Internet, s'intitulent : *Amour et tolérance*, *Les Perles de la sagesse* ou *L'Horizon de la lumière*. Il écrit, il pense, il prie. Et offre une image de vieux sage retiré du tumulte.

Officiellement, Fethullah Gülen s'est éclipsé aux États-Unis en 1999 pour s'y faire soigner. Plus prosaïquement, la justice turque le soupçonnait de fomenter un complot islamiste et venait d'ouvrir une procédure contre lui. Son exil a contribué à façonner sa légende.

Une porte en fer, coincée derrière une échoppe

Fils d'imam, élevé par une famille traditionaliste, à Erzurum, une ville froide et austère du nord-est anatolien, Fethullah Gülen a révélé ses talents de prédicateur sur les côtes de la mer Égée. Dans les années 70, des foules captivées par les prêches exaltés de cet imam charismatique qui pleure en priant Allah se pressent à la mosquée de Kestanepazari, à Izmir. Son premier cercle de fidèles, un embryon de communauté, se constitue autour de l'école coranique de ce quartier populaire. Gülen se présente comme l'apôtre d'un islam *« modéré »* et tolérant, compatible avec la science et la raison.

Très vite, pourtant, son aura inquiète. La vidéo d'un sermon diffusée à la télévision provoque son départ. Dans le document, il appelle ses ouailles à investir les strates de l'appareil étatique et à attendre patiemment : *« Votre tour viendra »*, dit-il. Un faux grossier, affirme Gülen, qui se défend de toute visée politique. La justice turque le blanchit finalement en 2008. Aussitôt, la rumeur d'un retour imminent du « maître » se répand comme une traînée de poudre. *« Nous y travaillons »*, assure Hüseyin Gülerce, l'un de ses plus proches compagnons, éditorialiste à *Zaman*.

> Officiellement, Fethullah Gülen s'est éclipsé aux États-Unis en 1999 pour s'y faire soigner. Plus prosaïquement, la justice turque le soupçonnait de fomenter un complot islamiste et venait d'ouvrir une procédure contre lui. Il a été blanchi. Son exil a contribué à façonner sa légende

Les laïcs de Turquie s'y opposent. Pour les anciennes élites kémalistes d'Ankara et d'Istanbul, qui lui font procès d'utiliser le principe coranique de la *takkiye* (la « dissimulation ») pour masquer son ambition, le gourou incarne un *« islamisme caméléon »*. Il cristallise aussi les peurs et les fantasmes de la bourgeoisie laïque qui le voit en nouveau Khomeyni, de retour d'exil pour mener la révolution islamique au pays d'Atatürk.

Dissimulation ou discrétion ? La vitrine de la confrérie de Fethullah Gülen est un immeuble banal à la façade grise, en plein cœur d'Istanbul, face au musée militaire. On entre par une porte en fer, coincée derrière une minuscule échoppe, à côté de laquelle figure un simple écriteau, « Fondation des journalistes et des écrivains ». Un gardien somnole à l'entrée. Sur six étages, quelques bureaux étroits, une maison d'édition, des salles de réunion qui ne payent pas de mine et, tout en haut, une petite cantine avec vue sur les minarets de la ville et sur la Corne d'Or.

Ce samedi-là, une délégation de New York – un groupe de chrétiens invités à découvrir la Turquie pendant une semaine – est reçue. Calés au fond de gros canapés, les hôtes goûtent l'hospitalité turque, le thé noir amer et les pâtisseries sucrées. Des films promotionnels sont projetés, où apparaît Fethullah Gülen au côté de dirigeants turcs ou du pape Jean-Paul II. On leur parle d'amour du prochain, de paix dans le monde et de dialogue interreligieux. L'assistance est impressionnée. Fier de son coup, le président de la fondation, Harun Tokak, membre du premier cercle de Gülen, raccompagne ses invités. *« Nous recevons des groupes chaque semaine »*, souffle-t-il. Ce qui permet d'assurer la promotion de la culture turque, mais surtout des théories d'« hodja efendi », comme l'appellent ses admirateurs.

Patiemment, la confrérie a tissé des liens avec les milieux universitaires et politiques, dans le monde entier. La Chambre des lords britannique a accueilli, en 2007, une conférence sur Gülen, organisée par la prestigieuse London School of Economics. La nébuleuse s'est constitué un empire médiatique : outre le journal *Zaman*, des chaînes de télé, comme Samanyolu (« la Voie lactée ») captée par les Turcs dans le monde entier. Elle contrôle aussi une banque, Asya Finans, et plusieurs compagnies prospères. De quoi assurer son autonomie.

Mais sa puissance tient d'abord au nombre de ses membres : deux ou trois millions en Turquie, peut-être plus. Depuis une quinzaine d'années, ils sont recrutés dans les meilleures universités du pays, à Istanbul et à Ankara. À cet effet, des « maisons de lumière » *(Isik Evleri)* ouvrent autour des campus. Dans ces appartements communautaires financés par le mouvement, une jeune garde urbaine, éduquée et pieuse est formée. Quant à l'influence politique de la confrérie, la question est éludée : « *On ne sait pas, nous n'avons pas de structure centralisée* », glisse Harun Tokak, le président de la fondation.

Des missionnaires quadrillent le globe

Régulièrement, des bureaucrates dénoncent l'entrisme pratiqué au sein de certaines administrations, à commencer par la police, qui serait largement noyautée. Régulièrement aussi, la rumeur affirme que le président turc, Abdullah Gül, ou le principal conseiller du Premier ministre Erdogan seraient proches du réseau. Les « Fethullahci » préfèrent jouer profil bas : « *Non, ils sont peut-être sympathisants ou partagent certaines idées...* » Une question de prudence. Ou bien de dissimulation. La galaxie Fethullah Gülen est « *le réseau musulman le plus puissant au monde* », affirme la sociologue turque Nilüfer Göle.

Discrètement mais sûrement, ses missionnaires quadrillent le globe. Là où la confrérie les juge utiles, les jeunes diplômés partent enseigner, entre autres, mathématiques et informatique. Quand les grandes organisations humanitaires parviennent en 2004 au cœur du chaos créé en Asie du Sud-Est par le tsunami, elles découvrent, stupéfaites, des villageois rescapés agitant de petits drapeaux turcs. Avant tout le monde, un groupe de professeurs et d'hommes d'affaires membres de la confrérie ont acheminé aux sinistrés couvertures et nourriture. Quelques mois plus tard, une école pour les orphelins du raz-de-marée est construite.

En Asie centrale, les anciennes républiques soviétiques ont à peine déboulonné Staline que, en 1991, les premiers « missionnaires » débarquent. Ils s'installent, ouvrent des écoles, étendent leurs réseaux commerciaux. Des éditions locales du journal *Zaman* sont créées. De cette région reculée, le mouvement rayonne dans les Balkans, puis en Asie et aux États-Unis. Avec le soutien américain ? Ses adversaires y croient dur comme fer.

L'éducation au cœur du système

À Üsküdar, un quartier d'Istanbul, une dizaine de villas cossues, plantées sur la rive asiatique, surplombent le Bosphore. Leur richissime propriétaire a longtemps hésité. Plutôt que de les louer, il a finalement décidé d'en faire cadeau à la confrérie. Avec son jardin, sa piscine couverte et sa salle de sport, le lotissement est donc devenu une école primaire pour enfants de familles aisées. Ceux qui passent par là poursuivent généralement leur scolarité dans des établissements du même groupe, Coskun (« ardent »), dont les lycées obtiennent 100 % de réussite à l'examen d'entrée à l'université.

Sur les murs et les escaliers, la marche à suivre est écrite noir sur blanc : « J'aime mon école », « Sois poli, aide tes amis », « La détermination est la moitié du succès », « Nous avons trois priorités : l'éducation, l'éducation et l'éducation ». Le directeur de l'école explique sa philosophie : « *Plus que de leçons, les élèves ont besoin d'avoir en face d'eux des professeurs exemplaires. Nos enseignants ne fument pas, ne boivent pas, ne mentent pas. Nous attendons d'eux qu'ils soient comme des pères et des mères. Le jour, ils travaillent, et le soir, ils prient. Nous accordons beaucoup d'importance à la vie sociale. Ici, les enfants font du théâtre, de l'équitation, de la photo...* » À 9 heures pile, silence total. Chaque jour, vingt minutes sont consacrées à la lecture. « *Nous conseillons des livres sur la moralité, sur l'histoire de la Turquie, mais aussi les classiques de la littérature.* » Dans les cartables, les textes de Fethullah Gülen côtoient les pièces de Molière.

L'éducation est au cœur du système de Gülen. L'intellectuel, qui ne veut pas construire de mosquées, y a gagné un surnom : le « maître d'école de l'Islam ». Son mot d'ordre, « *La priorité, c'est l'éducation* », est suivi avec application. En Turquie, des centaines d'établissements – collèges, lycées et même une université à Istanbul – sont estampillés Gülen. Sur le même modèle, des écoles turques ont ouvert un peu partout dans le monde. On en trouve dans cent dix pays, du Chili à la Papouasie-Nouvelle-Guinée en passant par le Nigeria, la Norvège, la Chine ou l'Australie. Dans des pays chrétiens, hindous ou shintoïstes. (Seule la Russie fait exception : en 2007, une dizaine d'établissements ont été fermés à Saint-Pétersbourg.) L'excellence des résultats suffit souvent à faire reculer la méfiance.

Après l'université, Salih Karakaya a été envoyé en Pologne. Deux années durant, ce pieux musulman a enseigné les maths en terre catholique. « *Nous sommes devenus très vite le meilleur lycée privé du pays.* » Aux Pays-Bas, la ministre de l'Intégration est montée au créneau pour défendre le mouvement. « *Ils ne tournent absolument pas le dos à l'Occident. Ils sont très engagés socialement* », a-t-elle lancé en réponse à une demande d'enquête parlementaire sur les activités de l'étrange fondation turque.

Foi chevillée au corps, les « Jésuites de l'Islam » n'entendent pas s'arrêter en si bon chemin. Pour mieux former des élites locales ouvertes sur le monde, ils ont une ambition : investir les universités. Celle d'Erbil, au Kurdistan irakien, vient d'être inaugurée, fin 2008, avec la bénédiction d'Ankara.

Le deuxième pilier de la confrérie est formé par les petits patrons et les commerçants. « *Mahomet aussi était un commerçant* », aiment à répéter les adeptes de Gülen. L'esprit de ces capitalistes musulmans perce dans les petites villes de province perdues au milieu de la plaine anatolienne. Depuis une dizaine d'années, les anciennes villes-étapes de la route de la Soie connaissent un nouveau boom.

« Nous conseillons des livres sur la moralité, sur l'histoire de la Turquie, mais aussi les classiques de la littérature. » Dans les cartables, les textes de Fethullah Gülen côtoient les pièces de Molière

La cité de Kayseri est un des bastions de Fethullah Gülen. En quelques années, la ville natale du président de la République turque est devenue la quatrième place industrielle du pays, la capitale nationale du meuble et du câble métallique. « *Le Coran dit qu'il faut travailler dur* », assure le mufti local. Les patrons ascètes de la cité laborieuse et austère ont érigé leur discipline de vie en modèle économique, à l'image de Saffet Arslan, un moustachu affable qui dirige le groupe Ipek. « *Je ne sors pas, je ne bois pas. Je n'ai ni villa à Antalya ni montre à 15 000 dollars. Ici, on travaille plus qu'ailleurs.* »

Pas le moindre signe ostentatoire

À vrai dire, les tentations sont limitées à Kayseri. Après la dernière prière, les rues et les restaurants, sans alcool, se vident. « *La réussite de cette ville, c'est 90 % de travail et 10 % de religion* », poursuit Saffet Arslan. « *Les gens d'ici sont de bons musulmans* », se réjouit l'imam de la zone industrielle. Et un bon musulman doit être riche pour mieux servir sa communauté. Les grands patrons locaux construisent écoles et hôpitaux, financent des bourses d'études pour les jeunes filles. Le vendredi midi, ils affrètent des minibus pour amener plus vite leurs ouvriers à la grande mosquée. Même le temps de prière est rationalisé par ces hommes d'affaires rigoureux, qualifiés, dans un rapport allemand, de « *Calvinistes de l'Islam* ».

Petite cité de l'ouest du pays, Usak présente des caractéristiques identiques. À l'aube, juste après la première prière, un groupe de dirigeants en costume cravate avale un petit déjeuner matinal au beau milieu de la zone industrielle, entre deux usines textiles. Ni 4x4 ni Rolex. Pas le moindre signe ostentatoire. Juste des entrepreneurs qui financent les écoles de Fethullah Gülen en Turquie, en Afrique du Sud, mais aussi en Abkhazie et au Kazakhstan.

À leur seconde famille, ils peuvent reverser jusqu'à 75 % de leurs bénéfices. Des patrons philanthropes ? « *Nous pensons que ces écoles vont répandre la paix dans le monde* », affirme Hazim Sesli, membre de la confrérie et président de l'association des Jeunes entrepreneurs turcs.

La Turkish Airlines effectue un vol quotidien entre Istanbul et Johannesburg. Ce jour-là, l'avion navigue au-dessus du Kenya. Dans le couloir, un vieux musulman indien à la longue barbe grise en habit de pèlerin s'est agenouillé et prie, tourné vers un hublot derrière lequel il imagine La Mecque.

L'hôtesse turque prend un air pincé : « *Vous ne pouvez pas faire ça ici. C'est la dernière fois que je vous le dis.* » La scène fait sourire les passagers. Un jeune homme d'affaires turc intervient : « *C'est du zèle. En voyage, la prière n'est pas obligatoire pour les musulmans.* » Tarik Imre, 35 ans, rentre à Johannesburg. Marié à une Sud-Africaine blanche et chrétienne, le jeune homme dirige une compagnie minière, dans le nord de l'ancien pays de l'apartheid. Il y a une dizaine d'années, c'est comme étudiant qu'il avait débarqué en Afrique du Sud. Marqué par l'enseignement de Fethullah Gülen, il y avait activement participé, en 1999, à l'implantation de la première école du mouvement, au Cap. Cette année, la sixième ouvrira à Port Elizabeth.

« Mon fils est devenu quelqu'un »

Pour financer le projet, Tarik Imre est allé frapper à la porte de Mustafa Senol, un riche industriel turc installé depuis vingt ans en Afrique du Sud. Le premier contact est rude. « *Je croyais qu'ils venaient me demander du travail* », avoue Senol. À la tête de deux usines et de quatre cents employés, l'industriel est le plus gros producteur de couvertures du continent. « *Je faisais de l'argent dans ce pays et je voulais en redonner un peu sans savoir comment faire. Ces jeunes sont venus ici avec les bouquins de Fethullah Gülen. Je ne connaissais pas du tout.* »

Les envoyés de la confrérie invitent l'homme d'affaires en Turquie, lui font visiter des écoles au Turkménistan. « *J'ai été convaincu. L'éducation est le problème principal du monde. Il faut promouvoir la paix et la coexistence.* »

En Afrique du Sud, la confrérie affirme vouloir accompagner la construction de la nation arc-en-ciel, autrement dit mettre en pratique le message de Nelson Mandela. L'objectif est ambitieux. « *C'est difficile. Ici, quand on va au centre commercial, les Indiens sont les commerçants, les Blancs, les clients, et les Noirs, ceux qui balayent. Les mentalités évoluent lentement* », explique Ilhami Demirtas, qui, après plusieurs années en Indonésie et six ans passés au Cap, a monté une école à Durban, le Star Collège. Les enfants de la bourgeoisie indienne, la communauté majoritaire de la ville, s'y pressent.

À Johannesburg, le collège Horizon est quasi monocolore : 95 % des garçons sont Noirs. À l'entrée du bâtiment, flottent les drapeaux turc et sud-africain. Dans le hall, les portraits d'Atatürk et de Nelson Mandela se font face. L'établissement accueille les jeunes du *township* de Soweto. Deux millions d'habitants, deux millions de Noirs. « *Nous sommes les seuls Blancs à nous y aventurer* », rigole Medet Önel en se faufilant dans les embouteillages.

Chaque week-end, ce petit homme rond et jovial rend visite aux familles de ses pensionnaires. Au domicile de Khangelani, un jeune élève brillant, on ne tarit pas d'éloges sur les missionnaires turcs. « *C'est magnifique, mon fils est devenu quelqu'un,* clame fièrement la maman, qui vient de bénir thé et gâteaux, et remarque : *Avant, on ne savait même pas situer la Turquie sur une carte.* » Du haut de ses 18 ans, le frêle Khangelani dit préférer taire « *les choses terrifiantes* » qu'il faisait plus jeune. « *Maintenant, j'ai des objectifs. Les professeurs m'ont ouvert les yeux.* »

La différence de religion pose-t-elle un problème ? « *Ils sont musulmans, mais je n'ai jamais entendu la moindre incitation à se convertir à l'islam. Ils nous encouragent à lire, mais aussi à aller à l'église si nous sommes chrétiens. Ils acceptent les gens comme ils sont. C'est cela qui nous mène à eux.* » Le dimanche, Medet accompagne souvent Khangelani et sa mère à l'église méthodiste de Soweto. « *Je le pousse parce qu'il est très bon* », dit l'enseignant. L'étudiant parle couramment le turc. « *En 2006, il a fini deuxième aux olympiades que nos écoles organisent à Istanbul. L'an prochain, il va aller étudier la physique à Ankara.* » Khangelani est fier. « *Si Dieu me le permet, je deviendrai enseignant et rendrai un peu de ce qu'on m'a donné.* »

> « Il y a dix ans, il a dit aux businessmen de partir à l'étranger, d'aller investir en Afrique. Grâce à lui, nous sommes en avance sur la mondialisation. Et il nous aide à comprendre l'islam pur. Même en nous rasant le matin, nous pensons à Fethullah Gülen »

Et Dieu sait que Medet Önel donne sans compter. À 34 ans, il a passé près de la moitié de sa vie à l'étranger. D'abord comme étudiant à l'université créée par la confrérie à Ashkabad (Turkménistan), puis comme professeur de turc dans les écoles du mouvement fraîchement ouvertes en Afrique : en Tanzanie d'abord, puis en Afrique du Sud. Il s'apprête maintenant à déménager en Zambie, où il travaille à l'ouverture d'une première école. *« L'ambassadeur zambien est devenu un ami et il défend le projet. »*

Mozambique, Namibie, Malawi : les « Fethullahci » ont déjà posé leurs jalons. De Dakar à Zanzibar, le mouvement a fait tâche d'huile. L'Afrique est devenue une priorité des missionnaires de Gülen. La fédération des entrepreneurs affiliée au mouvement, la Tüskon, a ouvert en 2006 un « pont commercial » avec ce continent. Les échanges afro-turcs explosent. « *Il y a une dizaine d'années, "hodja efendi" a dit aux businessmen de partir à l'étranger, d'aller investir en Afrique. Grâce à lui, nous sommes en avance d'un coup sur la mondialisation. Et il nous aide à comprendre l'islam pur. Même en nous rasant le matin, nous pensons à Fethullah Gülen* », explique Yusuf Sariyaprak, importateur de meubles fabriqués en Turquie.

L'audience de cette confrérie de musulmans voyageurs, prêcheurs d'éducation et de tolérance a trouvé un écho certain après le 11 septembre 2001. Les tentatives de Fethullah Gülen pour dénouer le lien entre islam et terrorisme intriguent. Son point d'appui est « l'alliance des civilisations », une plate-forme montée par l'ONU, la Turquie et l'Espagne. Le dialogue interreligieux est l'un de ses leitmotivs. En 1998, il a été reçu par le pape Jean-Paul II au Vatican. Aux États-Unis, il a établi de solides contacts avec les communautés juives et chrétiennes. Le « maître » a porte ouverte dans les universités méthodistes de Dallas et de Houston. Le père jésuite Thomas Michel préface régulièrement ses ouvrages. Le Turc s'est également rendu à Jérusalem, devant le mur des Lamentations, ce qui lui vaut encore une haine farouche des islamistes radicaux.

Le mouvement raffole de grand-messes confraternelles et organise fréquemment des dîners de ramadan à Paris, New York ou Sydney. Disséminées à travers le monde, ses antennes servent de pont culturel. En septembre dernier, en plein mois de ramadan, trois cents convives sont venus rompre le jeûne et célébrer la tolérance religieuse, sur fond de musique soufi, dans un grand hôtel d'Istanbul. À la table centrale, le patriarche orthodoxe de Constantinople, Bartholomée Ier, ami de Gülen. Tout autour, les représentants des églises arménienne, syriaque, catholique romaine, et du grand rabbinat...

Imam au discours humaniste, Fethullah Gülen ne défend pas un islam *« réformateur »*. Ali Bulaç, un des scribes du mouvement, rejette catégoriquement ce qualificatif. Pour lui, « hodja efendi » propose un retour aux sources, une lecture originelle du Coran et des hadiths. « *Il adapte l'essence de l'islam au temps présent.* »

Le « maître » puise son inspiration dans les traditions anatoliennes et dans le soufisme pacifique de Rumi, fondateur de l'ordre des Derviches tourneurs. Peu de traces de raideur : au siège de la rédaction de *Zaman*, hommes et femmes sont mélangés « *ce qui n'était pas le cas il y a dix ans* », remarque une journaliste. Quand le premier ministre Erdogan a voulu passer en force pour le port du foulard dans les universités, le journal a manifesté sa désapprobation. Quand bien même les femmes du mouvement portent généralement un foulard strict. « *Nous sommes Turcs et la société turque fonctionne comme cela. Laissez-nous le temps d'évoluer. Aujourd'hui, les choses changent et nous soutenons ce changement. Grâce à Dieu, l'Occident a influencé la Turquie* », assure Hüseyin Gülerce, une des figures du mouvement.

« Au départ, le maire était méfiant. Sans doute parce qu'il n'y a que quatre écoles musulmanes en France. Mais nous ne sommes pas là pour construire une mosquée ou une école coranique »

En France, le collège Pierre-Loti

En cette fin septembre, un nouveau collège s'apprête à ouvrir. Dans le vaste hall du bâtiment flotte une odeur de plastique et de peinture fraîche. Nous sommes sur un ancien site de France Télécom, à deux pas de la gare de Villeneuve-Saint-Georges, dans la banlieue sud de Paris. Et tout est prêt. Les livres scolaires sont empilés dans une salle de classe. Une douzaine d'enseignants ont été recrutés, et le directeur a été débauché dans une école privée catholique. Tables et chaises pour les enfants attendent encore dans leur emballage. « *Elles viennent d'arriver par container. C'est un don d'un homme d'affaires turc.* »

Nihat Sarier, un gaillard de 35 ans, est en charge de la gestion de ce dossier sensible : ouvrir la première école du mouvement en France. Il n'attend que le feu vert de l'académie pour célébrer la rentrée avec deux classes de sixième et de cinquième. « *Cela prend plus de temps ici qu'ailleurs.* » Le pays de la laïcité est circonspect. « *Ils se présentent comme une association française et laïque* », s'étonne-t-on à la mairie de Villeneuve-Saint-Georges. Un temps : « *Comment s'appelle le chef de cette confrérie, dites-vous ?* »

Jamais, au début, le nom de Fethullah Gülen n'est prononcé. Une question de discrétion ? Nihat Sarier, qui a grandi à Strasbourg, explique : « *Au départ, le maire communiste a montré de la méfiance. Sans doute parce qu'il n'y a que quatre écoles musulmanes en France. Mais nous ne sommes pas là pour construire une mosquée ou une école coranique.* » Depuis le démarrage du projet, il multiplie les contacts avec les autorités locales : mairie, députés, acteurs sociaux. Les renseignements généraux sont venus plusieurs fois. « *Nous n'avons rien à cacher. Il faut être ouvert, plus qu'ailleurs, aux élus et au public, c'est notre responsabilité.* » Grâce à ce lobbying intense, Nihat Sarier a finalement obtenu, début novembre, l'agrément de l'académie de Créteil. « *Rien n'existe sans effort, rien ne dure sans foi* », affirme-t-il en reprenant l'adage de Georges Pompidou. « *Nous ne faisons pas dans le communautaire. Ce n'est pas une école turque mais une école française, laïque, faite par des Turcs. Pour nous, le système éducatif français reste une référence. Nous voulons éduquer de bons citoyens français* », précise Nihat Sarier. L'objectif est d'obtenir une reconnaissance rapide : « *D'ici à cinq ans, passer sous contrat et être le meilleur collège du département.* »

Pour y parvenir, la méthode est éprouvée : « *Nous allons créer une école pour les parents, avec une formation tous les quinze jours sur des problèmes concrets : la lecture, la violence conjugale...* » Le dévouement corps et âme des professeurs fera le reste. « *Notre meilleure carte de visite c'est nous-même. Le mouvement Gülen n'est pas une secte, c'est une idée de la vie et de la société.* » Le collège sera appelé Pierre Loti, en souvenir de l'écrivain français amoureux d'Aziyadé et d'Istanbul.

Cette ouverture en France est l'aboutissement d'un long travail d'approche. Pour leur opération, les « Fethullahci » ont amené des derviches tourneurs sur la scène du Casino de Paris, ont organisé des dîners de ramadan et ont mis sur pied une série de conférences universitaires de haut niveau consacrées aux relations franco-turques, en partenariat avec l'ambassade de France d'Ankara, la revue *Esprit* et la Fondation pour l'innovation politique.

Cette ouverture est l'aboutissement d'un long travail d'approche. Les « Fethullahci » ont amené des derviches tourneurs sur la scène du Casino de Paris, ont organisé des dîners de ramadan et ont mis sur pied une série de conférences universitaires de haut niveau consacrées aux relations franco-turques

Un jeune intellectuel raide comme le col de sa chemise

Comme toujours, les éclaireurs du mouvement sont les étudiants et les chercheurs. Profil type : Erkan, un jeune intellectuel poli et disponible, raide comme le col de sa chemise. À Paris depuis quatre ans, il parle un français châtié, termine une thèse à l'EHESS consacrée à la pensée de Gülen et court les conférences. Le reste du temps, Erkan vit à Créteil, dans l'une de ces « maisons de lumière » apparues en banlieue. « *On y discute chaque semaine des besoins du mouvement et des écrits de Fethullah Gülen. Les sujets sont religieux, mais concernent aussi la vie quotidienne et la politique. C'est comme ça que le mouvement se fait connaître et recrute de nouveaux membres.* »

Une organisation d'hommes d'affaires franco-turcs, la Fatiad, a été montée à Paris. Des « centres de dialogue » ont été ouverts à Strasbourg ou à Lyon. Des établissements privés de soutien scolaire ont germé à Orléans, à Bordeaux ou en banlieue parisienne, destinés aux enfants des quartiers sensibles. Une édition hebdomadaire franco-turque du journal *Zaman* est maintenant publiée. En 2000, Études Plus a ouvert à Pantin. Une centaine d'élèves, de toutes origines, fréquente cet établissement dont rien n'indique l'origine turque de ses fondateurs, ni leur appartenance à une confrérie religieuse. La directrice pédagogique, Anaïde Armagan, est d'origine arménienne. « *Je ne connais pas M. Gülen et je n'ai pas lu ses livres. Ce qui me paraît important, c'est de faire passer des valeurs.* » Anaïde rend visite aux familles, sonde leurs besoins et leurs failles. « *On leur bâtit un emploi du temps, on leur explique l'importance de la lecture...* » Résultat : 100 % de réussite au bac.

Pantin, Villeneuve-Saint-Georges, Montfermeil... La stratégie de la confrérie en France passe par les banlieues. Les émeutes urbaines de 2005 ont servi de déclic. À l'époque, la chaîne turque Samanyolu (« la Voie lactée ») avait largement couvert ces nuits de révolte dans les « *ghettos français* ». Sur son site Internet, Fethullah Gülen avait blâmé le manque d'éducation et battu le rappel auprès des Turcs de France. Message entendu par son élève Mehmet Nam, universitaire à Paris : « *Nous vivons ici et nous pensons que les Turcs peuvent contribuer à résoudre certains problèmes d'adaptation à la culture française.* » XXI

Gülen, un agent ?

• En 2008, Fethullah Gülen a demandé le renouvellement de sa carte verte de résident aux États-Unis. Elle lui a été accordée après un jugement au cours duquel les procureurs ont souligné de **possibles liens avec la CIA** et ont posé la question du financement de la confrérie, dont la puissance financière est estimée à 25 milliards de dollars.

• Le Moyen-Orient raffole des théories du complot, la Turquie notamment.

• Dans certains cercles américains et turcs, Fethullah Gülen est considéré comme **un Khomeyni à la turque,** qui attend son heure pour instaurer l'ordre islamique dans son pays.

• D'autres voient en lui **l'un des pions de la politique américaine** au Moyen-Orient et en Asie centrale. L'installation de son réseau d'écoles, de fondations et des compagnies qu'il dirige se ferait, selon eux, avec la bénédiction du Pentagone et de la CIA.

Les inspirateurs

Said Nursi, surnommé Bediüzzaman (« le prodige du temps »). Né en 1878 à Bitlis et mort à Urfa, dans le sud-est de la Turquie, en 1960, il est vénéré comme le fondateur du mouvement Nur (« la lumière ») ou Nurcu (nourdjou). La confrérie de Fethullah Gülen, qualifiée de néo-Nurcu, se réfère ouvertement à la pensée de Said Nursi.

Penseur, prédicateur et opposant à Mustafa Kemal Atatürk dans les premières années de la République, il s'oppose à la laïcisation kémaliste et soutient les révoltes kurdes en 1925. Emprisonné jusqu'en 1949 dans l'ouest de l'Anatolie, il rédige une série de textes, le *Risale-Nur*, la bible diffusée parmi ses adeptes. À sa sortie, il se montre violemment anticommuniste et soutient l'arrimage de la Turquie à l'Otan pour endiguer le matérialisme et l'athéisme.

Jalal ud Din Rumi : Mystique et poète persan du XIIIe siècle (1207-1273), Rumi est surnommé « Mevlana ». Il a passé la plus grande partie de sa vie à Konya, en Anatolie occidentale, où se trouve son mausolée. C'est là qu'il fonda l'ordre soufi des Derviches (tourneurs), les Mevlevi, devenus célèbres pour les danses qui accompagnent leurs prières. Les « Fethullahci » se réfèrent à sa philosophie de la tolérance et du dialogue interreligieux.

Yunus Emre : Poète et intellectuel anatolien (1238-1321) lyrique et humaniste, contemporain des époques seldjoukide et ottomane, mais aussi de Jalal ud Din Rumi. Ses vers célèbrent l'amour d'Allah. Ses poèmes furent étudiés et traduits par Érasme et par Martin Luther.

Un quotidien

SON DAKİKA
05
28
ZAMAN
TÜRKİYE'NİN YÜREĞİ YANIYOR
Aktütün Karakolu'na beşinci baskın: 15 Mehmetçik şehit
Saçan'ın işkenceleri kitaba girdi
Parayı yıpratan yarısını kaybedecek
Gül ve Erdoğan gezilerini iptal etti
Bayram dönüşü hüzün olmasın
Kürt sorununun çözülmesini istemeyenlerin saldırısı
İdolüm Tayyip Erdoğan, ona sevdalıyım

Le quotidien *Zaman*, fondé en 1987, est devenu le fleuron d'un puissant groupe de presse appartenant aux proches de Fethullah Gülen. Il se fait l'écho, chaque jour, de l'actualité de la communauté. Parmi ses éditorialistes se trouvent des collaborateurs, membres du premier cercle de Gülen.

http://zaman.com.tr/
(version en turc)

http://www.todayszaman.com/tz-web/ (*Today's Zaman,* version en anglais)

Des livres

Fethullah Gülen est l'auteur, officiellement, d'une soixantaine d'ouvrages publiés par ses maisons d'édition et distribués dans plusieurs dizaines de pays. ***Perles de sagesse, vers une civilisation globale de l'amour et de la tolérance***

Peu d'ouvrages non hagiographiques ont été publiés en français. On notera une étude de **Bayram Balci**, directeur de l'Institut français d'études sur l'Asie centrale à Tachkent. Il y décrit l'implantation des écoles de Gülen dans les ex-républiques soviétiques d'Asie centrale et leur contribution décisive à la présence turque dans cette région. ***Missionnaires de l'islam en Asie centrale, les écoles turques de Fethullah Gülen.*** Préface d'Olivier Roy (Éditions Maisonneuve et Larose, 2003)

En anglais

Le sociologue turc **Hakan Yavuz,** professeur à l'université de Salt Lake City, est l'un des bons spécialistes du mouvement de Gülen et de l'islam politique turc. Il est l'auteur d'un ouvrage riche, ***L'Identité politique islamique en Turquie,*** dans lequel il présente le mouvement güleniste comme une organisation de *« puritains turcs ».*

Parmi les ouvrages consacrés à l'islam turc ou à l'islam politique en Turquie, celui de la directrice d'études à l'EHESS Nilüfer Göle, sociologue formée à l'école d'Alain Touraine, est une référence. Dans cet ouvrage publié pour la première fois en 1991 et réactualisé, elle met en évidence un certain nombre d'idées reçues sur les femmes musulmanes turques. ***Musulmanes et modernes*** **de Nilüfer Göle** (La Découverte, 1993)

À lire aussi, l'ouvrage de **Thierry Zarcone,** chercheur au CNRS et spécialiste de l'islam soufique et confrérique en Turquie et en Asie centrale, ***La Turquie moderne et l'islam*** (Flammarion, 2004).

Intellectuels les plus influents

Le classement des 100 intellectuels les plus influents publié par *Foreign Policy*. Parmi les 20 premiers :

1 Fethullah Gülen
Mystique turc à la tête du mouvement Nur (la « lumière ») qui, depuis 1999, vit aux États-Unis.

2 Muhammad Yunus
Bengalais, le « banquier des pauvres » a reçu en 2006 le prix Nobel de la paix. Il préside la Grameen Bank.

4 Orhan Pamuk
Écrivain turc, il a obtenu en 2006 le prix Nobel de littérature. Il enseigne aux États-Unis.

6 Amr Khaled
Prédicateur et télé-évangéliste égyptien, il vit aujourd'hui en Grande-Bretagne.

8 Tariq Ramadan
Philosophe, musulman, il est au cœur de nombreuses polémiques. En 2004, les États-Unis lui refusent un visa.

10 Shirin Ebadi
Première femme juge iranienne, elle a reçu le prix Nobel de la paix en 2003. Elle vit à Téhéran.

11 Noam Chomsky
Auteur de nombreux best-sellers, cet américain est l'un des critiques les plus féroces des États-Unis.

12 Al Gore
Ancien vice-président américain, il porte aujourd'hui le flambeau de la lutte contre le réchauffement climatique. Il a reçu le prix Nobel de la paix.

13 Bernard Lewis
Anglais et historien, il enseigne à l'université de Princeton, où il consacre l'essentiel de son temps à l'étude du monde musulman.

14 Umberto Eco
Italien, professeur de sémiologie, l'auteur du *Nom de la rose* enseigne à l'université de Bologne.

http://www.foreignpolicy.com/story/cms.php?story_id=4349

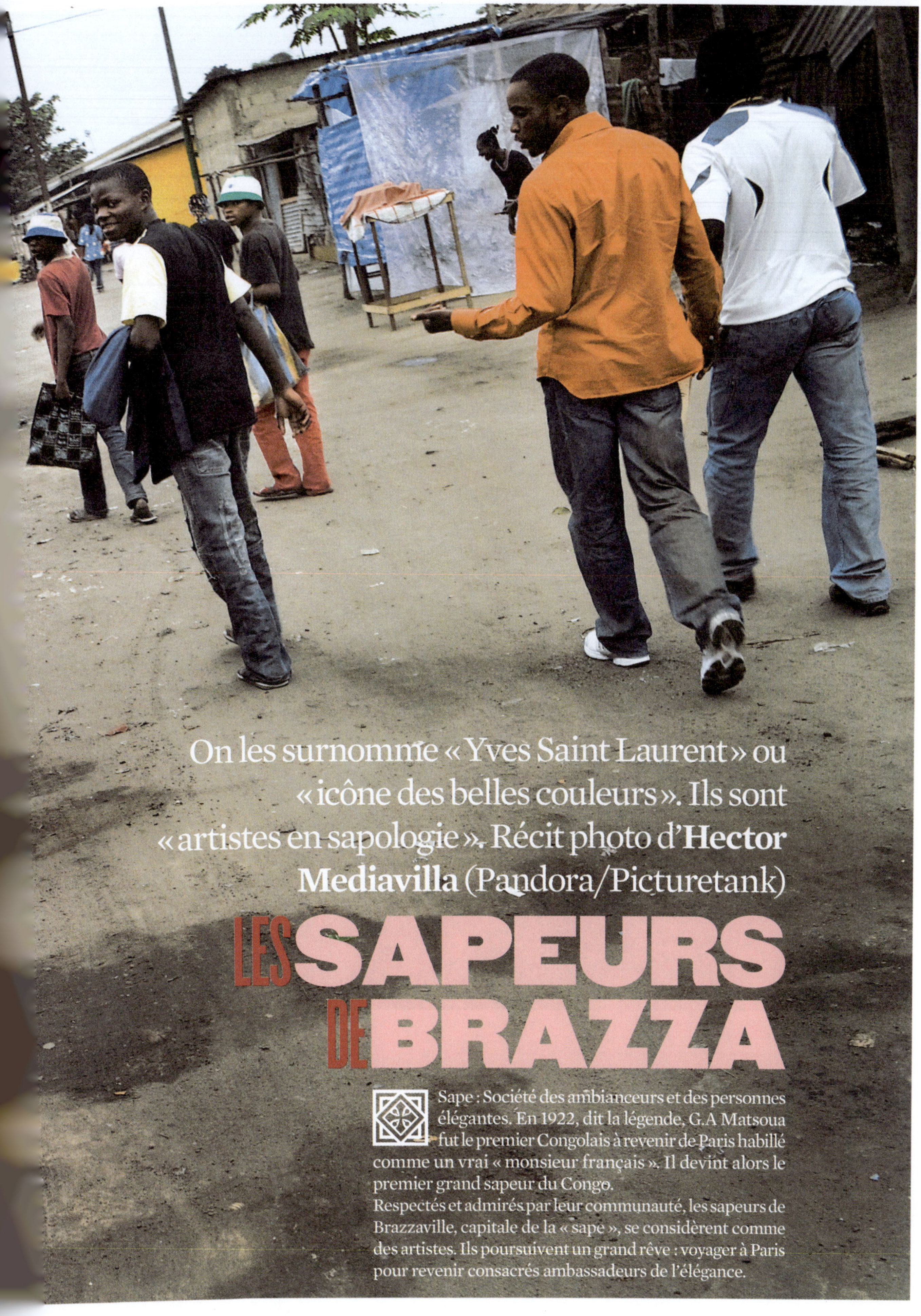

On les surnomme « Yves Saint Laurent » ou « icône des belles couleurs ». Ils sont « artistes en sapologie ». Récit photo d'**Hector Mediavilla** (Pandora/Picturetank)

LES SAPEURS DE BRAZZA

Sape : Société des ambianceurs et des personnes élégantes. En 1922, dit la légende, G.A Matsoua fut le premier Congolais à revenir de Paris habillé comme un vrai « monsieur français ». Il devint alors le premier grand sapeur du Congo.
Respectés et admirés par leur communauté, les sapeurs de Brazzaville, capitale de la « sape », se considèrent comme des artistes. Ils poursuivent un grand rêve : voyager à Paris pour revenir consacrés ambassadeurs de l'élégance.

Page précédente : Quand il se promène dans les rues du quartier Bacongo, à Brazzaville, Willy Covarie suscite toujours l'admiration. Dans la « sape » depuis vingt ans, il fait partie des maîtres. Le plus *« superclasse »*, disent ses amis. Électricien, il est l'un des seuls à savoir maîtriser « la règle des trois couleurs » jusqu'à son aboutissement ultime, le « cercle vicieux », *« quand tu joues avec une couleur »*.

Bienvenu Mouzieto est policier. Son frère, KVV, est un des sapeurs vedettes de Brazzaville. Normal : KVV habite à Paris depuis dix-sept ans, où il travaille comme agent d'entretien à la RATP. Avec KVV, Bienvenu fait du « business ». Il achète des voitures d'occasion en Allemagne et les revend à Brazzaville. Avec ses bénéfices, ils se « sape ». Par pur plaisir. Bienvenu est l'un des rares à peu s'afficher.

De la serviette à la « sape », c'est le même homme. Willy Covarie est devant sa maison rue Père-Drean, dans le quartier Bacongo, à Brazzaville. À gauche, sa tenue de repos. À droite, une de ses tenues dites « classiques ». Willy a une particularité : il ne sort pas sans un chapeau. Il en possède des dizaines, du melon au Stetson. Et a toujours respecté une règle fondamentale de la « sape » : ne jamais porter le chapeau après 19 heures. Sinon, dit-on, *« tu as raté la classe »*.

Madeleine est femme de sapeur. Elle vit dans une petite maison qui porte encore la trace des combats qui déchirèrent Brazzaville entre 1997 et 2001. Cette redingote est la préférée de son mari, Lamame, le « Parisien Kiboba » (le vieux Parisien, en lari, la langue locale). Il la porte à l'occasion de la fête de l'Indépendance.

Voici Lamame, le mari de Madeleine. Il se rend en taxi à Bacongo, avec sa redingote fétiche, sa grande pipe et sa canne. Il est souvent passé à la télévision congolaise, c'est une personne admirée. Chaque semaine, il participe au rendez-vous dominical des sapeurs, dans un bar terrasse nommé La Détente. Marié et père de cinq enfants, il ne travaille plus vraiment. Il tient une gargote où il sert un jus de citron pressé, son « jus d'amour », un mélange de pastis et d'alcool de palme. Il utilise toujours les gants blancs qu'il a gardés de l'époque où il travaillait dans un hôtel-restaurant.

Sébastien Nkoulo était sapeur dans sa jeunesse, mais il est mort. Aux funérailles, son fils porte son portrait. Il s'est habillé au mieux. Tué dans d'obscures circonstances, un jeune sapeur est inhumé en même temps que Sébastien. Les membres de la Société des ambianceurs et des personnes élégantes revendiquent la non-violence. Ils n'acceptent qu'une chose : « faire combat ». Mais attention, « faire combat » a une règle spécifique : il s'agit de prouver que la « sape » est bien à soi. Un sapeur, un jour, a ainsi demandé un couteau et a lacéré ses chaussures. *« Moi, je fais ça. Tu peux faire ça toi ? »*, a-t-il lancé à son adversaire. L'autre n'a pas bougé. Le sapeur avait gagné.

« Vieux Parisien » a fait le voyage en 2005 et est revenu « consacré » au pays. « Moi, je suis vrai Parisien, dit-il. J'ai confirmé ma sape. » À 73 ans, Lamame adore se promener sur les rives du Congo. De l'autre côté, au-delà du « pool », sur l'autre rive, se trouve Kinshasa, la « capitale de la musique ». Vedette de la musique kinoise, Papa Wemba traversait le fleuve dans les années 80 quand il voulait de la « sape ».

Hassan Salvador, à gauche, et ses deux amis – Brad, le plus élancé, et Laroche, en veste bleue – attendent un taxi. Ils se rendent à un mariage, une belle occasion pour se montrer. Le père d'Hassan était un des piliers historiques du mouvement des sapeurs. Son fils travaille, aujourd'hui, pour une compagnie de téléphones portables. Hassan est un des rares à avoir les moyens de sa « sape ».

RN – SERVICES
MTN
Photocopie
Saisie
Plastification
anner
aintenance
avure · CD

C'est toujours Hassan. Il est avec un autre ami. Ils se comparent, se mesurent. Comme tous les vrais sapeurs, Hassan retrousse ses manches de veste : il faut montrer que l'on porte de vrais boutons de manchette. Souvent aussi, il ouvre sa veste pour bien en arborer la griffe. Les sapeurs font des choses bizarres. Ils aiment, par exemple, remonter leurs pantalons pour faire voir leurs longues chaussettes.

Se promener, s'exhiber, s'afficher entouré de « petits ». Adopter un air conquérant, mais jovial. User d'un pas vif, mais léger. Prendre une allure solennelle, mais détendue. Fouler, avec ses bottines vernies, la terre des ruelles, les déchets de plastique. Savoir enjamber les flaques. Se montrer sans vouloir s'imposer. C'est cela être un sapeur.

On l'appelle « l'ambassadeur japonais » en raison de ses yeux légèrement bridés. Séverin Mouyengo a 55 ans, il travaille au contrôle financier du ministère de l'Économie forestière. Habitant dans la banlieue éloignée de la capitale congolaise, il prend le bus. Ce n'est pas toujours pratique, il fait partie de ceux qui se « sapent » tous les jours. Sa femme est fière de lui : « Il rapporte l'argent à la maison pour manger. » Pour s'habiller, plusieurs sapeurs s'approvisionnent à la « mine », une bourse informelle d'échange de vêtements.

Pendant la guerre civile, Séverin a fui Brazzaville. Il s'est réfugié quelques mois dans la forêt, pas loin de Pointe-Noire. Avant de partir, il avait bien pris soin d'enterrer ses vêtements dans un endroit connu de lui seul. À peine rentré, sa première hâte fut de déterrer son trésor. Tout avait pourri. Les vêtements, les chaussures, tout.

Avec son père, l'enfant arrive de Paris. Ce soir, ils sont sur la terrasse du bar La Main Bleue. Cet endroit est important. Il faut s'y montrer au moins une demi-heure. C'est une façon de dire que tu es bien, que tu as réussi, que tout va. Ce n'est pas forcément vrai. L'apparence peut être trompeuse. Mais c'est la règle. Et tout le monde s'y plie.

Le sapeur « Delagrace » est aussi surnommé « l'icône des belles couleurs ». Il adore se vêtir, mais n'est pas tout à fait sapeur. Il est à la marge du mouvement. C'est un professionnel. Après des études d'économie, il a suivi une formation de marketing. Il travaille aux Dépêches de Brazzaville, une organisation proche du gouvernement. Par moments, il est plus clinquant que sapeur. Ça dépend des jours.

Ce jour-là, ça a été la fête. Plus de cinquante sapeurs se sont réunis avenue Matsoua. KVV est revenu de Paris pour lancer à Brazzaville son premier album, enregistré avec un autre sapeur, « Paco Rabanne ». Toute la nuit, malgré les coupures d'électricité, il y a eu de la musique et de la danse. Le ministre de la Communication congolais, un ancien sapeur, est venu. La télévision a diffusé l'événement. Les jeunes étaient nombreux.

ROSEMARY L'EFFACÉE DES KENNEDY

Elle était l'aînée des filles du clan. Elle était belle. Elle avait du chien et de l'allure. Mais son caractère se révéla instable et rebelle ; elle faisait le mur et s'opposait violemment à son père. Joe, un patriarche à la main de fer, confia sa fille à deux chirurgiens qui soignaient la schizophrénie. Ils pratiquèrent sur elle une lobotomie. Sa vie fut réduite à une note en bas de page. Le clan fit tout pour cacher son destin. Voici la vraie histoire de Rosemary Kennedy. Par Pierre Pratabuy

Chicago, 5 octobre 1975, pas loin de midi. Reporter à la chaîne locale de télévision CBS, Peter Nolan est sur les dents. Il vient d'apprendre que Rosemary, la sœur de JFK, est portée disparue. Sa cadette, Eunice, a donné l'alerte. Elle a perdu de vue Rosemary à la sortie de la messe, dans le Loop, le quartier des affaires. Avec un caméraman, le journaliste fonce à la cathédrale St Peter. La police est déjà arrivée. Un avis de recherche est diffusé à la radio : 57 ans, cheveux noirs, pantalon rouge, manteau blanc, démarche un peu hésitante.

Le quartier est fouillé rue par rue, bloc par bloc. L'aînée des filles Kennedy reste introuvable. Il faut dire qu'en ce dimanche d'été indien il y a du monde dans le centre-ville. Tous les habitants de Chicago semblent s'être donné le mot : un peu de lèche-vitrines, puis une promenade sur les berges du lac Michigan. Peter a un bon pressentiment : avec sa chance d'Irlandais, il va mettre la main sur Rosemary avant la police et tourner quelques images. Cela fait si longtemps qu'on ne l'a pas vue. Depuis quand ? Il est incapable de s'en souvenir.

Il est le premier – après cinq heures de recherches frénétiques – à apercevoir la fille Kennedy, au coin de Monroe Street et de Michigan Avenue. *« Elle était en train de regarder une boutique, la tête un peu inclinée. On a stoppé la voiture et je me suis approché »*, raconte-t-il aujourd'hui. Peter vit toujours dans l'Illinois, où il fait encore quelques piges. En ce 5 octobre, se souvient-il, il a à peine le temps de poser une question à Rosemary : *« Je lui ai demandé si elle cherchait Eunice. Elle n'a pas prononcé un mot. »* Au même moment, une patrouille repère la disparue, la subtilise à la curiosité du reporter et la ramène fissa à sa sœur. Les deux femmes ne restent pas longtemps au poste de police. Elles en repartent en voiture, escortées de deux bonnes sœurs.

Jamais personne ne sut ce que Rosemary avait fait pendant son escapade. Sauf Peter, qui a mené sa petite enquête. Il m'a raconté qu'une ouvreuse de cinéma permanent s'était souvenue d'une femme correspondant au signalement. Elle s'était assise au fond d'une salle, sans payer, et avait regardé des films. Comme elle n'avait pas l'air tout à fait d'aplomb et qu'il n'y avait pas grand monde, l'employée l'avait laissée faire.

Circulez, y a rien à voir

Le lendemain, l'affaire est dans tous les journaux. L'Amérique découvre *« cette Kennedy que personne ne connaît »*, pour reprendre le titre d'un reportage du *Chicago Tribune* publié trois mois plus tard. En janvier 1976, cette enquête est la première – et la dernière – effectuée au couvent de St Coletta, dans l'État voisin du Wisconsin, où la sœur de JFK vit depuis des années. *« Les visiteurs n'ont pas le droit de la voir, et la famille refuse de parler de Rosemary »*, lit-on dans l'article, qui n'est accompagné d'aucune photographie. La fugue n'a donné lieu qu'à quelques clichés hâtivement volés à la sortie du commissariat.

Peu après l'étonnante journée du 5 octobre, le journaliste Peter Nolan reçoit un courrier signé de la main d'Edward Kennedy, déjà sénateur du Massachusetts. Il m'en a donné une copie. *« J'ai été particulièrement touché par la sensibilité dont vous avez fait preuve envers ma sœur. Il va sans dire que nous vous sommes tous reconnaissants d'avoir eu de si bonnes intentions »*, lui dit Ted. Autrement dit : circulez, y a rien à voir.

Rosemary est morte le 7 janvier 2005, à 86 ans, au Memorial Hospital de Fort Atkinson, dans le Wisconsin. L'hôpital est à une dizaine de kilomètres du couvent de St Coletta, à Jefferson, spécialisé dans l'accueil des handicapés mentaux. Rosemary y a passé l'essentiel de son existence, après avoir subi une lobotomie en 1941, à l'âge de 23 ans. Selon la version officielle, c'est la dégradation, soudaine et inexpliquée, d'une déficience innée qui fut à l'origine de sa mise à l'écart, et non l'opération.

De la vie de Rosemary, réduite à une note de bas de page dans les centaines d'ouvrages consacrés à la famille, il ne reste que peu de bribes, dispersées çà et là. Son destin est, pourtant, l'un des plus tragiques et des plus sombres du clan. Le décès de Joe Junior à la guerre et celui de Kathleen dans un accident d'avion, les assassinats de JFK et de Bobby ont été précédés par ce drame, resté tabou aujourd'hui. Si je n'avais pas vu, par hasard, en 2003, une émission de télévision américaine dans laquelle Rosemary était mentionnée, je n'en aurais peut-être jamais entendu parler.

Son nom m'a trotté dans la tête pendant des années. Il m'a fait me plonger dans les bibliothèques et dans les archives, arpenter les rues de Londres et de Washington, éplucher les annuaires d'outre-Atlantique pour envoyer des courriers comme d'autres lancent des bouteilles à la mer. Tous n'ont pas trouvé leur destinataire : l'ancienneté des faits a réduit le champ des témoins. Surtout, le formidable black-out imposé par la famille, qui n'a pas répondu aux sollicitations, entretient le secret sur Rosemary.

Fin février dernier, un représentant des Kennedy m'a expliqué que ma dernière lettre adressée à Ted et Eunice était arrivée à bon port, mais qu'ils n'y répondraient pas pour des raisons de santé. L'un et l'autre ont subi récemment des attaques. Malgré tout, leur grande sœur a bel et bien une histoire. Il faut la lire comme un puzzle.

Une leçon bien apprise

La première pièce est un livre : les Mémoires que Rose, la mère inusable décédée en 1995 à l'âge de 104 ans, a publiés en 1974. Ces Mémoires sont dédiés à sa fille et à ses semblables, *« mentalement déficients mais sains d'esprit » (« blessed in spirit »)*. Les vingt-trois années qui précèdent la lobotomie y sont expédiées en quelques pages – le livre en compte près de cinq cents. Elles font état d'un *« retard »* de Rosemary, à l'aide d'anecdotes qui reviennent sans cesse dans la bouche des Kennedy, jusque dans les oraisons funèbres prononcées en 2005. La leçon semble avoir été bien apprise.

La voici : Rosemary voit le jour le 13 septembre 1918, à Boston, trois ans après Joseph Patrick (Joe Junior), l'aîné, et un an après John Fitzgerald, JFK. Le père, Joe, est banquier et s'est déjà fait un nom dans les affaires. Sa femme s'occupe des enfants et, à l'en croire, s'aperçoit vite que quelque chose ne va pas : sa fille met du temps à marcher à quatre

Ceux qui fréquentent Rosemary à l'époque la disent la plus jolie des Kennedy, malgré le charme malicieux de Kathleen et l'énergie débordante d'Eunice. Pourtant, elle est souvent en retrait, et c'est le jeune JFK qui lui sert de cavalier

pattes, à se mettre debout, à faire ses premiers pas, à tenir sa cuillère, à prononcer ses premiers mots... On a pu expliquer, par la suite, que l'accouchement s'était mal passé : le médecin de famille serait arrivé en retard à cause de l'épidémie de grippe espagnole et on aurait privé l'enfant d'oxygène en la retenant trop longtemps dans le ventre de sa mère. Les mauvaises langues disent qu'on a attendu le docteur pour des questions d'honoraires...

Les difficultés ne disparaissent pas en grandissant. *« Elle était lente pour tout et il y avait des choses qu'elle semblait incapable d'apprendre à bien faire, avec régularité. Quand elle fut assez grande pour les jeux d'enfants, je remarquai par exemple qu'elle n'arrivait pas à conduire sa luge »*, raconte sa mère. Plus tard, Rosemary peine à lire et à écrire. L'école de Brookline, dans la banlieue de Boston où vit la famille, estime qu'elle a un QI faible – Rose ne dit pas combien – et recommande aux parents des établissements spécialisés. Mais ils préfèrent inscrire leur fille dans des écoles privées et faire en sorte que, malgré ses problèmes, elle partage la vie trépidante et dorée de ses frères et sœurs, du moins en apparence.

À New York, où la fratrie déménage en 1926 du fait de la réussite grandissante de Joe, comme dans leur résidence secondaire de Hyannis Port, sur la côte du Massachusetts, les Kennedy multiplient les tournois sportifs, les fêtes et les sorties. J'en ai trouvé quelques échos dans la presse. Rosemary pratique la voile et le tennis, le ping-pong et le badminton, joue au bridge, va au bal, et invite des amis à la maison pour des séances privées de cinéma grâce aux bobines que Joe rapporte de Hollywood.

Ceux qui fréquentent Rosemary à l'époque la disent la plus jolie des Kennedy, malgré le charme malicieux de Kathleen et l'énergie débordante d'Eunice, ses cadettes. Pourtant, elle est souvent en retrait et c'est le jeune JFK qui lui sert de cavalier.

Début 1938, elle suit sa famille à Londres, où Roosevelt a nommé son père ambassadeur – faute d'en vouloir comme ministre. Avec Rose et Kathleen, elle est présentée en grande pompe à la reine Elisabeth. À l'instar des hebdomadaires *The Queen* et *The Tatler*, dont je suis allé à l'automne dernier parcourir les archives à la British Library, la presse mondaine loue la beauté des Kennedy sans remarquer quoi que ce soit au sujet de Rosemary, si ce n'est sa robe signée du couturier de la princesse, Molyneux.

Elle a 20 ans et poursuit ses études au couvent des Sœurs de l'assomption, à Kensington Square, dans l'ouest cossu de la ville, apprenant la pédagogie Montessori, en plein essor à l'époque. Sœur Claire Veronica, l'historienne des lieux, m'a ouvert la porte de cette institution discrète, un après-midi de 2005.

La petite classe où Rosemary étudiait

D'abord un peu circonspecte à l'idée qu'un jeune Français s'intéresse à leurs archives, elle s'est prise au jeu et s'est mise, dans son petit bureau, à éplucher la liste des pensionnaires de l'ancienne Montessori School méticuleusement retapée sur son ordinateur. Elle a fini par trouver Rosemary, entre Lesley Kempson et Bettine Lentaigne. Elle m'a fait une copie du document, qui indique que la jeune femme obtint un diplôme d'enseignante en mars 1939, juste avant d'aller à Rome, en famille, pour une audience avec le nouveau pape Pie XII.

La sœur m'a ensuite fait traverser la cour pour me montrer la petite classe où Rosemary étudiait. Elle ne savait pas qu'elle venait de mourir, ni qu'elle avait subi une lobotomie peu de temps après son passage à Kensington Square. Quand je lui ai demandé si on la considérait ici comme attardée, elle m'a répondu aussi sec que le couvent ne délivrait pas de diplôme de complaisance, et que mère Isabelle, la très respectée supérieure de l'époque, n'aurait jamais confié des enfants à une personne déficiente.

Quelques jours plus tard, une ancienne pensionnaire de l'établissement, Isabel Quigly, retrouvée grâce à sœur Claire Veronica, m'a offert le thé dans sa coquette maison de banlieue. Elle avait préparé un gâteau au yaourt. Flattée que j'enregistre notre conversation, elle se souvenait bien de Rosemary, malgré ses 84 ans : *« Elle avait l'air vraiment normale, plutôt jolie, bien habillée, grande, avec de l'allure. Mais elle était toujours accompagnée de miss Gibbs, une sorte de chaperon, et nous ne comprenions pas vraiment pourquoi. Elles avaient pour habitude de s'asseoir côte à côte à table, ce genre de choses. »* J'ai longtemps pisté cette miss Gibbs, Dorothy de son prénom, pour finir par apprendre, d'un fils installé en Cornouailles, qu'elle était morte depuis de nombreuses années.

Lorsque la guerre éclate en septembre 1939, Joe fait rentrer les siens aux États-Unis, à l'exception de son aînée, placée à l'abri au nord de Londres. En octobre, Joe envoie de très bonnes nouvelles à sa femme : *« Rosemary et miss Gibbs sont venues à l'ambassade samedi et sont reparties lundi. Elle est magnifique et Mary Moore, qui était là, a dit qu'elle n'avait jamais vu pareil changement. Elle est épanouie dans son travail, apprécie d'avoir des responsabilités et ne s'ennuie ni ne s'énerve plus du tout. [...] Il est clair que c'est la vie idéale pour Rosie. Elle est ravie d'enseigner avec mère Isabelle. »*

« Elle est épanouie dans son travail, apprécie d'avoir des responsabilités et ne s'ennuie ni ne s'énerve plus du tout. Il est clair que c'est la vie idéale pour Rosie. Elle est ravie d'enseigner avec mère Isabelle »

Souriante, en robe à fleurs et chapeau à voilette

Dorothy Gibbs partage le même avis : *« Il est possible qu'elle soit maintenant entourée des bonnes personnes, qu'elle jouisse d'un sentiment de liberté et d'une certaine indépendance... Elle semble enfin sur la bonne voie. »* En mai 1940, par télégramme, Joe félicite Rosemary pour un nouveau diplôme.

Dix jours plus tard, l'avancée allemande en Belgique et son avenir d'ambassadeur incertain – Churchill le remercie en novembre – poussent finalement Joe Kennedy à rapatrier sa fille. Ce retour via Dublin et Lisbonne a laissé des traces dans la presse. Parce qu'il y a du brouillard à New York, l'avion est détourné sur les Bermudes. Apprenant qu'une Kennedy se trouve à bord du Clipper, les journalistes se précipitent à l'aéroport de La Guardia, où l'attendent déjà son frère JFK et sa petite sœur Jean. Les photographies à la descente d'avion d'une Rosemary souriante, en robe à fleurs et chapeau à voilette, seront les dernières avant les clichés volés de Chicago, en 1975.

« Dans l'année qui suivit son retour d'Angleterre, des symptômes inquiétants commencèrent à se développer », poursuit Rose dans ses Mémoires. Non seulement les facultés intellectuelles de sa fille régressent, mais elle devient très irritable. Rosemary pique des colères soudaines, sans motif apparent, qui la rendent hystérique et violente. À l'été 1941, dans un accès de rage, elle aurait frappé son grand-père, « Honey Fitz ». Ses sorties nocturnes et son intérêt pour les garçons, qui offusque sa bigote de mère, font craindre un scandale. Il n'est pas rare que l'académie du Sacré-Cœur, un couvent de Washington où Rosemary vit à cette période, appelle Rose en pleine nuit pour lui signaler que sa fille a fait le mur. Ses escapades attisent toutes les craintes – agression, enlèvement ou grossesse.

« Joe et moi, conclut Rose, *consultâmes les meilleurs spécialistes, qui nous conseillèrent une certaine forme de neurochirurgie. L'opération mit fin aux crises de convulsion et aux accès de violence, mais fit aussi de Rosemary une handicapée. Elle perdit tout ce qu'elle avait gagné au fil des ans, par ses efforts et grâce à notre amour. Elle ne pouvait plus être autonome et aurait besoin désormais de vivre sous la garde de quelqu'un. »*

Voilà pour l'histoire officielle.

« Forger un tempérament au scalpel »

Jamais la famille Kennedy ne l'a reconnu publiquement, mais cette *« forme de neurochirurgie »* qu'a subie la sœur de JFK à l'automne 1941 est une lobotomie. Sans que cela ne soit jamais officiellement confirmé, deux neurochirurgiens pratiquèrent l'opération : Walter Freeman et James Watts.

Leurs archives professionnelles sont conservées à l'université George-Washington, dans la capitale américaine, au dernier étage de l'austère bâtiment de la Gelman Library. Quand je les ai consultées au printemps 2008, la cinquantaine de cartons ouverts à la recherche ne m'ont rien livré sur Rosemary. Plus de trois mille dossiers de patients s'alignent aussi dans les rayonnages, tous couverts par le secret médical. Seuls les membres de la famille peuvent y accéder, en montrant patte blanche. On m'a toutefois soufflé qu'il n'y en avait pas, ou plus, au nom de Kennedy.

Trois semaines avant sa mort, en 1994 (à 90 ans), Watts a confié au journaliste américain Ronald Kessler qu'il avait opéré Rosemary avec son alter ego : *« C'est moi qui faisais les incisions*

XXI
XXI

BULLETIN D'ABONNEMENT

M Mme Mlle Nom : Prénom :

Adresse :

Code postal : Pays :

Tél. : E-mail : @

Si l'adresse du destinataire de l'abonnement est différente :

M Mme Mlle Nom : Prénom :

Adresse :

OUI, je souscris à un abonnement annuel (soit 4 numéros) au tarif de :

- 60 € port compris : France, Dom-Tom, Union européenne, Suisse et Norvège.
- 65 € port compris : Afrique, Europe hors Union européenne, USA et Canada.
- 70 € port compris : Asie, Océanie, Amérique latine.

Je joins à ce bulletin un chèque du montant de mon abonnement, **à l'ordre de « XXI »**.

Je recevrai chaque numéro de *XXI* dans la semaine qui précède sa sortie en librairie.

Date : Signature :

Un formulaire d'abonnement est téléchargeable sur le site www.leblogde21.fr qui offre également un paiement sécurisé par carte bancaire.

Pourquoi je m'abonne ?

Parce que j'habite à l'étranger ou trop loin d'une librairie.
Parce que je veux faire un cadeau.
Parce que j'ai envie de recevoir *XXI* directement chez moi, une semaine avant sa parution.
Parce que je veux faire plaisir à la (jolie) comptable de *XXI*.

Pourquoi le prix est-il le même que celui de la vente au numéro ?

Parce que *XXI* veut soutenir les libraires et non les concurrencer.
Désolés, nous n'avons pas deGPS, de bagage roulant multifonctions
ou de machine à expressos à vous offrir !

A RENVOYER À :

XXI - service des abonnements
3, rue Rollin - 75005 Paris

pendant que le Dr Freeman lui parlait. » Deux des fils de Walter Freeman, décédé en 1972, sont également *« convaincus »* que la sœur de JFK est passée entre ses mains, d'après le biographe Jack El-Hai, qui les a rencontrés.

Les Kennedy se sont toujours refusés à en parler mais, outre les témoignages, les coïncidences sont plus que troublantes. Le 24 août 1941, le *Washington Times-Herald,* le journal le plus lu à l'époque dans la capitale, publie un article – déniché en déroulant des microfilms à la bibliothèque du Congrès – titré *« Comment forger un tempérament au scalpel ».*

Quelques semaines avant l'opération de Rosemary, Freeman et Watts sont présentés dans cet article comme les pionniers aux États-Unis d'une nouvelle technique opératoire, la lobotomie. Kathleen, la deuxième fille des Kennedy, fait alors ses classes dans la presse au *Times-Herald,* où elle fréquente un journaliste, John White. À n'en pas douter, la famille eut vent de l'article.

Ensuite, le cabinet des deux praticiens, situé au 1028, Connecticut Avenue, était voisin du couvent où vivait Rosemary. Selon l'archiviste du diocèse de Washington, qui a bien voulu se plonger dans les registres paroissiaux, l'académie du Sacré-Cœur, aujourd'hui dans le Maryland, est restée en ses locaux jusqu'en 1947. Vérification faite, il ne faut qu'une dizaine de minutes pour parcourir, à pied, les quelques blocs qui séparent les deux adresses.

Freeman et Watts occupaient les huit pièces de la suite numéro 1116 de LaSalle Apartments. J'aurais manqué ce grand immeuble, en cours de réhabilitation l'an dernier, si l'enseigne « LaSalle Liquors » n'avait pas résisté au chantier, ouvert au-dessus d'un magasin d'alcool désaffecté au rez-de-chaussée. D'après un plan des lieux trouvé à la Gelman Library, Rosemary est entrée directement dans la salle d'attente, qui donnait, à gauche, sur le bureau des secrétaires. À droite, un couloir menait vers les salles de consultation et d'intervention. Elle a été lobotomisée dans l'une d'elles.

James Watts a décrit la scène à Ronald Kessler. Alors qu'elle n'est pas endormie mais seulement sous l'effet d'une anesthésie locale, le médecin perce un petit trou dans chaque tempe de la jeune femme. Puis, à l'aide d'un scalpel en forme de couteau à beurre qu'il introduit dans le crâne, il commence à sectionner les lobes préfrontaux du cerveau, berceau supposé des affections de l'âme. Pendant ce temps, suivant leur protocole habituel, Freeman pose des questions à sa patiente, lui demande de réciter le Notre Père ou de fredonner l'hymne national. Tant que ses réponses demeurent cohérentes, Watts continue de couper. Enfin, son collègue lui dit d'arrêter.

L'infirmière qui assistait alors les deux hommes, traumatisée, aurait démissionné après l'opération de Rosemary, réduite à l'âge mental d'un enfant en bas âge.

Une technique qui suscitait des espoirs

À une époque où l'on ne connaissait ni anxiolytiques ni antidépresseurs – les premiers traitements psychotropes efficaces datent des années 50 –, il faut comprendre que cette technique suscitait des espoirs. Les praticiens de la lobotomie espéraient alors traiter certains troubles mentaux comme la psychose ou la schizophrénie. À défaut, ils faisaient généralement disparaître leurs manifestations les plus violentes, et leurs travaux furent salués au plus haut niveau – Freeman fut décoré en 1951 de l'ordre de la Santé publique par le consul français à New York.

Pour autant, l'essor de la lobotomie ne s'est pas fait sans polémique. Le 6 septembre 1941, l'Association des médecins américains mettait en garde : *« Même dans notre ignorance actuelle du rôle des lobes frontaux, il y a des preuves évidentes des dégâts causés par leur ablation sur les personnes non psychotiques. Il est inconcevable qu'une technique qui détruit effectivement le fonctionnement de cette partie du cerveau puisse rétablir un patient dans son état normal. »*

Freeman et Watts répliquent en 1942 dans le journal médical de la Caroline du Nord : il faut certes envisager la lobotomie en dernier recours, mais elle ne cause aucun dommage à l'intellect. Les deux savants admettent toutefois qu'il vaut mieux *« couper moins que trop »* dans le cerveau.

Du jour au lendemain, l'opération a pour effet de faire disparaître Rosemary des albums photo de la famille, alors qu'elle vivait jusque-là parmi les siens. En 1943, Freeman et Watts, qui mènent un suivi postopératoire détaillé, disent avoir perdu la trace d'un seul de leurs cent trente-six patients lobotomisés (onze sont morts, treize ont été internés). S'agit-il de la fille Kennedy ?

Ce que l'on sait aujourd'hui, c'est que Rosemary ne se rend pas immédiatement dans le Wisconsin, mais rejoint d'abord Craig House, une clinique psychiatrique de Beacon, au nord de New York. La clinique a disparu, mais la société historique locale m'a renseigné sur cet établissement de luxe établi sur un domaine de deux cents hectares, surplombant le fleuve Hudson et planté d'arbres exotiques. Une ferme, avec une basse-cour, du bétail, des vignes et des vergers, alimente les cuisines ; le reste du parc abrite courts de tennis, piscines, jacuzzis, saunas, même un parcours de golf… Les patients sont logés dans des cottages individuels, avec infirmières particulières. La discrétion garantie par les propriétaires des lieux, le Dr Clarence Slocum puis son fils Jonathan, incite le gratin à leur confier ceux dont ils ne savent pas quoi faire : le beau-frère de l'aviateur Charles Lindbergh ; la femme de l'écrivain Francis Scott Fitzgerald, Zelda ; la mère de Jane Fonda, Frances Seymour, qui se suicide en 1950 à Craig House en se tranchant la gorge. Selon le président de la société historique de Beacon, Truman Capote a aussi séjourné dans ces lieux.

Le « Kennedy cottage », un petit pavillon de brique

La clinique a fermé ses portes en 2000 et le Dr Jonathan Slocum est mort la même année. S'il n'a pas été possible de mettre la main sur ses archives – seuls ses échanges avec Francis Scott Fitzgerald sont conservés à l'université de Princeton –, sa nécrologie dans le bulletin des anciens élèves de Princeton, dont il était diplômé, m'a permis de retrouver ses trois enfants. Dont Jim Slocum, sexagénaire : *« Vous n'êtes pas le premier à vous renseigner sur Craig House,* m'a-t-il dit. *Personne ne m'avait encore sollicité pour Rosemary, mais je m'attendais à ce que cela arrive un jour. »*

Le passage de la jeune femme n'a pas été oublié, loin de là. Jim Slocum reste marqué : *« À ce qu'on m'a dit, les Kennedy payaient leurs factures à l'heure, mais ne faisaient pas de visites. Un avocat de la famille venait régulièrement prendre des nouvelles. Mon père disait que Rosemary était une patiente extrêmement difficile, à cause de sa force physique et de son état mental. Je ne sais pas combien de temps elle est restée, je dirais plusieurs années. »* Jim s'interrompt, puis reprend : *« La jeune femme est partie dans des conditions inhabituelles. Un jour, mon père a reçu un coup de téléphone d'un représentant des Kennedy. Il lui a été dit que la famille avait décidé de la transférer, qu'il fallait préparer ses affaires et la conduire à la gare. Tard, cette nuit-là, un train privé s'est arrêté en gare de Beacon. On a fait monter Rosemary à bord et elle est partie pour Jefferson, dans le Wisconsin. »*

> « La jeune femme est partie dans des conditions inhabituelles. Tard, cette nuit-là, un train privé s'est arrêté en gare de Beacon. On a fait monter Rosemary à bord et elle est partie pour Jefferson, dans le Wisconsin »

Selon le couvent de St Coletta, c'est en 1948 que Rosemary arrive chez les sœurs, à 29 ans. On l'installe dans un petit pavillon de brique construit à son attention, près d'Alverno House, le bâtiment réservé aux séjours de longue durée. C'est dans ce « Kennedy cottage » qu'elle a vécu cinquante-sept ans, entourée de plusieurs infirmières dont les survivantes n'ont rien voulu raconter, si ce n'est pour répéter que *« Rosemary a toujours été heureuse »*.

Pendant la guerre, la disparition de Rosemary passe inaperçue. Mais la rapide ascension de JFK (en 1946, il est élu à la Chambre des représentants ; en 1952, au Sénat) place la famille sous le feu des projecteurs et la contraint à donner des explications. La presse commence à fouiner, notamment à Boston, où le jeune député a son fief. C'est d'ailleurs ce qui aurait motivé le déménagement éclair de Rosemary dans le Wisconsin, sur les conseils de Richard Cushing, archevêque de Boston et intime des Kennedy.

À mesure que grandit l'exposition médiatique des Kennedy, plusieurs versions se mettent à circuler pour justifier l'absence de la jeune femme. En juin 1953, le *Saturday Evening Post* publie un article sur le prometteur JFK. On y raconte que tout le clan s'est mobilisé autour de lui pour la campagne électorale, à l'exception de Ted, parti à l'armée en Allemagne, et de Rosemary, *« institutrice dans le Wisconsin. »*

Était-elle vraiment attardée ?

Six ans plus tard, alors que se profile l'élection présidentielle, le fils prodige a droit à sa première biographie. Son auteur, James McGregor Burns, proche de la famille, affirme sans sourciller que Rosemary *« s'occupe d'enfants attardés à St Coletta, une école catholique près de Milwaukee »*. Le mensonge est délaissé quelques mois plus tard… au profit d'une nouvelle version. En juillet 1960, Joe Ken-

nedy confie au magazine *Time* que sa fille aînée a été victime, durant l'enfance, d'une *« méningite spinale »*. Elle vivrait désormais dans une clinique du Wisconsin. Un article de *Look* consacré peu après aux femmes Kennedy affirme la même chose.

Il faut attendre la victoire de JFK et son entrée à la Maison-Blanche en 1961 pour que s'impose la version qui prévaut encore aujourd'hui. En septembre 1962, dans une longue confidence au *Saturday Evening Post*, Eunice Kennedy-Shriver explique que sa sœur est née attardée mentale et, pour cette raison, vit depuis deux décennies au couvent de St Coletta. Un an plus tard, la mère, Rose, confirme le tout au *New York Times*. Ni l'une ni l'autre n'évoquent la lobotomie. Il faudra attendre la publication des Mémoires de Rose en 1974.

On peut expliquer – et les Kennedy ne s'en privent pas – ces vingt années de racontars à la lumière du contexte médical et social. Au lendemain de la Seconde Guerre mondiale, handicapés et malades mentaux vivent dans l'ombre, reclus dans des familles honteuses ou cloîtrés dans des asiles. Les pathologies sont mal connues et les parents s'en croient généralement responsables.

L'écrivain américain Pearl Buck sera la première à briser le tabou en évoquant la figure de sa fille dans un ouvrage publié en 1950, *L'enfant qui ne devait jamais grandir*. Les années suivantes voient des progrès scientifiques, avec la découverte du syndrome de Down, également appelé trisomie 21. Ce n'est qu'à compter des années 60 qu'il devient plus facile de parler de ces problèmes.

Reste que pendant ses vingt-trois années de jeunesse, Rosemary a vécu parmi les siens, sous le regard de la presse et sans qu'il soit nécessaire d'inventer des histoires à dormir debout. Dès lors, la question se pose. Était-elle vraiment attardée ? Ou souffrait-elle d'autre chose ?

Entre quarante mille et cinquante mille lobotomies ont été pratiquées aux États-Unis jusque dans les années 70, mais jamais pour déficience mentale. Tout comme leurs confrères, Freeman et Watts *« ne pensaient pas que cela pouvait se traiter en taillant dans le cerveau »*, affirme le biographe Jack El-Hai. *« Ils ne l'auraient pas opérée s'ils n'avaient pas décelé une pathologie – une forme de dépression des troubles compulsifs obsessionnels ou maniaco-dépressifs – pour laquelle la lobotomie était indiquée. Bien que certains de leurs patients aient eu de faibles quotients intellectuels, Freeman et Watts ne lobotomisaient que s'ils avaient diagnostiqué autre chose. »*

Pour Gerald O'Brien, professeur à la Southern Illinois University, le handicap mental que l'on prête à Rosemary a pu dégénérer en une forme de dépression agressive. Ce qui expliquerait alors les accès de rage évoqués par Rose dans ses Mémoires. *« Elle n'était que légèrement attardée. À notre époque, elle aurait pu travailler chez McDonald's et vivre heureuse dans un foyer »*, estime de son côté Laurence Leamer, biographe des Kennedy.

Un silence lourd de non-dits

D'autres encore écartent toute idée de déficience innée, expliquant les difficultés scolaires de Rosemary par la dyslexie révélée, plus tard, par son journal intime, retrouvé par une ancienne secrétaire de Rose, Barbara Gibson. Le journaliste américain Ronald Kessler affirme qu'elle savait faire des divisions et des multiplications à l'âge de neuf ans, ce qui dénote un quotient intellectuel supérieur à 75, le seuil en deçà duquel un enfant est considéré comme déficient aux États-Unis. Pour James Watts, la patiente qu'il opéra n'était pas attardée mais souffrait d'une dépression aiguë pouvant déclencher des crises d'hystérie.

Les diplômes que Rosemary obtint au couvent de Londres, les vacances qu'elle passa en Suisse à 19 ans, seule avec sa sœur Eunice, âgée de 16 ans, ou sa participation en tant que monitrice à un camp de jeunes filles à l'été 1940, comme Rose elle-même le raconte dans ses Mémoires, tout cela colle mal avec ce que l'on voudrait nous faire croire.

Au-delà des incohérences, le silence des Kennedy sur la lobotomie est lourd de non-dits. Son père aurait décidé de l'opération seul, pour tenter on ne sait quoi. Il n'en aurait rien dit à personne. De fait, le Dr Watts déclare n'avoir eu affaire qu'à lui. Joe aurait ensuite isolé sa fille, lui interdisant toute visite, au prétexte d'une dégradation irrémédiable de sa santé.

Ces confidences, Rose les a faites à la fin de sa vie à la biographe Doris Kearns Goodwin. Sa nièce Ann Gargan et son ancienne secrétaire Barbara Gibson affirment qu'elle ne s'est pas rendue au couvent de St Coletta avant l'élection de JFK à la Maison-Blanche. Je crois pour ma part que Rose a découvert la vérité lors de la campagne présidentielle. En mars 1960, elle suit son fils une semaine dans le Wisconsin, un État clef pour la primaire démocrate, avec pour mission de le rendre populaire auprès des mères de famille en organisant des goûters. JFK, lui, est déjà allé secrètement au couvent de St Coletta en 1958, lors d'une précédente tournée électorale, selon Bob Healy, un ancien du *Boston Globe*. Difficile de croire qu'il ne s'en ouvre pas à sa mère. Rose loge dans un hôtel de Milwaukee, Jefferson est à quatre-vingts kilomètres. L'occasion est trop belle.

Au couvent, manifestement aux ordres des Kennedy, on assure aujourd'hui d'un ton ferme et un rien agacé que Rosemary *« n'a jamais été séparée de sa famille »*, même avant 1961. De ce point, aucune photographie ne témoigne : *« Nous ne sommes pas autorisés à en diffuser »*, affirme Andrea Speth, la porte-parole des lieux.

Consultables sur Internet pour qui en a la patience, les archives du FBI tendent à prouver que nul ne savait où se trouvait Rosemary. En 1956, Edgar Hoover, le patron du Bureau, effectue, à la demande de la Maison-Blanche, une enquête sur Joe Kennedy et ses affaires. Le 20 février, il envoie cette demande à son agent de Boston : *« Localiser sa fille Rosemary. »* La non-réponse arrive le lendemain : *« Selon XXX* [le nom de l'informateur est noirci, ndlr], *elle souffre de maladie mentale depuis des années mais il n'a aucune idée de l'endroit où elle est soignée. »*

Elle a écrit à son père : « Je me sens très seule »

Si le tout-puissant FBI ne parvient pas à repérer Rosemary, c'est que personne, au sein de la famille, ne sait où elle se trouve. Sauf Joe, qui en 1958 écrit à sœur Anastasia au couvent de St Coletta. La lettre est dans ses archives, à la JFK Library de Boston. On y trouve aussi des factures de la clinique de Craig House datant de 1945 et 1948, alors que dans les papiers de Rose, la mère, tout ce qui concerne Rosemary est antérieur à 1940 ou postérieur à 1969. Pour ce qui y figure en tout cas.

C'est donc bien le père qui a choisi d'isoler sa fille. Pour quelle raison ? En a-t-il honte ? À un article de *Newsweek* qui le sous-entend en 1969, Ted Kennedy, dont Rosemary était la marraine, oppose un démenti cinglant : Non, Joe ne l'a jamais cachée. Et d'affirmer en guise de démonstration : *« Quatre ans après le diagnostic, il a créé la première fondation pour la prévention et le traitement du retard mental – une action évidemment et notoirement liée, à l'époque, au handicap de Rosemary. »*

Le sénateur ne manque pas d'aplomb. D'abord, parce que Joe a menti aux médias pendant vingt ans. Ensuite, parce que la fondation en question, créée le 29 octobre 1945, porte le nom de l'aîné de la famille, Joseph Patrick, mort un an plus tôt aux commandes d'un avion de l'US Air Force, et non celui de Rosemary. Enfin, son action ne s'oriente vraiment en faveur des attardés mentaux qu'en 1960. Jusque-là, elle vient en aide aux démunis... à des fins purement financières. Il s'agit en effet, via des bonnes œuvres, de défiscaliser les revenus que Joe tire du Merchandise Mart, un vaste complexe commercial de Chicago acquis en juillet 1945, quatre mois avant la naissance de la Joseph P. Kennedy Jr Foundation.

Quoi qu'en dise la famille, Rosemary gêne son père bien avant la lobotomie. Déficiente, inadaptée, folle ou simplement différente, elle n'entre pas dans le moule familial. Tandis que Rose, la mère, s'escrime à *« en faire une Kennedy »*, Joe, lui, perd patience. Le 15 octobre 1934, il écrit : *« J'ai eu une discussion très ferme avec Rosemary. Je lui ai dit qu'il fallait réagir et je suis sûr que c'est là sa volonté. »* Parallèlement, il charge un ami médecin de vérifier sur sa fille une nouvelle théorie des glandes pouvant expliquer son présumé retard. Le même jour, Rosemary, pensionnaire à Rhode Island, écrit à son père : *« Je ferais n'importe quoi pour vous rendre heureux. Je déteste vous décevoir de cette façon. Venez me voir au plus vite. Je me sens très seule. »* Quelques années plus tard, il lui reproche aussi des kilos de trop.

L'obsession de la réussite qui fait inscrire Joe Junior à Harvard alors qu'il n'est né que depuis un mois, qui encourage la compétition permanente entre frères et sœurs, fait souffrir Rosemary. Cela n'échappe pas à son père. *« Elle est bien plus heureuse quand elle ne voit les autres enfants que de temps en temps. Elle ne doit pas vivre à la maison, pour son intérêt et celui de tout le monde »*, écrit Joe à sa femme en 1939.

Joe, son père : « Après tout, la résolution du problème de Rosemary a été essentielle pour permettre à tous les Kennedy de mener leur vie du mieux possible »

Faute de pouvoir laisser Rosemary en Angleterre, il tente le tout pour le tout avec la lobotomie. Le résultat est dramatique, mais il y trouve finalement son compte : *« Après tout, la résolution du problème de Rosemary a été essentielle pour permettre à tous les Kennedy de mener leur vie du mieux possible »*, explique-t-il à sœur Anastasia dans sa lettre de 1958.

Ce cynisme fit dire à David Kennedy, peu de temps avant qu'il ne meurt en 1984 d'une overdose, qu'il aurait pu connaître le même sort que sa tante Rosemary si Joe avait vécu plus longtemps : *« Elle était une source d'ennuis, comme moi. Elle faisait obstacle à la réussite de la famille, comme moi. »*

L'ENGAGEMENT DES KENNEDY

L'emprise du patriarche touche cependant à sa fin. Cloué dans un fauteuil roulant et presque privé de la parole par une attaque fin 1961, il laisse le champ libre aux femmes, qui tirent Rosemary de son isolement. Elle revient par exemple passer Noël dans la maison familiale de Hyannis Port. Le 22 novembre 1963, lorsque JFK est assassiné à Dallas, l'agence de presse UPI contacte le couvent de St Coletta, pensant recueillir une réaction de sa sœur. *« Elle sait que son frère est mort. Elle l'a appris en regardant la télévision »*, assure-t-on aux journalistes.

Sa sœur Eunice, qui prend alors les rênes de la Joseph P. Kennedy Jr Foundation, se charge de purger la culpabilité des siens en se lançant corps et âme dans le grand œuvre de sa vie, l'aide aux attardés mentaux. Eunice impose à JFK de financer, à coups de millions de dollars, de nouvelles recherches neurologiques et la construction de cliniques. En 1983, la famille verse un million de dollars au couvent de St Coletta à l'occasion des 93 ans de Rose. Dans le même temps, elle organise des camps de loisirs pour déficients mentaux. En 1968, ils débouchent sur les Special Olympics. Plus de deux millions d'athlètes ont participé à sa dernière édition.

Lorsque Rosemary est morte, ses frères et sœurs ont salué *« une source d'inspiration permanente et un soutien puissant à l'engagement de la famille en faveur des handicapés »*. Ni Eunice ni Ted ne firent allusion dans leur oraison funèbre à l'épisode de la lobotomie. À ce jour, les Kennedy n'ont pas craché le morceau.

Mais, en 2006, Ted a chargé un historien respecté de New York, David Nasaw, de rédiger une nouvelle biographie de Joe. Celle qui, officiellement, dira tout... XXI

Le docteur « pic à glace »

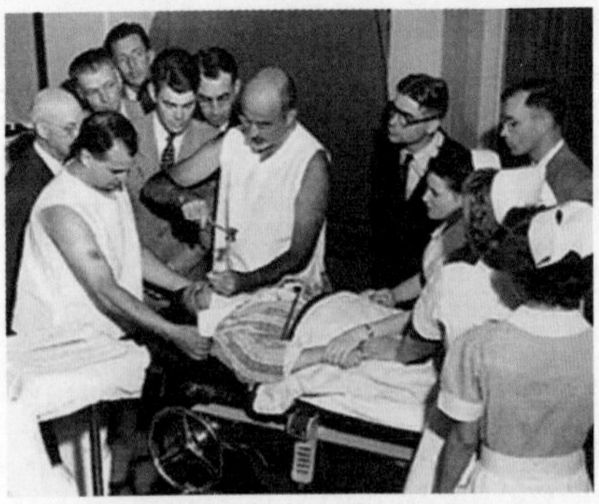

Contrairement à Rosemary, la plupart des 3 400 patients opérés par Walter Jackson Freeman (1895-1972) ne l'ont pas été par les tempes, mais par les yeux. Après la guerre, le neurochirurgien met au point la lobotomie dite « transorbitale » qui lui évite d'avoir à percer le crâne : il atteint le cerveau en passant par la cavité oculaire. Sa première patiente, Ellen Ionesco, est opérée le 17 janvier 1946 à l'aide d'un pic à glace, ce qui vaut à Freeman d'être surnommé ainsi outre-Atlantique. Il le remplace ensuite par un instrument de son invention appelé « orbitoclast ». Après s'être séparé de Watts en 1948, Freeman continue d'opérer, surtout en Californie, jusqu'à la fin des années 60. Il passe aujourd'hui pour un boucher, mais la biographie du journaliste américain Jack El-Hai, *The Lobotomist* (John Wiley & Sons, 2005), donne une image beaucoup plus nuancée de ce père de famille convaincu qu'il viendrait à bout des maladies mentales. L'année de sa publication, l'ouvrage a suscité aux États-Unis un vif débat sur la lobotomie.

Sources

Biographies

The Kennedys, an American Drama de Peter Collier et David Horowitz (Summit Books, 1984)

The Fitzgeralds and the Kennedys, an American Saga de Doris Kearns Goodwin (Simon & Schuster, 1987)

The Kennedy Women et ***The Kennedy Men*** de Laurence Leamer (Villard Books, 1994, et William Morrow, 2001)

Rose Kennedy and her Family de Barbara Gibson et Ted Schwartz (Birch Lane Press, 1995)

The Sins of the Father : Joseph P. Kennedy and the Dynasty he Founded de Ronald Kessler (Warner Books, 1996)

Documents

Times to Remember de Rose Fitzgerald Kennedy (Doubleday & Co, 1974)

Hostage to Fortune, The Letters of Joseph P. Kennedy publiées par Amanda Smith (Penguin, 2001)

Walter Freeman & James Watts Papers, Department of Special Collections, Gelman Library, George Washington University

Archives du FBI, enquête spéciale sur Joe Kennedy, février 1956

Archives du couvent des Sœurs de l'assomption, Londres

Archives du *New York Times, Washington Post, Washington Times-Herald, Saturday Evening Post, Time, Newsweek, Look, The Queen, The Tatler, The Hemel Hempstead Gazette*

Contacts et interviews

Robert Murphy, société historique de Beacon (novembre 2007) ; Peter Nolan (avril 2008) ; Jack, Jim et Julie Slocum (novembre 2007) ; Andrea Speth, St Coletta (novembre 2003, janvier 2005, mars 2008) ; révérend George Stuart, diocèse de Washington (avril 2008) ; sœur Claire Veronica (janvier 2005) ; Isabel Quigly (janvier 2005) ; Jack El-Hai (novembre 2003, janvier 2005) ; Laurence Leamer (janvier 2005).

N'ont pas répondu à mes courriers : sœur Margaret Ann, ancienne infirmière de Rosemary Kennedy à St Coletta ; Amanda Smith, petite-fille de Joe Kennedy ; Ann Gargan, nièce de Rose et Joe Kennedy ; Eunice et Ted Kennedy, sœur et frère de Rosemary Kennedy ; la JFK Library de Boston.

La troisième des neuf enfants

Joseph Patrick Kennedy, dit Joe (1888-1969) – Rose Fitzgerald Kennedy (1890-1995)

Joseph Patrick Kennedy, dit Joe Junior (1915-1944)

John Fitzgerald Kennedy, dit JFK (1917-1963)

Rosemary Kennedy (1918-2005)

Kathleen Kennedy (1920-1948)

Eunice Mary Kennedy (1921)

Patricia Kennedy (1924-2006)

Robert Francis Kennedy, dit Bobby (1925-1968)

Jean Ann Kennedy (1928)

Edward Moore Kennedy, dit Ted (1932)

La malédiction des Kennedy

La lobotomie de Rosemary en 1941 inaugure une série noire pour la famille.

1944 : Joe Junior meurt dans l'explosion d'un avion de l'US Air Force au-dessus de la Manche.

1948 : Kathleen décède dans un accident aérien en Ardèche.

1956 : Jackie Kennedy, l'épouse de JFK, accouche d'une fille mort-née.

1961 : Joe Sr subit une attaque qui le paralyse du côté droit et le prive de la parole.

1963 : JFK est assassiné à Dallas.

1968 : Bobby est assassiné à Los Angeles.

1969 : Ted est victime d'un accident de la route dans lequel meurt sa passagère.

1973 : Edward Kennedy Junior, fils aîné de Ted, perd sa jambe droite à 12 ans à cause d'un cancer.

1997 : Michael Kennedy, fils de Bobby, meurt dans un accident de ski à Aspen.

1999 : John Kennedy Junior, fils de JFK, décède lors du crash de son avion dans l'Atlantique.

À lire en anglais

Great and Desperate Cure **d'Elliot Valenstein** (Basic Books, 1986). L'ouvrage de référence sur l'essor et le déclin de la neurochirurgie pour traiter les maladies mentales. Et une mise en garde contre les techniques médicales miracles qui suscitent un emballement semblable à celui que connut la lobotomie, avant que l'on prenne la mesure des dégâts.

The Kennedy Family and the Story of Mental Retardation **d'Edward Shorter** (Temple University Press, 2000). Le pendant de l'histoire de Rosemary, où l'on évalue le remords qui ronge la famille depuis plus d'un demi-siècle. En même temps, l'œuvre considérable des Kennedy en faveur des handicapés mentaux, dont cet ouvrage très documenté fait la chronique, n'exclut pas un certain opportunisme : dans les années 80 par exemple, ils montrent E.T. avec un enfant trisomique qui, comme l'extraterrestre, a « besoin d'un ami pour l'aider », dans un spot télévisé coproduit par McDonald's et Spielberg *himself*.

My Lobotomy : A Memoir **de Howard Dully** (Tantor Media, 2007). En 1960, à 12 ans, Howard fut le plus jeune patient jamais opéré par Walter Freeman. Quarante ans plus tard, après avoir sombré dans l'alcool et la drogue, il a voulu savoir pourquoi. Sa vie a d'abord fait l'objet aux États-Unis d'un reportage de la National Public Radio, dont la page Internet dédiée à la lobotomie contient d'autres témoignages de patients (www.npr.org et www.psychosurgery.org).

en français

JFK, une jeunesse insouciante **de Nigel Hamilton** (Seuil, 1996). Sans doute l'ouvrage le plus polémique jamais écrit sur les Kennedy. Cette biographie de JFK devait être une trilogie mais elle s'arrêta au premier tome : scandalisés par le portrait qu'Hamilton a fait de leurs parents, les enfants Kennedy lui interdisent l'accès aux archives de Joe. Depuis, l'historien, qui admire JFK mais déteste Joe – qu'il soupçonne même d'abus sexuel envers Rosemary –, dénonce régulièrement le mythe entretenu par la famille via la JFK Library de Boston.

À voir ou à revoir

Soudain l'été dernier **de Joseph L. Mankiewicz, avec Elizabeth Taylor** (1959). Une mère demande à un psychiatre de lobotomiser sa fille en échange d'une grosse somme d'argent, avec laquelle il pourrait construire la clinique de ses rêves. Tiré de la pièce éponyme de Tennessee Williams, dont la propre sœur fut lobotomisée en 1937 pour schizophrénie.

Vol au-dessus d'un nid de coucou **de Milos Forman, avec Jack Nicholson** (1975). Plongée ultraréaliste dans un hôpital psychiatrique, où McMurphy, détenu de droit commun, purge sa peine et se bat contre une effroyable infirmière. À la suite d'une fête qui tourne mal, il subit une lobotomie qui en fait un légume. Tiré d'un roman de Ken Kesey.

Frances **de Graeme Clifford, avec Jessica Lange** (1982). La vie tragique de l'actrice américaine Frances Farmer, qui rendit fous les producteurs de Hollywood avant d'être elle-même déclarée malade mentale. Internée, elle subit dans le film une lobotomie, qui s'est avérée par la suite être une invention du biographe à l'origine du scénario.

La vie de Rosemary Kennedy a inspiré deux pièces de théâtre : *Rosemary* de Jim O'Connor et *Our Fathers* de Luigi Lunari.

UNE PLUME DANS LA CAGE DU TIBET

Poétesse et bloggeuse, Woeser est la seule voix tibétaine à parler depuis l'intérieur de la Chine. Pékin la traite en ennemie, elle évolue dans une prison aux murs invisibles. Son père, officier dans l'armée chinoise, a vécu avec « une jambe tibétaine, une jambe chinoise ». Elle préfère se tenir sur deux pieds. Son histoire fait écho aux choses vues sur la route de Lhassa. Par Charlie Buffet

À l'entrée d'une tour en banlieue de Pékin, un adolescent en manteau militaire s'interpose : la personne visitée doit venir. Un coup de fil et elle est là, petite, souriante, emmitouflée dans un châle. Elle ignore le garde, qui rentre dans sa guérite. Il peut inscrire sur un gros registre : « Woeser/1 visite ». Dans quelques minutes, le téléphone va sonner dans un lointain bureau de contrôle, ou dans une voiture noire toute proche. Un étranger arrive chez Woeser, 42 ans, écrivaine, poétesse, bloggeuse, tibétaine. Danger public.

Dans l'ascenseur, elle explique : *« Je vis sous surveillance. Personne d'autre, dans ma résidence, ne fait l'objet d'un tel contrôle. J'ai découvert que les gardes payés par l'immeuble appelaient eux-mêmes les policiers du Bureau de la sécurité publique pour qu'ils viennent m'empêcher de sortir. Je me suis mise en colère. »*

Vingtième étage. Une odeur d'encens flotte dans l'appartement lumineux. Il y a trois photos du dalaï-lama sur un autel, cinq petits moines en plâtre peint sur la télévision. L'après-midi avance, le soleil prend une teinte cuivrée en frôlant les tours de la cité-dortoir de Tongzhou. L'autoroute 2 x 4 voies qui conduit à Pékin disparaît dans la brume, le Grand Canal des empereurs Ming est invisible. Assise sur un petit tabouret, Woeser parle en chinois. Quand l'interprète traduit, elle se lève pour servir le thé – pu'er chinois, puis thé au beurre tibétain.

« Parfois quand je chatte sur mon ordinateur, j'ai l'impression que quelqu'un écoute dans mon dos... L'autre jour, je suis restée dormir chez un ami en ville. Le lendemain, la police est venue perquisitionner chez lui. Mon téléphone est écouté, j'en suis sûre à 100 %. » Woeser est la seule voix à parler du Tibet depuis l'intérieur de la Chine. Sa popularité dans la diaspora est grande. Elle vit dans une prison aux murs invisibles.

« Un jour, mon blog a été attaqué. Les hackers avaient changé mon mot de passe et placé, sur la page d'accueil, une photo animée du drapeau chinois. Le drapeau portait le slogan : "À bas les séparatistes tibétains." Ma photo était pendue au milieu, c'était effrayant, des méthodes dignes de la Révolution culturelle. J'ai rouvert mon blog – les trois précédents ont été fermés par les autorités – sous un autre nom, sur un serveur étranger. Je l'ai appelé "Invisible Tibet". Je veux être la voix d'un Tibet que les gens ne peuvent plus voir. »

Woeser sait à quoi elle s'expose. La presse officielle de Lhassa a promis *« la lutte de classes à la vie à la mort contre les séparatistes de la clique du dalaï-lama »*. Ses amis craignent d'apprendre qu'elle a été emmenée dans une voiture aux vitres fumées. Elle vit sans pouvoir rencontrer ceux qui comptent pour elle. Elle n'a pas pu aller à Oslo pour recevoir, en 2007, le prix de la liberté d'expression. Son mari, Wang Lixiong, l'un des rares intellectuels chinois à prôner un dialogue avec le dalaï-lama, a dû s'y rendre à sa place.

« Mon pays me refuse un passeport. J'ai voulu porter plainte, mais la justice s'en est lavé les mains. Je suis une exilée de l'intérieur, une Tibétaine en exil à Pékin. En décembre, j'ai signé le manifeste des partisans de la démocratisation [la charte 08, ndlr]. *J'étais la seule Tibétaine, je suis fière de faire entendre notre voix. Je connais les risques. L'un des principaux auteurs du manifeste a été arrêté sans mandat et reste détenu sans procès. Sa femme n'a pas été autorisée à lui faire parvenir ses affaires en prison. Mon mari et moi, nous avons chacun un petit sac prêt, au cas où on serait emmenés par la police. Le sac bien fait, c'est le sien : là, à côté de son ordinateur. Le mien est bâclé : un petit bol, des habits, des sous-vêtements, mes lentilles de contact... J'ai dit à mes amis que j'avais peur de le préparer. Ils m'ont répondu que si je le faisais, ça n'arriverait pas. Chacun sa superstition. »*

Woeser porte une veste de lin noire, des bijoux tibétains – émeraudes, corail, argent. Sa voix est un filet calme. *« Il m'arrive d'avoir peur, mais je n'ai pas de regrets. Toutes ces années, j'ai fait ce que j'aime le plus. Je suis profondément satisfaite de ma vie. »* Quand elle aborde des sujets délicats, son rire fragile traduit sa gêne. Plus on avance avec elle, plus elle rit.

Pendant que le soleil se couchait sur Pékin, Woeser m'a emmené en voyage au Tibet. Nos histoires se sont mêlées. J'en venais.

« Mon enfance chinoise »

Woeser : *« Je suis née à Lhassa en 1966 et j'y ai vécu mes quatre premières années. Je ne devrais pas avoir de souvenirs d'enfance de ma ville natale, mais mon père était photographe amateur, ses photos me servent de mémoire. »*

Noir et blanc, le cliché est serti dans les lambris comme s'il faisait partie de l'appartement : la petite fille clignant des yeux face au soleil d'hiver, c'est elle, photographiée à 4 ans par son père. Woeser porte un pin's du président Mao sur sa veste molletonnée. De sa cagoule de laine dépasse une mèche noire. La volonté est déjà là, dans l'ovale du visage, dans la mâchoire solide. À l'arrière-plan, flou, le Palais de l'Orient rouge, l'ancienne résidence des dalaï-lamas, est surmonté d'un slogan en caractères géants : « Longue vie au président Mao. »

« Mon père, officier dans l'armée chinoise, a dû quitter Lhassa en 1970, pendant la Révolution culturelle. Il avait choisi la mauvaise faction et nous nous sommes retrouvés dans une petite ville du Tibet oriental. Mes premiers

> La petite fille, c'est elle, photographiée à 4 ans par son père. Elle porte un pin's du président Mao sur sa veste. La volonté est déjà là, dans l'ovale du visage, dans la mâchoire solide

mots, je les avais prononcés en tibétain mais, de ce moment, mes parents ne m'ont plus parlé qu'en chinois. Entre eux, ils parlaient tibétain. À nous, les enfants, ils parlaient chinois. Je n'ai entendu que très peu de tibétain dans ma jeunesse. Je n'ai appris la langue que plus tard. Je n'ai jamais réussi à la lire ni à l'écrire. »

Les deux parents de Woeser sont communistes. Son père, à moitié tibétain, deviendra commandant adjoint de la région militaire de Lhassa. La jeune femme grandit *« au son du clairon »* dans les camps de l'Armée populaire de libération.

« Dans ma famille, tout le monde portait les insignes du Parti, y compris la gouvernante. Pour ma composition d'entrée au lycée, j'ai écrit un texte à la gloire de notre armée engagée au Vietnam. J'avais 14 ans. Les choses ont commencé à changer à mon entrée à l'université, où je voulais étudier la littérature chinoise. Il fallait déclarer sa "minorité ethnique" sur les formulaires officiels. C'est alors que j'ai pris conscience de mon identité tibétaine. Nous étions dans les années 80, des années d'ouverture. Je suis tombée des nues : des livres parlaient de choses inconnues, de batailles entre l'armée chinoise et les Tibétains... Je n'arrivais pas à y croire. »

Rencontre numéro 1 : sur la route de Chengdu, des drapeaux à prière

Sous le ciel immense, les bornes décomptent la distance depuis Shanghai, à plus de trois mille kilomètres. La Chine s'estompe, ce qu'il en reste, c'est la route. Il est 9 heures du matin. En ce désert d'altitude qu'est le plateau tibétain, les véhicules naviguent de conserve, prêts à s'épauler en cas de panne. Les couleurs sont acides et les sols stériles, parsemés de blocs de granit rose et de neige soufflée. Les passagers somnolent, ou fument.

La « région autonome » du Tibet ne commence qu'à une centaine de kilomètres plus à l'ouest, derrière les montagnes enneigées à l'horizon. Mais le Tibet des Tibétains déborde des frontières administratives.

Mon voisin se réveille. Il enlève les écouteurs de son MP3 et m'offre une savoureuse petite poire blette. Il s'appelle Kang Zhaxi, enseigne l'anglais au lycée de Xiangcheng, d'où le bus est parti ce matin à la nuit noire. Tibétain, il aime le foot et la France : *« Zidane... et cet écrivain dont je ne connais que le nom chinois, Hu Go... Ah, Quasimodo ! quel magnifique caractère : laid au-dehors, beau au-dedans.* » Le grand amour de sa vie, c'est le mandarin, sa langue maternelle, *« la plus belle chose que les Chinois ont apportée au Tibet »*. Ses parents, Tibétains, l'ont élevé en chinois par conviction. Tous deux sont membres du Parti communiste. Lui vient d'adhérer, il y a un an.

> Mon voisin se réveille. Tibétain, il aime le foot et la France : « Zidane... et cet écrivain dont je ne connais que le nom chinois, Hu Go... Ah, Quasimodo ! quel magnifique caractère : laid au-dehors, beau au-dedans »

Kang Zhaxi *« croit en Marx »*. Il est donc certain que la religion n'existe pas. Il se définit comme idéaliste, il rêve pour ses petits-enfants d'un monde où les gens seront tous égaux – *« même si, comme l'a dit Deng Xiaoping, il faut accepter que certains s'enrichissent plus vite que les autres »*. Il n'aime pas la politique, et les émeutes de Lhassa lui ont fait honte. Il pense que le dalaï-lama est manipulé par de mauvaises gens. *« C'est simple : le Tibet est, a toujours été, et sera toujours chinois.* »

Les heures passent, le paysage lunaire raconte le Tibet. À chaque col, des lignes de drapeaux à prière tendues depuis le haut des poteaux électriques. À côté d'une tente, au milieu d'une prairie fauve où les yacks paissent à perte de vue, une étrange table de billard. Des vallées couvertes de forêts sombres, puis des alpages où les rares fermes sont d'imposantes bâtisses minérales aux murs inclinés, comme des pyramides tronquées.

Demain, après plus de vingt-quatre heures de bus, le professeur d'anglais Kang Zhaxi sera à Chengdu, la capitale de la province du Sichuan, pour passer les tests d'admission d'un master de littérature chinoise. Comme « membre d'une minorité ethnique », il sera favorisé mais ça ne le choque pas : *« Nous n'avons pas une éducation normale, c'est un problème économique.* »

Sur l'écran télé du bus, les clips se succèdent. Un Tibet harmonieux, avec des torrents cristallins et des ingénieurs enthousiastes devant le chantier du train Pékin-Lhassa. Les chanteurs ont des voix aériennes, les textes défilent en chinois, comme au karaoké. Kang Zhaxi chante et me traduit en anglais : *« Xiang Zang, le parfum du Tibet...* »

Le jeune prof ne discute jamais avec ses amis tibétains, il ne maîtrise plus assez la langue. Il aimerait s'installer à Chengdu car, dans sa petite ville, il se sent *« une exception »*. Les filles de son lycée, ses élèves, sont souvent mariées à 15 ans. Lui, à

28 ans, est célibataire. *« Sans doute parce que je veux vivre selon mon idéal, la littérature. »* Il n'a aucune inquiétude, la langue tibétaine ne risque pas de disparaître. S'il avait un enfant, il l'élèverait en chinois.

« Comment je suis redevenue Tibétaine »

Woeser a elle aussi étudié la littérature chinoise dès l'enfance. *« Au lycée, je lisais en mandarin les grands poètes anciens. Ça me semblait naturel, c'était mon éducation. Mais mes professeurs n'en revenaient pas. Mes amis Hans étaient aussi surpris que je parle leur langue, que je connaisse des écrivains occidentaux, Sartre, Hugo... Pour eux, les Tibétains étaient comme dans les films : des serfs analphabètes. Ces stéréotypes sont très ancrés. Si vous êtes Tibétains, vous devez être bon en chant et danse. Sous-entendu, vous ne savez rien, alors chantez et dansez. »*

Pour Woeser, le « paternalisme » est ce qui définit la politique chinoise à l'égard des Tibétains. *« Le Parti pense qu'il s'occupe bien des minorités ethniques en leur facilitant l'entrée à l'université. À Chengdu, la nourriture à la cafétéria de l'université des minorités était meilleure que celle des autres facs, mais nos notes aux examens étaient plus mauvaises, car nos professeurs ne voulaient pas nous fixer des objectifs ambitieux. C'est très condescendant : vous êtes faibles, vous avez besoin d'un traitement spécial. »*

Legqog sort son portefeuille : il tient à montrer ses papiers, comme si dans la vie des moines le contrôle d'identité était devenu un rite parmi d'autres. Il sort aussi son téléphone portable, et la photo interdite apparaît : le dalaï-lama

En 1988, Woeser obtient son diplôme de l'université de Chengdu. Elle enseigne au lycée de Kanding, une ville sinisée où vivent ses parents. *« J'avais pris conscience de mon identité tibétaine. Je me sentais mal dans ma peau, souvent embarrassée. Je parlais très mal le tibétain. En 1990, je suis revenue pour la première fois à Lhassa. Selon la tradition, tout Tibétain arrivant dans la ville sainte doit se rendre au grand monastère de Jokhang pour prier. Je ne le savais pas. Mes proches à Lhassa étaient des cadres du Parti. Ils n'étaient pas très religieux. »*

Un soir, elle se rend au monastère. Aussitôt passé la porte, elle pleure. *« Lorsque j'ai vu la statue du Bouddha, j'étais couverte de larmes. Un lama* [moine bouddhiste, ndlr] *m'a regardée et a dit à l'oncle qui m'accompagnait : "Cette Chinoise est pitoyable..." Il l'a dit en tibétain, mais j'en savais assez pour comprendre. Je me suis sentie à la fois honteuse et heureuse. La honte : le lama m'avait prise pour une Chinoise – au fond de mon cœur, j'avais toujours pensé que j'étais Tibétaine. Le confort : j'avais finalement matérialisé mon rêve de retour. »*

Six mois plus tard, ses parents la rejoignent. *« Ils ont aimé cette ville. Ma mère parce qu'elle s'y sentait chez elle, mon père parce qu'il y avait vécu ses meilleures années. J'ai une photo où nous sommes tous réunis, avec mon frère et ma sœur, devant notre maison fleurie de la zone militaire. Je porte une casquette bleue. Mon père est en uniforme de lieutenant-colonel. C'est la dernière photo où nous sommes réunis. »*

Rencontre numéro 2 : sur la route de Lhassa, une photo du dalaï-lama

Trois pèlerins en robe pourpre avancent à la queue leu leu au bord de la route nationale. Leur progression se fait selon un rituel immuable : trois pas, ils s'allongent de tout leur long, posent le front sur le sol, se relèvent, avancent de nouveau de trois pas, et recommencent. Le mouvement est fluide, les moines sont athlétiques. Les voitures les frôlent à plus de cent kilomètres par heure.

Legqog, 28 ans, s'arrête pour raconter son périple. Ses mains sont protégées par deux planchettes de bois à semelles de métal, dont le raclement, lorsqu'il s'allonge, accompagne ses journées depuis cinq mois. Il lui faudra deux ans pour atteindre Lhassa, la ville sainte, à deux mille cinq cents kilomètres.

Legqog plonge la main dans sa robe pour en sortir son portefeuille : il tient à montrer ses papiers, comme si dans la vie des moines le contrôle d'identité était devenu un rite parmi d'autres. Il sort aussi son téléphone portable, et la photo interdite apparaît : le dalaï-lama – ici, reçu à la Maison-Blanche par George Bush. Détenir une photo du chef religieux exilé reste passible de prison. Et pourtant, il n'est pas une maison, pas un monastère où il n'apparaisse comme par magie. Quand il ne répond pas à l'appel, un geste suffit, une main sur le cœur ou un doigt sur la tempe : *« Je n'ai pas besoin d'avoir sa photo, il est dans mon esprit... »*

Cinquante ans après avoir fui, le dalaï-lama est devenu le symbole absolu d'un Tibet où les montagnes portent des mantras géants ou des champs de drapeaux à prière grands comme des terrains de foot, où les monastères aux toits étincelants sont des villes à part entière.

Le temps d'échanger quelques mots, les deux compagnons de Legqog ont parcouru une vingtaine de mètres. Le jeune moine reprend la route.

« Mon père, mon trouble »

Épinglé au-dessus du petit bureau de Woeser, il y a un badge de son père. Ce badge commémore l'entrée pacifique de l'Armée chinoise au Tibet. Elle explique : *« Tsering Dorje, mon père, s'était engagé dans l'armée chinoise en 1950, l'année où les communistes ont pris le contrôle du Tibet. Il avait 13 ans et avait obéi à un ordre de mon grand-père. Officier en lutte contre les communistes, mon grand-père s'était réfugié près de la frontière tibétaine, où il s'était marié à une Tibétaine. Après la prise du pouvoir par Mao, il savait qu'il serait considéré comme un contre-révolutionnaire. Envoyer son fils dans les rangs communistes, c'était une façon de se protéger. »*

La grand-mère de Woeser n'était pas d'accord. Elle trouvait le métier de soldat bien trop risqué pour son fils de 13 ans. Trop jeune pour participer aux combats, le père de Woeser est orienté vers l'école des cadres. Fils d'un couple mixte, il parle mandarin et tibétain, ce qui est rare. *« Mon père a été choyé et recruté par les services d'espionnage du commandement militaire de Lhassa. J'ai une photo de lui en 1959 : il est en civil, coiffé comme un jeune Tibétain à la mode ; sa mission était de jouer au mah-jong avec les membres de la noblesse, pour savoir ce qu'ils avaient en tête. »*

Le grand-père de Woeser s'appelait Cheng. À la naissance de sa petite-fille, il proposa de composer un prénom avec un caractère utilisé traditionnellement dans la famille. *« Mon père a refusé. Il trouvait que c'était de vieilles superstitions féodales. Il m'a baptisée Wensa : "Wen" pour la révolution culturelle, "sa" pour Lhassa. Pendant toute mon enfance chinoise, j'ai été Cheng Wensa, autrement dit, "née pendant la Révolution culturelle à Lhassa". Mon père m'a aussi donné un nom tibétain, celui sous lequel on me connaît aujourd'hui. Il vient d'une chanson révolutionnaire :* "Mao Zhuxi ge wei se" *("gloire au président Mao"). Le mot* gloire *prononcé en tibétain, c'est mon nom, Woeser. J'utilise ce nom depuis que je suis revenue à Lhassa, en 1990. »*

Lors du premier entretien, Woeser avait énoncé une évidence inscrite dans son prénom même : *« Mon père était un fervent partisan de la Révolution culturelle. Pendant quatre ans, il s'est promené dans les rues de Lhassa en prenant des milliers de photos. »*

Les photos sont exceptionnelles : portraits omniprésents du dieu Mao, sa bible rouge brandie par des forêts de bras, reliques saccagées dans un monastère… Des poings levés, des têtes baissées. Des humiliations publiques, des regards insoutenables. La certitude d'un côté, la terreur de l'autre.

Durant un second entretien, Woeser revient sur l'attitude de son père. Un abîme s'ouvre. *« Mon père a essayé plusieurs fois de me raconter l'histoire de ces photos, mais j'étais trop jeune. Après sa mort, j'ai enquêté pendant plusieurs années et, sur les conseils de mon mari, j'ai décidé de les publier. Le livre est paru en 2006 à Taïwan. C'est une critique de la Révolution culturelle, il est interdit en Chine. Je me demande souvent : "Si mon père était vivant, serait-il fier de moi, ou penserait-il que je l'ai trahi ? Et, pour lui, prendre ces photos, était-ce une façon de racheter ses crimes ?" Ma mère me dit : "Ton père a pris ces milliers de photos et les a conservées avec beaucoup de soin, mais on ne sait rien de ses intentions." Quand je lui demande s'il s'est battu, s'il a tué, elle me dit que non. Mais il était soldat... Ces questions me hantent.* »

Le père de Woeser est mort en 1991, à 54 ans. Jamais elle n'a eu de discussions approfondies avec lui sur ces questions. C'est pour s'y confronter qu'elle a commencé à écrire un roman autobiographique.

« *Sur mon blog, un visiteur m'a dit un jour que mon père avait aidé l'envahisseur. Cette idée ne m'avait jamais frappée avant, parce que je l'aime. J'ai été bouleversée. Notre seul véritable affrontement a eu lieu le 4 juin 1989, quand le mouvement étudiant a été réprimé dans le sang. Il m'a dit que le gouvernement avait pris la bonne décision. J'ai essayé de discuter. Il s'est mis en colère, il m'a frappée à coups de pied...* [Elle rit.] *Je me suis enfuie de la maison pendant plusieurs jours.* »

Woeser parle très peu de sa mère et de sa grand-mère maternelle. Lorsqu'elle montrait les photos de sa famille, une phrase est restée suspendue. Elle a dit ceci : « *Voici ma grand-mère... elle a été torturée pendant les séances d'autocritique publique de la Révolution culturelle.* »

Rencontre numéro 3 : à Barkham, l'injustice

La nuit tombe tôt sur Barkham, petite préfecture. Les immeubles de carrelage sont blottis au creux d'une vallée, le long d'un torrent puissant. Les lycéens jouent au basket avec les moines à la sortie des cours, des écolières en survêtement testent leur anglais avec des rires d'oiseau. Le président Hu Jintao est affiché sur la porte d'un monastère dont une caméra surveille la cour déserte. La région, plutôt prospère, est calme.

Rendez-vous est pris avec un jeune Tibétain dans une chambre d'hôtel glaciale. Pagbalha pourrait être un modèle de réussite. Fils de nomades, il n'a connu l'école qu'à dix ans. Bon élève, il a pu poursuivre ses études en chinois et a décroché un poste de fonctionnaire au ministère de la Justice dans la région autonome du Tibet. Il s'est retrouvé dans une petite ville austère, au milieu de collines rabotées par le vent et dévastées par l'exploitation minière. Son salaire, 2 300 yuans par mois (230 euros) lui permettait de faire vivre sa famille. Mais il a démissionné.

Ce que Pagbalha n'a pas supporté, c'est le sentiment d'injustice. « *Devant le tribunal, les Tibétains étaient toujours sincères, naïfs. Ils étaient condamnés plus lourdement que les Hans, plus habiles à nier.* » Le procureur, son chef, était un Sino-Tibétain. « *Il détestait les Tibétains, il les trouvait sales et incultes.* »

Pagbalha raconte que quand les jeunes élèves du lycée tibétain ont voulu manifester l'année dernière, leurs enseignants les en ont empêchés : ils trouvaient cette action sans espoir. Pagbalha ne sait pas si, à la place des lycéens, il manifesterait. « *S'il y avait du monde, peut-être. Mais je ne suis pas un héros.* »

Tout en parlant, Pagbalha a allumé la télévision et joue avec la télécommande. Le zapping s'arrête sur une émission de jeux, un équivalent chinois d'« Intervilles ». Captivé par les bains forcés des candidats ou gêné de parler trop longuement de ce qu'il appelle la « *révolution tibétaine* », le garçon se tait.

> Le garçon allume la télé et tombe sur un équivalent chinois d'« Intervilles ». Captivé par les bains forcés des candidats ou gêné de parler trop longuement de ce qu'il appelle la « révolution tibétaine », il se tait

« Lhassa, ma mère »

« *Ma mère est née à Shigatse, à quelques journées de cheval de Lhassa, dans une famille de la petite aristocratie qui avait de la terre. Son frère aîné était devenu communiste et l'a fait venir à l'école des cadres du Parti, à Lhassa. C'est là qu'elle a rencontré mon père. Elle avait 14 ans, lui 20.* » À cause de sa « *mauvaise origine de classe* », la mère de Woeser n'a jamais pu adhérer au Parti.

« *Ma nostalgie pour Lhassa me vient de ma mère. Elle ne s'est jamais faite à la région du Kham, où nous nous étions installés en 1970. Elle ne comprenait pas le dialecte local, les coutumes étaient différentes. Elle pleurait souvent en nous racontant des histoires d'enfance sur Lhassa. Elle aurait aimé y retourner, mais mon père ne voulait pas en entendre parler.* »

Un jour, Woeser avait 10 ans, la radio a diffusé de la musique tibétaine à l'occasion d'une visite officielle. « *Je me souviens avoir pleuré. J'avais quitté Lhassa à 4 ans, mais ma ville n'avait jamais cessé de me manquer. À ma sortie de l'université, j'étais impatiente de partir m'y installer, contre l'avis de mon père. Je me suis débrouillée pour y trouver un travail, dans le magazine* Littérature tibétaine. *J'y ai vécu treize ans.* »

Woeser a perdu son travail en 2003, à cause d'un livre, *Notes tibétaines*. Les censeurs ont estimé qu'il contenait de *« graves erreurs politiques »* et ont exigé une autocritique.

L'écrivaine a refusé de se racheter en chantant les louanges des autorités chinoises et du train Pékin-Lhassa. Elle a perdu son emploi, son logement, sa mutuelle et sa retraite. Avec son mari, Wang Lixiong, un intellectuel passionné par le bouddhisme rencontré quelques années plus tôt, elle s'est alors installée à Pékin.

Sa dernière visite à Lhassa a été brève. « *C'était en août 2008, pendant les Jeux olympiques. J'y suis allé avec mon mari : la police nous avait fait savoir que nous étions indésirables à Pékin. Sur la route de Lhassa, j'ai vu beaucoup de militaires, et compté plus de dix check points – des gens fouillés au corps, mains en l'air. Je voulais rester un mois, mais à l'aube du cinquième jour, j'ai été arrêtée. On m'a dit que des témoins m'avaient vu prendre des photos de militaires dans la rue. Ce n'était qu'un prétexte.* »

Woeser passe huit heures en détention. *« Les policiers ont perquisitionné chez ma mère jusqu'à la nuit tombée. Ils ont saisi des documents, copié le disque dur de l'ordinateur de mon mari. Ils m'ont fait effacer les photos de mon appareil. Depuis les émeutes, la peur des Tibétains est très forte, intériorisée. Souvent, ceux qui avaient osé prendre des photos les ont détruites. »*

> « Les policiers ont perquisitionné chez ma mère. Ils ont saisi des documents, copié le disque dur de l'ordinateur de mon mari. Depuis les émeutes, la peur des Tibétains est très forte, intériorisée. Souvent, ceux qui avaient osé prendre des photos les ont détruites »

Rencontre numéro 4 : « Ce qui s'est passé » dans la ville-caserne d'Aba

Un bataillon de la Police armée du peuple passe au petit trot devant l'entrée du monastère de Kirti, à Aba. Les jeunes soldats crient à pleins poumons, parfaitement synchronisés. Les pèlerins ne semblent pas les entendre.

Aba est comme un chef-lieu de canton qui serait devenu ville de garnison : une demi-douzaine de monastères et autant de casernes, face-à-face. La ville est dominée par des collines enneigées. Les nomades y sont nombreux l'hiver, la salle de billard est pleine. Une banderole propose de « bâtir la meilleure région du Tibet », une affiche appelant à « combattre les émeutiers criminels » a été lacérée. Depuis mars, Aba est fermée aux étrangers. On s'y sent scruté, dévisagé en permanence, souvent suivi.

Le monastère occupe la moitié nord de la ville. Les rues sont prises en enfilade par des caméras de surveillance. Le premier jour, les moines passent leur chemin et évitent les questions. Mais le lendemain matin, alors qu'un pèlerinage attire une foule nombreuse autour de l'un des temples, un moinillon fonce tout sourire en tendant la main : *« Welcome to Tibet. »*

Dans les fumées d'encens et de genévrier, Phuntsog donne discrètement rendez-vous dans un hôtel tenu par un ami. Je suis le premier étranger qu'il voit depuis mars. Il veut parler, malgré les risques, *« au nom du peuple tibétain, pour que le monde sache ce qui s'est passé ».*

Aba s'est enflammé, le 16 mars 2008, deux jours après les émeutes de Lhassa. Les soldats, explique Phuntsog, étaient venus faire du kung-fu dans l'enceinte du monastère. Un vieux moine qui protestait aurait eu le crâne brisé. Très vite, les jeunes se sont mis à crier dans la rue *« Bo rangzen »*, « Tibet indépendant ». Le commissariat a été incendié, ainsi que le magasin d'un commerçant.

Phuntsog insiste pour livrer un bilan précis : il a vu de ses yeux, dit-il, des officiers tirer au pistolet sur la foule, faisant six morts. L'un d'eux était son meilleur ami. Il certifie que la police a ouvert le feu devant un autre commissariat, faisant neuf morts, et que trois personnes arrêtées ont été tuées à l'intérieur. Il peut affirmer avec certitude que la répression a fait vingt morts. Pour ne pas soigner les blessés, les hôpitaux ont fermé leurs portes. Avec les renforts, il y a eu jusqu'à trente mille soldats.

Un porte-parole du gouvernement local a confirmé les coups de feu mais nié qu'il y ait eu des morts. Quant aux blessés, ils se seraient *« enfuis ».*

Sur son blog, Woeser a écrit : *« Le 27 mars 2008, Lobsang Jingpa, 32 ans, un moine du monastère de Kirti, à Aba, s'est pendu dans sa cellule en laissant un mot : il revendiquait seul la responsabilité des troubles. Il ne pouvait pas vivre une minute de plus sous l'oppression chinoise. »* Le 27 février 2009, dans la rue principale du monastère, un moine de 20 ans s'est immolé par le feu. Les policiers auraient tiré sur lui.

« Ma poésie, mon blog »

[...] Un adieu furtif à Lhassa,
Où la peur est sous surveillance,
Filmée dans les avenues, les ruelles, les bureaux,
Dans chaque temple, sous les fumées de l'encens.
Et ces caméras de surveillance,
Qui ne laissent rien échapper
Ces yeux pivotants scrutent votre esprit.
"Zap zap jé", on est observés
S'avertissent entre eux les Tibétains
Comme un mot de passe murmuré.
Un adieu furtif à Lhassa,
Cette peur qui brise mon cœur
Il me faut l'écrire. »

Le 23 août 2008, tout juste relâchée par la police, Woeser a écrit l'un des derniers poèmes, *Peur sur Lhassa*. Elle l'a aussitôt publié sur son blog, avec ce post-scriptum : *« Ni you qiang, wo you bi. »* (*« Vous avez les armes, j'ai ma plume. »*)

Dans ses premiers poèmes, les allégories célestes sont nombreuses : des averses, la neige, la lune, l'orage. Deux fleuves sont aussi présents, ses parents. *« Deux rivières confluent, leurs eaux ne se mélangent pas. »*

« Depuis longtemps, l'identité est un problème dans ma vie. Je me sens bancale, ni complètement chinoise ni complètement tibétaine. Ça me rend anxieuse. Lorsque j'étais étudiante à Chengdu, j'avais ma propre façon de garder mon équilibre. J'écrivais de la poésie, je parlais de poésie, mes amis étaient poètes. Nous évitions ainsi la question de l'identité ethnique. Un ami m'a dit : "Tu écris, c'est ton identité. Tu es poète." Je me suis forgé une maxime : "Écrire, c'est un voyage, une prière, un témoignage." Aujourd'hui, j'essaye de la mettre en pratique. »

Vingt ans après ses débuts, la poésie de Woeser n'a plus rien d'éthéré. Les métaphores sont rares – du miel perlant sur des lames de rasoir : *« Lécher, la tentation est trop forte. Oh, ma langue ! Qu'est-il arrivé à nos langues ? »* Ses textes sont souvent en prose, directs, brutaux.

Woeser décrit les changements rapides de Lhassa, le supermarché qui vend des palmiers en plastique, le nouveau viaduc sur la route de l'aéroport, les drapeaux chinois devant les maisons des quartiers neufs : *« Un touriste applaudit le patriotisme des Tibétains.*

Ah oui ? S'ils ne sont pas patriotes,
On leur colle une amende. Toi comprendre ? »

« Toi comprendre ? », *« nide mingbai ? »*, est une expression des méchants japonais dans les films de guerre chinois.

La poésie n'est plus qu'une infime variation formelle dans le flux de son blog, qu'elle alimente tous les jours. Elle écrit dans son petit bureau perché, parfois en musique, compilant des photos, des dépêches, des informations qui lui parviennent du Tibet : un lama est arrêté, un moine a disparu ; des textos du Bureau de la sécurité publique appellent à la délation, la télé tibétaine diffuse des listes de *« most wanted »* et promet des récompenses (jusqu'à cinq mille euros) ; vingt et un avocats sont sanctionnés à Pékin pour avoir annoncé qu'ils défendraient des Tibétains, des soldats se déguisent en civils pour une visite de journalistes étrangers... Son blog a reçu quatre millions de visites en 2008.

Rencontre numéro 5 : à Labrang, les séances d'éducation patriotique

Le vent du nord s'engouffre dans les rues de l'immense monastère de Labrang, soulevant la fine couche de neige tombée dans la nuit. Avant les émeutes, touristes et pèlerins étaient nombreux. La prospérité était au rendez-vous. Aujourd'hui, les vendeurs de pacotille bouddhiste ont déserté. Le nombre de moines est passé de trois mille à mille. Le soir, la rue principale est obscure, et il faut insister pour se faire accepter dans un restaurant qui n'a pas servi un seul dîner depuis une semaine. J'y rencontre un moine et un commerçant.

Jampa, 25 ans, est moine et fils de nomades. Il aimerait apprendre l'anglais avec l'aide d'amis qui ont vécu à Dharamsala, en Inde, la capitale du Tibet exilé. Lui-même a demandé un passeport pour s'y rendre. Il raconte comment Labrang s'est enflammé l'an passé : *« Trois moines ont descendu la rue principale avec des drapeaux tibétains, puis les nomades sont descendus des collines. »* La répression n'a pas été sanglante, dit-il. C'est plus tard que l'étau s'est resserré. Les séances d'éducation patriotique se sont renforcées. Les moines doivent lire des livres de propagande à haute voix et répondre sans faute à des questions sur *« les grands crimes commis par le dalaï »*, un *« séparatiste qui conspire pour l'indépendance du Tibet »*, un *« outil des forces internationales opposées à la Chine... »* En cas de refus, les amendes peuvent atteindre cinq mille yuans (cinq cents euros). Jampa explique qu'il n'est plus possible de faire confiance à quiconque : *« Pour de l'argent, de nombreux moines sont prêts à renseigner le gouvernement. L'amitié a été brisée. »*

Gongpo, lui, tient un magasin de souvenirs. Jusqu'aux émeutes, il était prospère. Tout s'est arrêté net. *« Le business est au point mort. »* Souhaite-t-il l'indépendance du Tibet ? Il hausse les épaules. *« Ce régime est trop fort. »* A-t-il manifesté ? Nouveau soupir. *« Qui se soucierait de moi ? J'ai un enfant à ma charge. Qui s'occuperait de lui si j'étais arrêté ? »* À l'avenir, Gongpo aimerait que son fils travaille pour le gouvernement. C'est la sécurité.

« Un ami m'a dit : "Tu écris, c'est ton identité. Tu es poète." Je me suis forgé une maxime : "Écrire, c'est un voyage, une prière, un témoignage." Aujourd'hui, j'essaye de la mettre en pratique »

« Une jambe tibétaine, une jambe chinoise »

Woeser comprend cette schizophrénie. *« Les Tibétains ont un grand respect pour les moines, qui ont le courage de se dresser en leur nom. En même temps, ils peuvent rêver d'être fonctionnaires de l'État chinois. Le "bol de riz en fer", ça tente tout le monde. »*

Elle en revient à son père, à ce père communiste supposé athée. *« En mars 1959, déguisé en projectionniste, il a conduit une mission d'espionnage dans le Palais d'été, où la foule protégeait le dalaï-lama juste avant sa fuite en Inde. Il a fait cela et, pourtant, je n'ai jamais entendu mon père dire un seul mot contre Sa Sainteté. Sur son étagère, à côté d'une statue du bouddha, il avait masqué son livre le plus cher sous des affiches révolutionnaires, c'était l'autobiographie du dalaï-lama.*

« Quand le panchen-lama [le numéro 2 du bouddhisme tibétain, ndlr] *a rendu visite à mon père, nous étions tous à la maison pour recevoir sa bénédiction. J'ai vu mon père mettre un genou à terre et je lui ai dit : "Ta jambe tibétaine a touché le sol, l'autre jambe c'est celle du Parti." Il a nié et m'a affirmé que, jamais, il n'avait posé le genou à terre. C'était lui qui m'avait appris un proverbe chinois comme quoi il fallait apprendre "à marcher sur deux jambes, une pour la pensée orthodoxe, l'autre pour sortir des sentiers battus".*

« Aujourd'hui, j'écris pour explorer l'esprit de mon père. C'est douloureux. Nous, Tibétains, croyons au karma, aux causes et effets. C'est peut-être une chance que mon père soit mort tôt : s'il était en vie, il pourrait y avoir un vrai conflit entre lui et moi. »

Woeser dit qu'il a fallu que son père meure pour qu'elle se sente tibétaine. XXI

Les noms de plusieurs hauts dirigeants communistes tibétains ont été empruntés et utilisés pour protéger les interlocuteurs qui souhaitaient ne pas être nommés.

Les émeutes de 2008

Lhassa, mars 2008. AFP

Le 10 mars 2008, des manifestations pacifistes de moines commencent à Lhassa. Quatre jours plus tard, elles dégénèrent **en émeutes antichinoises**. Selon Pékin, 21 personnes sont tuées le 14 mars.

Pendant plusieurs semaines, des manifestants défient le pouvoir chinois dans tout le Grand Tibet, et sont sévèrement réprimés. Plus de 200 Tibétains ont perdu la vie, selon le gouvernement tibétain en exil.

Depuis, la région est fermée aux journalistes étrangers.

La bataille des célébrations

• Le 23 mai 1951 marque, selon le Parti communiste chinois, la **libération pacifique** du Tibet : c'est le jour où a été ratifié à Pékin l'accord en 17 points par lequel le dalaï-lama reconnaissait la souveraineté chinoise sur le Tibet (le régime communiste l'a maintenu au pouvoir pendant huit ans).

• La victoire militaire éclair des troupes chinoises, six mois auparavant sur les rives du Yangtse n'est pas célébrée.

• Les Tibétains fêtent le 10 mars, qui a marqué cette année le cinquantenaire de **l'insurrection antichinoise** de Lhassa, dont la répression a fait entre plusieurs milliers et plusieurs dizaines de milliers de morts. Ce jour-là, la foule a encerclé le Palais d'été du dalaï-lama, le protégeant des troupes chinoises et permettant sa fuite, le 17 mars. Depuis, il vit en exil en Inde, à Dharamsala, et n'est jamais revenu au Tibet.

• La Journée nationale de l'**émancipation des serfs** a été fêtée pour la première fois cette année. Pékin voit dans le 28 mars – anniversaire du jour de 1959 où le *« gouvernement aristocratique du Tibet »* a été dissous et où *« un million de serfs et d'esclaves ont été libérés »* – l'équivalent de l'abolition de l'esclavage aux États-Unis. Pour les autorités chinoises, *« les Occidentaux ignorent les faits historiques »*.

Le dalaï-lama

EYEPRESS NEWS

Tenzin Gyatso, 74 ans, a été intronisé quatorzième dalaï-lama en 1949. Leader du bouddhisme tibétain, il a reçu en 1989 le **prix Nobel de la paix**.

Les **mises en garde** du régime communiste contre ce *« séparatiste »* sont virulentes. Les pays étrangers sont régulièrement appelés à *« ne pas autoriser de visites sur leur sol du dalaï-lama »*.

La France fait l'objet d'un coup de froid depuis que Nicolas Sarkozy a rencontré le dalaï-lama, le 6 décembre à Gdansk.

De nombreux officiels chinois ne cachent pas attendre **la mort du dalaï-lama,** qui, âgé, a connu plusieurs alertes de santé.

Lhassa, mars 1959. AFP

Le Grand Tibet

- C'est **la grande peur du régime chinois**, avouée par le Premier ministre, Wen Jiabao, l'an dernier dans une interview à CNN, et rappelée le 7 mars par son ministre des Affaires étrangères : *« Le dalaï-lama et ses partisans veulent toujours établir un prétendu Grand Tibet sur un quart du territoire chinois. »*
- Le Tibet a un noyau : la « région autonome du Tibet », qui forme l'une des 33 divisions provinciales de Chine. Mais la **population tibétaine déborde largement** ces frontières. La moitié environ des Tibétains vivent en dehors de cette région, dans quatre provinces chinoises. Selon les chiffres du gouvernement chinois, 97 % de la surface du Qinghai, la moitié ouest du Sichuan, un dixième du Gansu et du Yunnan sont constitués de « régions autonomes » à majorité tibétaine.
- C'est **pour cet ensemble**, le Grand Tibet, que le dalaï-lama réclame une *« autonomie significative »*. La diaspora, dont la majorité vient des régions limitrophes, accepterait mal que la revendication d'indépendance se limite au seul noyau.

« Impérialiste »

Insulte maoïste, le mot a gardé une forte connotation péjorative dans la Chine moderne. *« La libération pacifique du Tibet a secoué le joug imposé par les agresseurs impérialistes »*, lit-on dans le Livre blanc publié début mars par Pékin. Ou encore : *« Le prétendu* "problème tibétain" *n'est en aucun cas un problème ethnique, religieux et de droits de l'homme, mais une tentative ourdie par les forces occidentales antichinoises de restreindre, diviser et démoniser la Chine. »*

Le texte intégral de ce Libre blanc titré *Cinquante Ans de réformes démocratiques au Tibet* est sur le site de l'agence Xinhua.

Cérémonie officielle à Lhassa avec levée du drapeau chinois.

IMAGINECHINA / WU CHANGQING

« Purification ethnique »

Pékin accuse le dalaï-lama de vouloir chasser les non-Tibétains du Tibet. Le régime y voit *« le projet de pratiquer la purification ethnique »* et commente : *« Nous devons apprendre des massacres causés par les conflits ethniques dans le monde entier. »*

La « voie moyenne »

Le 15 juin 1988, dans un discours prononcé devant le Parlement européen de Strasbourg, le dalaï-lama a renoncé à revendiquer l'indépendance pour son pays et souhaité que le Grand Tibet *« devienne une entité démocratique autonome [...] en association avec la République populaire de Chine »*.

L'automne dernier, il a laissé entendre que cette politique de la *« voie moyenne »* pourrait être abandonnée. Parmi les exilés tibétains, les partisans de l'indépendance (*rangzen*) gagnent du terrain.

Ressources

Quelles que soient les frontières qu'on lui prête, le Tibet abrite moins de 1 % de la population chinoise. Mais son 1,2 million de kilomètres carrés (plus de deux fois la France) constitue un enjeu stratégique. Les ressources du Tibet sont importantes : minières, hydrologiques et touristiques, avec la moitié des sommets de plus de 8 000 mètres, dont l'Everest.

LES ÉVAPORÉS DU JAPON

Disparaître subitement pour refaire sa vie ailleurs, débarrassé de son passé : la tradition remonte au Japon féodal. Des dizaines de milliers de Japonais vivent aujourd'hui comme des ombres pour fuir l'endettement. Un phénomène stupéfiant.

Par Léna Mauger

Il vit en toute discrétion au cœur d'un dédale de ruelles, dans le nord de Tokyo, après les voies de chemin de fer. Un lieu idéal pour se cacher ou pour s'évader. Ce soir, la nuit est sans lune, de rares passants glissent sous des néons, et le ronronnement des trains rythme ce spectacle d'ombres.

Au détour d'une rue se dresse sa maison. Impersonnelle, en béton blanc, la demeure tient du cube. Un simple panneau posé sur son frontispice la distingue : « Société de débarras en tout genre », est-

> Le voilà donc, ce fantôme, qui, après s'être plusieurs fois dérobé, a accepté de nous recevoir pour raconter l'histoire d'une disparition, la sienne

il écrit en caractères japonais. C'est bien là. Trois camionnettes sont garées devant le bâtiment. Des hommes s'affairent, déchargent des objets. L'un, petit, trapu, s'avance dans la pénombre : *« Le patron devrait arriver. »*

L'air est glacial, l'attente longue. Une demi-heure plus tard, l'homme revient et indique un escalier. En haut, le quartier général du « chef ». Un capharnaüm : des montagnes de papiers, des cartes, de vieux ordinateurs, des machines à écrire, des talkies-walkies... Assis derrière un bureau, le « chef » est caché à la vue par des piles de dossiers. Il se lève : corps sec, visage grave, air imperturbable. Il incline le buste, salue, se présente : *« Kazufumi Kuni. »* Le voilà donc, ce fantôme, qui, après s'être plusieurs fois dérobé, a accepté de nous recevoir pour raconter l'histoire d'une disparition, la sienne.

Kazufumi Kuni est un « évaporé ». Il est sorti un jour du bureau, comme d'habitude, mais c'était pour ne jamais rentrer chez lui. Comme des dizaines de milliers d'autres au Japon, où le phénomène des « évaporations » est centenaire, il s'est volatilisé.

Devenir un homme sans passé

D'une enveloppe nichée sur une étagère, il tire cérémonieusement des feuillets jaunis, qu'il dépose un à un. Puis une carte d'identité, périmée. Sur la photo, il a des traits juvéniles, et son regard trahit l'ambition. Son nom de famille ? *« Okuniya. »* Sa date de naissance ? Le 16 avril de « Showa 18 » (1943). C'est bien lui, Kazufumi. Pourtant, la carte d'identité décrit un homme qui n'existe plus. Le visage s'est parcheminé, le dos s'est voûté et le nom de famille a perdu un idéogramme pour devenir Kuni. Une mutilation phonétique, à la fois cicatrice et métaphore de sa vie.

« Comment êtes-vous parti ?

– J'ai simplement pris le train. C'était quatre ans après mon entrée dans une maison de titres, en Showa 45 [1970]. C'était le soir, j'étais jeune. Je ne me souviens plus exactement de la date. »

Son regard se noie dans le vague. À 66 ans, Kazufumi replonge dans ce temps où, il en était sûr, le monde lui appartenait. Diplômé d'une prestigieuse université japonaise, il exerçait le métier de courtier, en charge de la gestion de transactions à risque – *« J'étais un* topsellerman » (« supervendeur »), lance-t-il à l'anglo-saxonne. Élégant et plein d'avenir, il enchaîne les missions. Jusqu'au jour où, après un mauvais placement, il enregistre une perte sèche de *« 400 millions de yens »*. Ses clients le harcèlent. Ses patrons lui font porter la responsabilité de la transaction. *« J'ai compris que la société allait me tomber dessus, alors j'ai décidé de m'enfuir. »* Kazufumi dit cela en choisissant ses mots, comme s'il passait un examen. *« Un soir, je suis parti me cacher chez un ancien camarade d'université. »* Son ami vit dans un quartier populaire de Tokyo. Des semaines durant, les deux hommes partagent, en parfaits étrangers, un petit appartement. Cloîtré, Kazufumi reste mutique. Il entame son évaporation.

Dans les montagnes natales de la famille, le patriarche mène l'enquête, distribue des avis de recherche, fait appel à un détective privé. *« Mon père m'a beaucoup cherché... »* Des recouvreurs de dette le menacent. Les patrons de Kazufumi se rendent finalement compte qu'ils ne peuvent *« intenter un procès à un disparu »* : *« Sur quelles bases auraient-ils attaqué ? »*

Kazufumi erre, se faufile dans les interstices de Tokyo, où, comme dans toutes les capitales, se trouvent toujours des employeurs peu regardants. Tour à tour maçon, manœuvre, plongeur, serveur dans un cabaret, il se « vagabondise ». *« J'ai fait tous les boulots les plus bas. Je gagnais 8 000 yens par jour. Ça me permettait de manger et de dormir. Ça m'a aussi durci physiquement et psychologiquement. »* Pour ceux qu'il croise encore, il devient M. Kuni, un homme sans passé.

Dans le bureau, le téléphone sonne. Kazufumi décroche, puis raccroche aussi sec. Il veut rester concentré. On ne réunit pas sans efforts les pièces d'un passé décomposé. *« Je n'ai pas songé à une nouvelle vie,* reprend-il, *je me suis enfui, c'est tout. S'enfuir n'est pas glorieux. Ni argent ni statut social. L'essentiel, c'est de rester vivant. »* Après quelques années d'errance, il parvient à louer anonymement un appartement. Puis il découvre dans les journaux l'existence de sociétés d'aides, qui dépêchent aux particuliers des *benri-ya*, des « hommes à tout faire ». Ces petites entreprises offrent toutes sortes de services : de l'arrosage des plantes à la promenade du chien en passant par l'expulsion de logements. Flairant la bonne affaire, l'ex-enfant prodige monte à 38 ans la « Société de débarras en tout genre » qu'il dirige toujours.

Il dispose d'une licence officielle de « débarrasseur » qui l'autorise à transporter tout et n'importe quoi. *« Nous avons commencé par ramasser les chiens écrasés. Des chiens pourris, puants, mangés par la vermine. Les gens s'écartaient et n'osaient pas regarder. Nous aussi étions dégoûtés, mais il fallait bien que quelqu'un fasse ce travail. Je n'avais pas le choix. C'était mon gagne-pain. C'est à ce moment-là que j'ai décidé de ne reculer devant rien. »*

« Agence de fugues »

De nouveau, la sonnerie du téléphone l'interrompt. Kazufumi expédie la conversation : *« Rappelez demain. »* Il reprend, impassible : *« Je m'occupe également des déchets industriels et électroniques dangereux. Le reste, ce sont les cadavres noyés, des lambeaux humains irrespirables. Mais nous, nous sommes au plus bas de la société, alors nous n'avons pas d'états d'âme. »*

Kazufumi a une dernière activité. Secrète. Celle-là même qui m'a amenée dans son bureau. Sa « Société de débarras en tout genre » fait également office d'« agence de fugues ». À la place des trépassés, il y a parfois des corps bien vivants dans ses camionnettes. Des fugitifs, des semblables : l'évaporé est aussi « évaporateur ». Après sa disparition, Kazufumi a aidé plus d'une centaine d'hommes et de femmes à se dérober.

Ses clients, il ne va jamais les chercher. Ce sont eux qui viennent à lui. Par le bouche-à-oreille et grâce sa formule « débarras en tout genre », qui attire leur attention. *« Au téléphone, ils parlent de "déménagements". Mais, quand ils nous demandent de venir à 20 heures ou à minuit, on comprend tout de suite ce qu'ils veulent. »*

Tous les candidats ne sont pas admis. Le « chef » les soumet à un interrogatoire poussé. *« Mon père, policier, m'a appris à ne pas franchir la ligne jaune. Je ne prends pas ceux qui me paraissent louches. »* Kazufumi refuse 90 % des demandes, mais, quand un accord est scellé, tout va très vite. Au crépuscule, d'étranges déménageurs équipés de draps et de rideaux noirs débarquent. Les fenêtres sont occultées, les meubles emballés à la hâte. *« Les clients nous disent toujours qu'ils ont trois fois rien. Mais, le moment venu, ils veulent tout emporter, machine à laver comprise. Nous sommes aussi discrets et rapides que possible. »*

Il y a parfois des surprises : *« Il m'est arrivé de déménager des entreprises entières, comme un magasin de livres érotiques. Dans de tels cas, il faut être encore plus vigilant. On ne met pas de chaussures en cuir, mais des baskets. Je regarde s'il n'y a pas de micros dissimulés. Et, pour brouiller les pistes, je sème des papiers avec des adresses fictives... »* Parfois, aussi, le danger rôde. Certains clients s'arment de couteaux, de bâtons ou de *katanas* (« sabres ») en bois. *« Le jour J, c'est très tendu, ils sont à cran et craignent que des créanciers ne leur tombent dessus. »* Il peut y avoir des bagarres, des poursuites...

Les clients de l'évaporateur sont des célibataires, des *salarymen* (« salariés ») modèles, parfois même des familles entières sont embarquées. Japonais souvent moyens, hommes, femmes et enfants fuient l'endettement contracté auprès de sociétés proches des *yakuzas*, les sociétés mafieuses. Pour recouvrer les créances, la violence est un argument. Blanchisseur des ténèbres, Kazufumi est le dernier espoir. Son premier conseil est pour les femmes et les enfants : se mettre à l'abri la veille. Le jour de la « disparition », seuls les hommes l'accompagnent. Dans la nuit, sans laisser de traces, ses camionnettes emportent la détresse.

Je demande à Kazufumi s'il peut me mettre en contact avec des évaporés. Il refuse : *« Je les ai tous effacés de ma mémoire... »* De ses doigts plissés, il referme délicatement sa grande enveloppe jaunie. L'entretien est terminé, il faut repartir. La porte n'est plus qu'entrebâillée lorsqu'il murmure : *« Allez voir du côté des sources du mont Fuji... »*

À la fois Brest et Palavas-les-Flots

Le Shinkansen, un TGV aérodynamique, file à l'ouest de Tokyo à 300 kilomètres par heure. À droite, le mont Fuji, symbole du Japon. À gauche, l'océan Pacifique, luisant et paisible. *« Allez voir du côté des sources du mont Fuji... »*, a conseillé Kazufumi. J'y suis. Avec ses rues tortueuses, son port industriel, sa jetée en béton et ses hôtels décrépis, la station balnéaire d'Atami tient à la fois de Brest et de Palavas-les-Flots. Kitsch, vieillotte et alanguie, elle est réputée pour ses *onsen*, ses sources chaudes. Les Japonais en raffolent.

La tradition s'est forgée au XVIIe siècle, dans le Japon féodal, et s'est poursuivie jusqu'à la fin du XIXe. Tout au long de cette période, littérature et théâtre associent les sources chaudes volcaniques au destin des évaporés. D'innombrables livres et pièces narrent les aventures de fugitifs venus se débarrasser de leur passé dans les vapeurs sulfureuses des *onsen* avant de « réapparaître » ailleurs. Les plus désespérés s'y purifient et se donnent la mort – « disparition totale ». C'est de cette métaphore que découle l'expression « évaporés », *johatsu* en japonais.

Ce samedi, le quartier de la gare est animé. Des femmes déguisées en *geishas* (« courtisanes ») distribuent des publicités pour les sources. Derrière leurs comptoirs, des grands-mères vendent les spécialités de la ville : poisson séché et gâteau aux haricots rouges. L'une sert des anguilles grillées. Les fesses collées contre un poêle, elle parle avec plaisir des bains du Fuji : *« Il faut aller visiter ceux de l'hôtel Taikanso, là-haut sur la colline. Ce sont les plus anciens d'Atami, ils ont été construits en 1928. Vous remontez la rue, là, et vous tournez à gauche après le pont...*

– Et les évaporés. Il y en a à Atami ? »

La grand-mère fait volte-face, décide de se frictionner près du poêle, ne dit plus un mot.

Au commissariat, les policiers s'enfoncent dans un profond mutisme. À l'hôtel Taikanso, la direction dépêche un ingénieur en bleu de travail qui, tout gêné, m'entraîne sous un échafaudage éloigné : *« Il n'y a pas d'évaporés chez nous*, dit-il sans cesser de regarder autour. *Autrefois, on manquait de main-d'œuvre, donc on embauchait tous les candidats, sans poser de questions. Mais, aujourd'hui, on se renseigne sur la personne, ses origines, sa famille... »* L'ingénieur tourne les talons.

Partout dans la ville la question suscite le même malaise. *« Mais nous sommes un établissement respectable, madame »*, répond le directeur d'un *onsen*. *« Ce sont des légendes »*, s'excuse un autre. Seul un gérant d'hôtel, recroquevillé derrière sa caisse, lâchera une indication : *« Peut-être que le Dr Uchida, le médecin des sources, pourrait vous aider... »*

Le Dr Uchida dirige un dispensaire dans le centre-ville. À l'entrée, une trentaine de paires de chaussures, beaucoup de petites tailles : ce doit être le jour des enfants. La salle d'attente est bondée. M. Uchida reçoit au bout d'une heure dans son cabinet, une pièce aseptisée où papillonnent des infirmières. Blouse verte, masque sur le visage, il s'exprime avec simplicité et franchise : *« De nombreux Japonais viennent ici parce que les sources du mont Fuji sont célèbres depuis des siècles. C'est très rare qu'ils se suicident après leur bain. En général, ils rôdent plusieurs jours dans la ville. »*

Un enfant ausculté par une infirmière se met à pleurer, un autre l'imite. M. Uchida hausse la voix pour couvrir leurs cris : *« Certains évaporés trouvent du travail dans les* ryokan *(« auberges »), comme personnel de ménage, par exemple. Ce n'est un secret pour personne que les sources offrent l'asile aux déchus et aux criminels... Les habitants n'ont pas oublié la cavale de Kazuko Fukuda. Cette meurtrière avait erré une quinzaine d'années après avoir assassiné ses collègues, et la police a retrouvé sa trace dans les sources d'Atami. Ce fut un scandale... »* Une assistante fait signe que l'heure tourne. *« À votre place, j'irais dans les bains ouverts jour et nuit, vers Shizuoka... »*

En Français, *Shizuoka* signifie « colline calme ». Bien qu'encore plus proche du mont Fuji, la ville a peu de charme. Ses soixante-dix mille habitants vivent dans un univers d'entrepôts et de barres d'immeubles où, au centre, ne se distingue qu'un bloc flambant neuf : le Hananoyu Onsen. Dans cet immense complexe de loisirs et de consommation, la moquette moelleuse mène aux restaurants, aux jeux vidéo et aux cinémas agencés autour des bains. À deux heures de Tokyo, c'est le paradis des habitants de la capitale japonaise, qui viennent y passer des week-ends entiers en famille.

Le directeur, M. Taruno Uchino, est fier de son temple du bien-être. Il tient lui-même à le faire visiter. Tiré à quatre épingles, raide dans ses chaussures vernies, il insiste sur les sols *« en marbre chauffé »*, les massages *« au sel et au sable »*, le sauna *« dernier cri »* et la salle de restaurant. *« Puis-je vous proposer un thé ? »*, offre-t-il. Et de s'enfoncer dans les coussins en velours rouge d'une alcôve où, paisiblement, il commence à s'assoupir. Il faut le tirer de sa somnolence. *« Vous avez déjà eu affaire à des évaporés ? »*

M. Taruno Uchino s'étrangle avec son thé : *« Des évaporés, chez moi ? Euh... »* Il hésite, longtemps. Peine à reprendre ses esprits. Puis parle, lentement. *« En effet, on a souvent des personnes seules, en crise avec leur famille. Elles quittent leur domicile et ne savent pas trop où aller. L'avantage, c'est qu'ici elles risquent peu de croiser des connaissances. Et nous sommes ouverts vingt-quatre heures sur vingt-quatre.*

– Quelles sont leurs histoires ?

– Je ne sais pas, ça ne me regarde pas. »

M. Uchino se redresse, réajuste son costume : *« Ce qui est certain, c'est que nos soins sont une bonne recette pour les âmes en peine. »*

« La boutique des évadés »

Retour au point de départ : Tokyo. Kazufumi, l'évaporateur, m'a parlé d'une série télévisée, *Yonigue-ya Honpo* (« La boutique des évadés »). Un ami me prête le DVD de ces quinze histoires d'évaporation écrites sur fond de suspense et d'action échevelée. À la fin des années 90, « La boutique des évadés » a battu des records d'audience. Dans la série, les personnages en banqueroute disparaissent, mais toujours après des rebondissements comiques et des courses-poursuites avec la mafia. L'un des héros, patron d'une agence de fugues, a particulièrement marqué Kazufumi. Cet alter ego, mobile comme un ninja, garantit à ses clients des « réapparitions » toujours radieuses.

Le scénariste de « La boutique des évadés » donne rendez-vous à Shinjuku, au bar d'un hôtel quatre étoiles avec vue circulaire sur la modernité de la capitale. À 60 ans, Takahito Hara est l'archétype du producteur qui ne s'est pas vu vieillir : teint hâlé, mocassins impeccables et bracelets d'adolescent. Comme un enfant, il s'extasie de tout et applaudit en riant. C'est après avoir écrit et réalisé trois films sur les disparus pour le cinéma qu'il décide, explique-t-il, d'imaginer une série pour la télévision : *« Je voulais pointer du doigt un problème dont les médias n'osent pas parler. Les sociétés indépendantes de crédit sont entre les mains de la mafia. Si les débiteurs ne remboursent pas à temps, les* yakuzas *exercent des pressions, qui peuvent aller jusqu'au meurtre. »*

L'évaporateur

Takahito Hara aime les grands gestes. Il aime aussi s'enflammer : *« L'éclatement de la bulle financière a été tragique. Quelle que soit l'importance de leur dette, les emprunteurs se suicidaient. Des familles entières se sont donné la mort et beaucoup se sont dit qu'il valait mieux continuer à vivre en changeant d'identité. Le* yonige *est un phénomène ancien, il s'est développé dans les années 90. »* En japonais, *Yo* signifie la nuit et *nige*, s'enfuir. Un *yonige* désigne la fuite discrète menant à la disparition.

Pour incarner ce phénomène de société, le scénariste s'est inspiré de faits divers et de témoignages. *« Notre fiction est très réaliste »*, insiste-t-il. Dans son travail d'enquête, qui fut à la base des situations mises en scène, Takahito a longuement consulté un évaporateur. L'homme est passé de l'ombre à la lumière. De sa vie, il a tiré un livre. Takahito me donne ses coordonnées.

L'écrivain est ravi du coup de fil. Il s'appelle Sho Hatori, a 41 ans et a publié en 1997 *Za Yonige-ya*, « L'Agence de fugues ». Je le retrouve quelques heures plus tard à Yokohama, la ville-dortoir de Tokyo. Il attend dans le hall clinquant d'un hôtel et se dirige aussitôt vers le bar. Petit, musclé et les traits au couteau, Sho à l'allure d'un *yakuza* : même chaîne en argent, même veste noire et regard sur le qui-vive.

Pendant neuf ans, il a dirigé une société de déménagements. Une société normale jusqu'à ce qu'un soir, dans le karaoké qu'il fréquente, une femme lui demande de la faire « disparaître » avec ses meubles. Elle ne supporte pas, dit-elle, l'endettement de son mari qui lui *« gâche »* la vie. Sho Hatori accepte. C'est un succès.

Le directeur de l'entreprise de déménagements renifle un filon. Il publie une annonce : « Déménagements du soir ». Juste *« un clin d'œil »*, assure-t-il aujourd'hui. C'est l'époque de l'éclatement de la bulle financière et, *« immédiatement »*, Sho voit *« surgir pleins de clients »*. Il décide de se faire sauveur, réunit hommes de main et fugitifs dans son bureau, dessine des plans sur un tableau, recherche les meilleures planques et envisage tous les scénarios. Ses « vols de nuit » sont facturés 400 000 yens, trois fois le prix d'un déménagement classique. Il fabrique des fantômes à la chaîne.

Sho reçoit de nombreux appels de femmes. Des *offices ladies* (de « jeunes employées de bureau ») accros aux vêtements, aux marques de luxe et couvertes de dettes. Ou des femmes victimes de violences conjugales. Ou de jeunes diplômées qui, logées par leurs patrons dans des dortoirs collectifs, sont corvéables à merci et craquent. Toutes ne peuvent se confesser ni à la police ni à leurs proches. Mieux vaut fuir que perdre la face. *« Je les incitais à s'accrocher, mais elles s'enfuyaient quand même. »*

La publication de son témoignage lui vaut une reconnaissance publique. Au Japon, aux États-Unis et en Europe, il fait l'objet d'articles. À chaque fois, Sho se présente comme *« écrivain, producteur et manager »* et affirme que, comme à la télévision, « ses disparus » vivent heureux. Il se veut exemplaire : *« Les gens associent souvent les* yonige *à de la lâcheté. En faisant ce travail, j'ai compris que c'était un comportement salutaire. »*

À la fin de l'interview, il fait venir sa fille de 17 ans, une championne de karaté en jupe plissée. Il veut en faire *« une star de cinéma »*. Ce sera sa revanche sur son propre passé. Lui aussi est un évaporé. Ou, plutôt, un « enfant de l'évaporation ». Quand il était petit, sa famille a fui Kyoto. Les dettes... déjà.

« Autant faire parler les morts »

Ce soir, dîner dans un restaurant bruyant et surchauffé du quartier de Shibuya, dans l'ouest de Tokyo. Entre les plats de poisson cru arrosés au saké, un journaliste aborde la question des évaporés. Mi-curieuse, mi-incrédule, la table s'anime. Un universitaire japonais s'interroge : *« Comment les dénicher ? Retrouver leurs familles, pourquoi pas ? Mais, des disparus... même la police n'y arrive pas. »*. Un photographe plaisante : *« Autant faire parler les morts. »* Un convive raisonne à voix haute : *« Nous avons tous entendu des histoires de disparus, mais de là à en retrouver. Il suffit peut-être d'en parler. »* L'universitaire intervient : *« Désolé, mais nous sommes très pudiques. On ne s'invite pas les uns les autres, on ne dévoile pas nos sentiments. Sur un tabou comme la disparition, je doute que vous trouviez... »*

Et pourtant. Ils sont là, partout. Une artiste peintre plongée depuis vingt ans dans l'attente, mère de deux enfants, se rendit comme d'habitude un jour au restaurant de son mari, où elle assurait le service de midi. Un autre homme l'accueillit. Son époux venait de vendre l'établissement en cachette et s'était évanoui dans la nature. Depuis, aucune nouvelle : *« Je pense, parfois, que mon mari erre dans Sanya, le quartier des marginaux. »*

Il y a aussi cette étudiante, réservée, discrète, dont le père s'est envolé il y a quinze ans en laissant derrière lui papiers, clés, tout... Par deux fois, sa fille crut l'apercevoir dans la rue. Une silhouette furtive, de vagues souvenirs... Si elle avait croisé son regard, l'aurait-elle abordé ? Non, elle *« déteste »* son père. Jamais elle n'a engagé de recherches pour le retrouver.

« Autrefois, nous vivions au milieu des cerisiers »

Les familles des disparus n'ont aucun recours. Au Japon, un adulte a légalement le droit de « disparaître ». Cette réalité est acceptée. Elle est une donnée du pays. *« Quand quelqu'un disparaît, on dit simplement "shogunaï", c'est-à-dire "on n'y peut rien". Je n'ai pas connu l'époque Edo, mais déjà, quand quelque chose de grave arrivait, les gens se résignaient »*, rappelait Takahito Hara, le scénariste de « La boutique des évadés ».

Le destin de la famille Kurihama est édifiant. Loin des hôtels et des restaurants branchés, elle se terre au nord-est de la capitale, dans un faubourg populaire. Mikio, le père, ouvre la porte. Moustache, bedaine, gros pull en laine, l'ancien maçon de 61 ans a un air de cégétiste. Dans la pièce à vivre – une cuisine mal chauffée où s'amoncellent buffets bringuebalants, piles de vaisselle, babioles, poupées, boules à neige, dessins d'enfants –, il installe des chaises dépareillées. Quelques instants plus tard, sa discrète épouse, employée à la poste, rentre du bureau.

L'atmosphère est tendue, le silence difficile à rompre. Immobile, le fils aîné, Thim, se tient raide devant la table et scrute fixement le patchwork de moquette de récupération posé sur le sol. À l'étage, couchée dans son lit, la grand-mère à moitié handicapée se racle la gorge. De part et d'autre de la table, Mikio et son épouse se font face.

« Autrefois, nous vivions au milieu des cerisiers, à Saitama, dans la plaine du Kantô... » Par ces mots, Mikio entame sa traversée du passé. Fils de tanneurs, il devient à 20 ans professeur de kendo. Une réussite pour un homme de basse caste : le kendo est l'escrime des samouraïs. Respecté, Mikio donne des cours du soir aux policiers. Le maître d'art martial épouse Tomoko à l'issue d'un mariage arrangé. Le couple apprend à s'aimer et projette, dans les

> « Je n'ai jamais envisagé la fuite comme une fin en soi. Ma mère m'a appris à surmonter les obstacles. Mais disparaître, c'était me donner une chance de renaître lavé de mes fautes »

années 80, d'ouvrir un restaurant de *gyôza* (« raviolis »). Mikio emprunte. Il ne dit pas combien.

Le restaurant attire peu de clients, et le pays, touché par la crise, s'enfonce dans la récession. Il devient impossible d'honorer les traites. Mikio et Tomoko se mettent à craindre que la sécurité de la famille ne soit menacée. *« Il aurait fallu un siècle pour éponger les dettes. »* Tomoko est enceinte de Thim, son premier enfant. La mère de Mikio partage le toit du couple. C'est elle qui prendra la décision de vendre discrètement la maison et de tout quitter. Un 1er janvier, jour de fête et de tempête, les Kurihama se volatilisent.

Thim est toujours immobile, toujours debout, toujours raide. Il est le seul de la fratrie à avoir été mis dans le secret. Ce soir, ses frères, qui ont grandi dans le mensonge du passé sublimé – les cerisiers en fleur, la jolie maison, le *« départ volontaire »* pour Tokyo… – ont été envoyés chez des amis. Thim, lui, est resté. *« Il est une énigme pour nous,* dit Mikio. *Il est comme la surface lisse d'un lac dont on ignore les profondeurs. Les deux autres sont plus faciles à comprendre, et ils marchent bien à l'université. »* Thim et son piercing à la lèvre restent figés. *« Je crois que j'ai mis trop de pression sur lui »*, lance Tomoko, qui, posant bruyamment une bouilloire sur le feu, s'attaque à un tas de vaisselle sale.

« Jeter l'éponge »

Mikio s'est tendu. De ses doigts, il triture nerveusement ses branches de lunettes. D'un coup, la douleur jusqu'ici contenue éclate : *« Dans cette maison,* yonige *est devenu un mot tabou. Comme si nous étions des parias. Mais qui peut affirmer aujourd'hui qu'il n'a jamais voulu et ne voudra jamais changer de vie ? Les gens sont lâches. Ils ont forcément envie de jeter l'éponge, de disparaître et de réapparaître dans un lieu où ils ne sont connus de personne. »*

Tomoko, la mère, se rassied, la vaisselle reste en plan. Mikio pose son regard sur les fleurs de la toile cirée : *« Je n'ai jamais envisagé la fuite comme une fin en soi. Ma mère m'a appris à surmonter les obstacles et à être combatif. Mais disparaître, c'était se donner une chance de renaître lavé de mes fautes. »* Le père bat sa coulpe : *« J'ai conscience de mes faiblesses. J'ai voulu, par exemple, me dérober à la rencontre d'aujourd'hui. Ce n'est pas facile de vider son sac, et à quoi bon ? Mais je me suis dit que c'était un nouveau challenge qui se présentait à moi. Vous savez, une disparition est quelque chose qui vous colle à la peau. S'enfuir, c'est courir à la mort. »* Thim ferme les yeux, son père parle toujours : *« Je me sens fatigué, mais je continue mon chemin et je n'ai plus de raison de changer de vie. Je ne souhaite qu'une chose : vivre tranquille avec ma femme et mes enfants. Jusqu'au bout. »*

Mikio se lève, dans un silence de plomb.

« Vous continuez le kendo ?

– Non, mais mes fils ont pris la relève ! »

Soulagé, il tire d'un recoin un album de famille dont il se met à tourner les pages. Thim part vers un placard et en sort une collection de médailles et de coupes de vainqueur, longtemps reléguée. Dix minutes plus tard, Mikio fait une entrée remarquée. Thim, admiratif : *« On dirait un* yakuza*, papa ! »* Pantalon flottant, veste indigo, grille métallique devant le visage, Mikio manie avec aisance dans cette petite pièce un sabre tranchant. Il a revêtu sa tenue de kendo, pour la première fois en vingt-trois ans. Au premier, la grand-mère grogne. Elle veut assister à la scène, il faut l'aider à descendre l'escalier. Mikio la pose délicatement sur un siège déglingué au milieu du salon. La vieille contemple son fils, nostalgique.

Je retourne voir Kazufumi, l'évaporateur. Son expérience est précieuse. Lui, le professionnel, sait bien que les « réapparitions » se passent rarement comme au cinéma. Comment construire sur un mensonge ? Kazufumi n'a pas su. Il s'est marié, n'a jamais confié son secret à sa compagne. Le mariage a échoué.

Comme beaucoup de fantômes, Kazufumi ne s'est pas fait enregistrer à sa nouvelle mairie de résidence. Quant à celle de sa ville d'origine, elle l'a déclaré disparu. Il a donc perdu tous ses droits. Pas de sécurité sociale. Pas non plus d'école pour les enfants d'évaporés. *« Au Japon, nous ne sommes pas aussi bien référencés que chez vous. C'est facile de disparaître. »* À condition de rester dans un monde parallèle. Kazufumi vit dans un no man's land administratif.

Son bureau est couvert de croquis. *« Je déménage surtout des gens de Tokyo à Tokyo. Il est facile de se fondre dans l'anonymat de la capitale. Mais j'en emmène aussi quelques-uns à la campagne. »*

Shunsuke Soda est l'un de ces « délocalisés ». C'est en toute discrétion qu'il est venu, avec quelques milliers de chômeurs et de déçus des villes-monstres, repeupler les zones rurales. De la ville, ce quadragénaire qui vient me chercher à la gare en blouson sportif a gardé l'allure citadine. Ses mains sont blanches et lisses, son auto impeccable.

Shunsuke a quitté Tokyo voici sept ans pour la province de Yamanashi, dans le nord du Japon. Malgré le brouillard, il roule vite. Forêts et champs vallonnés se succèdent en rafale. Il ne s'arrête qu'arrivé sur un chemin de terre, en contrebas d'une colline boisée. Pieds dans la boue, il pointe alors quatre grandes serres en plastique : *« Épinards, l'hiver. Tomates, salades et fraises l'été. »* Un couple de paysans, bottés et crottés, arrachent des salades sur la parcelle voisine. Ils dévisagent Shunsuke. *« Ils ne me disent jamais bonjour. Pour eux, je ne suis pas un vrai maraîcher. Ils se méfient de moi. »*

Shunsuke, le déraciné

La pluie tombe dru, pas d'abri aux environs. Shunsuke ne souhaite pas aller chez lui : *« C'est loin, et je dois livrer mes légumes... »* Il remonte dans sa voiture. *« Avant, j'étais un* salaryman *comme tous ceux que vous voyez à Tokyo, stressé et soumis à son entreprise. Je bossais dans un très grand hôtel, dix à douze heures par jour. J'ai cru devenir fou. »* Dans la voiture, Shunsuke dévide son fil. À bout, il apprend que les campagnes ont besoin de main-d'œuvre. Il tente le coup et s'inscrit à une formation agricole de six mois dans une université du nord du Japon. Reste à financer son installation. *« Mon père est très riche mais je voulais ne rien lui devoir. Comme je n'avais pas de garanties pour obtenir un crédit bancaire, je suis passé par une société de titres.*

– Vous voulez dire des créanciers musclés ?

– Vous connaissez bien le Japon ! »

Les taux d'intérêt sont trop élevés. Shunsuke ne peut rembourser. Nouvel échec. L'évaporation devient inéluctable. *« J'ai d'abord emporté ce que j'avais de plus précieux, puis les videurs sont venus en camion prendre le reste. »* Avec le reliquat du prêt, il loue un petit appartement, un tracteur et des outils. Et se met à travailler dur. Les hivers sont rudes et la solitude grande, mais, sous ses serres, le déraciné s'apaise. Du bout des lèvres, Shunsuke admet alors, seulement, avoir fait un *yonige*.

Il se gare dans la cour d'une belle maison moderne. Étrange : il avait dit habiter dans un petit appartement. Un septuagénaire en pantoufles apparaît sur le perron. *« Mon père »*, lâche Shunsuke. L'homme s'incline, repart. Sa femme, qui attend dans le vestibule, a eu le temps de se munir d'une paire de chaussons pour chacun. Les parquets sont lumineux, l'intérieur, bourgeois et occidental : tout est lisse et ordonné.

Dans un anglais parfait, M. Soda invite à passer au salon. *« J'ai été directeur chez Mitsubishi. Aujourd'hui, je suis à la retraite mais je fais régulièrement des missions pour de grandes entreprises. »* Son élégante épouse apporte du café et des biscuits. *« Cette demeure est notre résidence secondaire. Nous l'avons fait construire l'an dernier. Avant, nous allions à l'hôtel. Mais une maison, c'est beaucoup plus confortable. Et notre fils peut en profiter. Il est mieux ici que dans son petit appartement. N'est-ce pas ? »* Shunsuke reste prostré sur le canapé. Comme un enfant après une dispute, il serre fort ses bras croisés.

« Monsieur Soda, êtes-vous content de la reconversion de votre fils ?

– Je n'aurais jamais pu faire ça. Le travail de la terre n'est pas fait pour moi. Mais Shunsuke est jeune et en bonne santé. Ici, il mange bien, il fait de l'exercice… Ce sera peut-être compliqué à l'âge de la retraite, mais je lui fais confiance, il tiendra. »

Faussement câlin, M. Soda tente d'attraper son fils par l'épaule. Shunsuke se dérobe. *« Bien sûr, j'ai été surpris quand il m'a annoncé qu'il voulait devenir agriculteur, mais je l'ai toujours soutenu. Pas vrai, que je t'ai toujours soutenu ? »* Le père parle maintenant pour son fils : *« Il faudrait qu'il trouve une femme. Pas facile dans ce trou… Il n'y a que des paysans. »*

Il est temps de partir. Une dernière claque énergique dans le dos de Shunsuke, quelques pas sur le perron. M. et Mme Soda suivent du regard la voiture jusqu'à ce qu'elle s'efface de l'horizon.

« Je ne comprends pas. Vous habitez chez vos parents ?

– Non, je vous ai dit que j'avais un appartement. Mais il est petit et peu accueillant. Mes parents ont insisté pour me suivre. »

Maussade, Shunsuke explique avoir voulu *« rassurer »* ses parents, après quatre ans de silence. Sans rien lui demander, son père a aussitôt fait construire une nouvelle demeure. Le maraîcher explose : *« Je me sens comme un homme en fuite qui aspire à une vie normale. Je croyais avoir pris de la distance, c'est raté. Mon père est lourd et intrusif. »*

La loi du silence

Pour Kazufumi, il faut garder au moins cinq ans le silence. L'évaporateur, lui, a tenu quinze ans sans jamais téléphoner à ses parents. Il avait peur. Peur qu'ils refusent de lui parler, peur qu'ils soient en mauvaise santé, peur qu'ils aient subi des menaces à cause de lui. Ils lui avaient pardonné. Kazufumi n'a pas eu la force de les revoir, mais il s'est senti moins coupable.

Quand leurs parents se taisent, certains enfants d'évaporés parlent. Comme Sho Hatori, l'écrivain qui a inspiré la série télévisée sur les disparus. Et il y a les autres, ceux qui ne parviennent pas à regarder leur passé en face : les sans-noms, les perdus, les perdants, les amputés de la mémoire. Beaucoup échouent à Sanya, un quartier peu éloigné de la maison de Kazufumi, dans le nord de Tokyo.

Sanya est le repère des petites gens, des criminels et des SDF. On atteint cette ville dans la ville en métro, tout simplement. Selon les associations locales, 70 % des habitants y seraient des évaporés. Mais eux ne racontent pas leur histoire. La seule loi de Sanya est celle du silence. Avant de convaincre Norihiro, il faudra venir et revenir.

Norihiro a 50 ans. Son visage est gonflé par le saké, ses larges vêtements révèlent sa maigreur. Il me propose de l'accompagner, entre petits garnis et immeubles délabrés, jusqu'à son hôtel minable. Des hommes avachis sur des cartons se moquent : *« Tu fricotes avec les étrangers ? »* Sa chambre est fermée par un cadenas. La pièce est aveugle, nue. Ni objet ni document personnel. Juste des cigarettes écrasées et un tatami en lambeaux.

« Je ne ressemble à rien, je ne suis rien »

Tous les matins, à l'aube, Norihiro s'installe devant une échoppe pour attendre l'arrivée des marchands de travail. Mais le travail est rare. La crise est là. Elle touche les plus vulnérables. Et les mafieux qui emploient les journaliers sont eux aussi moins puissants qu'avant. L'alcool, la fatigue, la fatalité, la vie *giri-giri* (« à la limite » des conditions d'existence), Norihiro connaît. *« Des hommes comme moi, il y en a des milliers à Sanya. Les crédits impayés, le désespoir, la pression au travail, les disputes, c'est courant. Mais je vois de plus en plus d'hommes jeunes qui se foutent en l'air. »*

Norihiro est un faux nom destiné à *« tromper la police »*. *« Après tout ce temps, je pourrais bien sûr reprendre mon identité. C'est ce que font les évaporés qui reprennent une nouvelle vie. Mais je ne veux pas que ma famille me voie dans cet état. Regarde-moi. Je ne ressemble à rien, je ne suis rien. Si je meurs demain, je veux que personne ne puisse me retrouver. »*

À 40 ans, bel homme et volage, bien qu'attaché à sa femme, Norihiro est un brillant ingénieur. Licencié brutalement, il ne change rien à sa routine. Comme tous les jours, il enfile son costume, ses chaussures en cuir et s'en va, sa mallette à la main. Son épouse lui souhaite une bonne journée en lui posant la main sur l'épaule. Au pied de son ancien bureau, toute la journée, il attend, sans manger ni parler. Il tient une semaine. *« Je n'en pouvais plus. Passé 19 heures, j'attendais encore parce qu'avant j'allais boire avec mes patrons et mes collègues. J'errais et, quand enfin je rentrais, j'avais l'impression que ma femme et mon fils avaient des doutes. Je me sentais coupable. Je n'avais plus de salaire à donner… »*

Le jour de la paie, Norihiro se rase de près, salue son épouse, prend la même ligne de métro. Mais dans l'autre sens. Au bout de la ligne, l'oubli. *« Ça me fait de la peine de penser que mes parents m'ont cherché. J'espère qu'ils vont bien. Peut-être qu'ils pensent encore que je reviendrai. Peut-être qu'ils sont morts… »* De sa femme et de son fils, Norihiro ne dit rien. XXI

Certains noms de personnes et de lieux ont été modifiés.

Le phénomène des disparitions

Contrôle de l'accès d'une rue de Tokyo après une bataille à main armée entre *yakuzas*, août 2000. AFP / KAZUHIRO NOGI

Le Japon, 128 millions d'habitants, deuxième puissance économique mondiale, connaît le taux de disparition le plus élevé de la planète (avec la Corée du Sud). Selon les autorités, de 70 000 à 100 000 personnes « s'évaporent » chaque année dans l'archipel.

Les motifs sont nombreux : faillites (dans le cas des patrons de PME notamment), incapacité à rembourser un emprunt, perte d'un emploi, harcèlement, infidélité conjugale, désir de changer de vie...

Les « évaporés » perdent de facto tous leurs droits administratifs. S'ils ne signalent pas leur changement d'adresse, ils ne peuvent plus recevoir de documents officiels, ce qui les prive des prestations sociales.

L'article 30 du Code civil japonais prévoit qu'au bout de sept années le disparu peut être considéré comme mort, et l'équivalent d'un certificat de décès peut alors être émis par une *family court*. Au bout de dix ans, l'article 167 de la loi japonaise prévoit l'annulation automatique des dettes contractées. Les disparus peuvent donc refaire surface. Du moins, si des mafieux ne sont pas à leur recherche...

Il est également possible, comme en France, de se déclarer en faillite personnelle, ce qui évite de perdre ses droits.

Dans les faits, les dettes envers les *yakuzas*, les mafias, sont à l'origine de nombreuses « évaporations ». Un mot courant désigne ce fait de société : *yamikin*, soit « argent dû aux *yakuzas* ».

Johatsu signifie « évaporation ».

Yonige veut dire « fuite de nuit ». Ce terme est employé à partir des années 90 pour désigner l'action de disparaître sans laisser d'adresse.

Évaporations et bulle financière

Bourse de Tokyo, 1993. AFP / TORU YAMANAKA

Après l'éclatement de la bulle spéculative japonaise, en 1990, les « évaporations » se multiplient. Elles dépassent les 100 000 par an.

Également appelée période du « yen fort », la bulle financière qui ravage le Japon dans les années 90 se caractérise par une hausse du cours des actions et des obligations, un surendettement et une croissance exceptionnelle.

Elle se forme dans les années 80, lorsque la banque du Japon se met à encourager toutes sortes de spéculations : immobilier, produits de luxe, adhésions aux clubs de golf, voyages à Hawaï... Le crédit se multiplie, les prises de risque aussi. La bulle culmine en 1989 et se dégonfle à partir de 1990.

Une longue période de chômage et de déflation s'amorce alors. C'est la « décennie perdue ». En 1997-1998, près de 1,5 million de Japonais se retrouvent dans l'impossibilité de rembourser leurs dettes.

Bibliographie

***Chronique japonaise* de Nicolas Bouvier** (Payot, 1989). Lire cet ouvrage ne suffit pas à comprendre le Japon et sa civilisation. Mais il s'agit d'une fabuleuse entrée en matière, qui vaut à elle seule bien des bibliographies. De sa plume légère, Nicolas Bouvier retrace l'histoire du pays et livre un récit impressionniste de ses séjours dans l'archipel. « *La place du voyageur est partout et nulle part. Il vit d'instants volés, de reflets, de menus présents, d'aubaines et de miettes. Voici ces miettes.* »

***Yakusa, enquête au cœur de la mafia japonaise* de Jérôme Pierrat et Alexandre Sargos** (Flammarion, 2005). Les *yakuzas* sont indissociables de l'histoire du Japon. Très fouillé, ce livre décrypte l'organisation, les codes et les secrets de l'une des mafias les plus puissantes au monde.

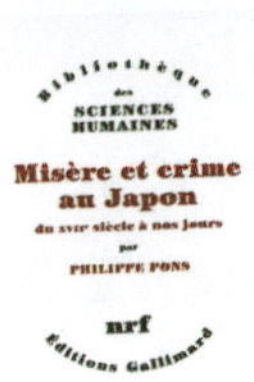

***Misère et crime au Japon du XVIIe siècle à nos jours* de Philippe Pons** (Gallimard, 1999). Correspondant du *Monde* à Tokyo, Philippe Pons dresse une histoire des bas-fonds et des marges de la société japonaise. On y croise évaporés, laissés-pour-compte et voyous. La genèse de Sanya, « *le ghetto sans murs* », est retracée.

***La Femme des sables* de Abé Kôbô** (Stock, 1962). C'est une version poétique et surréaliste de la disparition. Kafkaïen, ce roman s'ouvre sur la marche solitaire d'un professeur, collectionneur d'insectes, à la recherche d'une nouvelle espèce. Hébergé lors de sa quête chez une jeune veuve qui vit au fond d'une falaise de sable, il se retrouve prisonnier et va devoir livrer un étrange combat pour sortir de sa prison de sable. *La Femme des sables* a été adapté au cinéma par Hiroshi Teshigahara en 1964.

***La Course au mouton sauvage* d'Haruki Murakami** (Seuil, 1990). Un roman délirant, fantastico-mystique et jubilatoire. La vie routinière du narrateur, un publicitaire tranquille, tout juste divorcé, est chamboulée par l'arrivée d'un mouton étoilé… Murakami poursuit l'aventure dans un autre roman, *Danse, Danse, Danse* (Seuil, 2005). Sur les conseils de l'homme-mouton, le protagoniste continue sa fuite en avant…

***Za Yonige-ya, l'agence de fugues* de Sho Hatori** (Koyu Shuppan, 1997). Dans cet essai d'une centaine de pages, vendu à 30 000 exemplaires au Japon et non traduit en français, Sho Hatori témoigne de son expérience de déménageur de la dernière chance.

***Disparitions* de Natsuo Kirino** (Éditions du Rocher, 2004). Un polar écrit par l'une des plus grandes représentantes du roman noir japonais contemporain. Une femme qui a fui la maison familiale à 18 ans revient pour un week-end quinze ans plus tard. Sa petite-fille de 5 ans, Yuka, disparaît. La mère se lance dans une recherche désespérée, avec l'aide d'un ex-inspecteur de police au bout du rouleau.

Filmographie

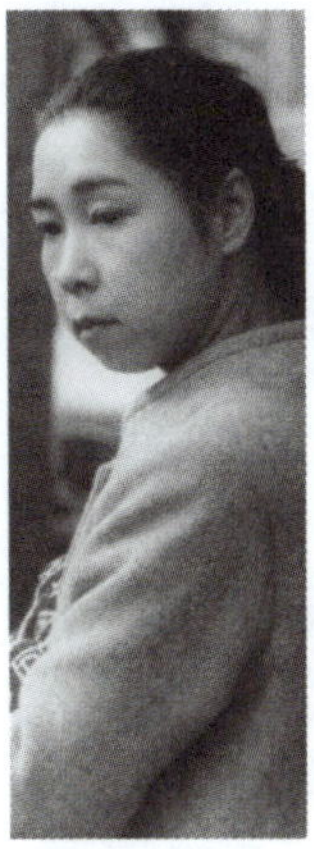

Hayakawa Yoshie, 1967. AFP

***Évaporation de l'homme (Ningen johatsu)* de Shohei Imamura** (1967). Entre documentaire et fiction, ce film fit polémique à sa sortie. Le personnage central, Yoshie Hayakawa, porta même plainte contre le réalisateur avant de la retirer. À l'époque, la jeune femme avait perdu son fiancé, « disparu ». Avec le soutien d'un acteur connu, Shigeru Tsuyuguchi, le réalisateur Imamura propose de l'accompagner dans sa recherche. Les enquêteurs rencontrent la famille du disparu, des témoins. Certains disent l'avoir vu avec la sœur de Yoshie, d'autres qu'il aurait empoché illégalement une importante somme d'argent… Devant ces accusations troublantes, Yoshie arrête ses recherches.

MON VOISIN

Sur les collines du Rwanda, quinze ans après le génocide des Tutsis, rescapés et bourreaux cohabitent. Ils partagent au quotidien la vie d'après, n'oublient rien de la vie d'avant. La parole est rare, le passé omniprésent.

Durant neuf ans, Anne Aghion a planté sa caméra sur les collines rwandaises. Jour après jour, en s'attachant à suivre les gens, elle a enregistré les propos, capté les situations. Avec une rare justesse de ton et une grande pudeur, elle rend compte. Son travail est exceptionnel. XXI a eu un coup de cœur pour *Mon voisin, mon tueur*, son quatrième film rwandais, un long-métrage de quatre-vingts minutes qui n'a pas encore trouvé de diffuseur. Aperçu en dix plans choisis par le dessinateur Sergio Aquindo et commentés par Anne Aghion.

MON TUEUR

« Elle en a assez d'être enfermée »

Ce jour-là, il pleut à Ntungamo, une colline retirée de la région de Gitarama (Rwanda). Depuis des semaines, Annonciata promet de nous parler. Elle s'est finalement décidée. Elle s'est installée sur une chaise, a posé une couverture sur ses jambes et s'apprête à raconter le génocide. Mais, dans la pièce à côté, sa vache trépigne. *« Elle en a assez d'être enfermée »*, nous dit Annonciata, qui se lève pour apaiser l'animal, sa seule compagnie.

Elle se rassied, se lance : *« Les gens sont morts... »* Elle ne parle pas des *« assassins »*, elle dit *« ils »*. *« À voir ce qui se passait sur les collines, on aurait dit qu'ils étaient juste en train de couper des bananiers. Quand on coupe un bananier, on ne ressent aucune pitié. »* Annonciata n'arrive pas à parler d'elle : *« Quant à moi, ce que j'ai vécu, c'est compliqué. Surtout que ceux qui ont fait ça refusent de le reconnaître. »*

J'aime cette image de la vache d'Annonciata. Elle donne le ton du film en nous ramenant à la terre. Les Rwandais sont ancrés dans les collines, dans la terre. Et puis, ici, ces animaux sont importants. On offre des vaches pour obtenir protection, on échange des vaches pour se marier.

« Ton avocat sera ton voisin, ton procureur sera ton voisin, ton juge sera ton voisin »

Normalement, cette cour ressemble à la place d'un village un jour de marché. Seule une barrière – une branche qu'on lève et qu'on baisse – indique qu'il s'agit d'un lieu de détention. La plupart des prisonniers vivent entassés dans des cachots, sans voir le jour. Nous sommes au début du tournage, en 2001.

Le procureur général de la région est venu expliquer aux mille cinq cents détenus de Ntongwe que la justice du pays va se mettre en marche. Un choix a été fait, celui d'une justice participative appelée *gacaca*. *« Ton avocat sera ton voisin, ton procureur sera ton voisin, ton juge sera ton voisin »*, explique le magistrat. Plus de cent trente mille personnes soupçonnées d'avoir participé au génocide croupissent alors dans les prisons du pays. Les *gacaca* seront étendues en 2005 à tout le pays.

Nous sommes revenus tous les jours. Pendant sept semaines, nous nous installions au milieu des détenus menuisiers ou tailleurs et, petit à petit, nous avons fait partie du paysage. Aujourd'hui, le cachot est devenu une école technique.

« Nous allons errer seules »

Euphrasie et Félicité sont deux femmes hutus. Leurs maris, deux frères tutsis, ont été tués pendant le génocide. Leurs enfants ont été machettés devant leurs yeux. Félicité (à droite) est toute en retenue, Euphrasie (à gauche) se laisse facilement emporter.

Les deux femmes se trouvent à l'emplacement de l'ancienne maison de Félicité. C'est ici, sur la colline de Gafumba, à tout juste quelques centaines de mètres de là où elles vivent aujourd'hui, que les enfants de Félicité ont été brûlés, puis découpés. Euphrasie vient de raconter comment les tueurs avaient coupé les bras et les jambes des enfants pour les jeter aux cochons.

Les deux femmes disent être déjà mortes : *« Nous allons errer seules et nous éteindre. »* On tente d'imaginer leurs souvenirs, de visualiser ce qu'elles ont vu. C'est impossible.

Félicité et Euphrasie ne sont que douleur. Une douleur que l'on croise dans tous les regards sur les collines du Rwanda. *« Je me recroqueville sur moi-même sans vivre ni mourir. Telle que vous me voyez, je n'ai plus de cœur »*, dit Euphrasie.

« Les prisonniers libérés », annonce la radio

La radio ponctue le film, donne des informations et des repères temporels. Là, nous sommes le 2 janvier 2003, et le speaker lit un communiqué du président rwandais qui annonce la libération prochaine de dizaines de milliers de détenus. Avec la juridiction des *gacaca*, les génocidaires ayant avoué leur crime et purgé le maximum de la peine encourue vont être remis en liberté. Ils seront jugés plus tard.

Sur la commune de Ntongwe, la première libération massive de détenus s'est produite en mai 2003. Elle a créé de multiples angoisses. Les rescapés ont eu peur de voir arriver ceux qui les avaient pourchassés et qui avaient tué leurs proches. Les détenus ont eu peur de subir des représailles. Colère, honte et résignation se sont entremêlées…

Ici, les Tutsis ont été tués par leurs voisins. Ce ne fut pas le cas partout. Dans certaines régions, les milices armées ont été plus actives, laissant moins de « travail » aux gens du coin. En 1994, la radio fut un instrument du génocide. Milices et tueurs ordinaires y puisaient encouragements et informations.

« On ne peut qu'espérer qu'ils se tiendront à carreau »

J'ai voulu reparler avec Euphrasie, plusieurs fois. Toujours, elle se dérobait et feintait. Soit elle me posait une question, soit elle appelait l'une de ses petites filles, soit elle se levait, sortait de la pièce et ne revenait que dix minutes plus tard.

Jusqu'à ce jour où elle a dû sentir que je ne lâcherai pas prise. Je lui ai alors demandé ce qu'elle pensait du retour des prisonniers sur la colline. Elle s'est assise et s'est mise à parler pendant plus de deux heures sans jamais s'interrompre. La caméra était posée, juste posée. Nous avons filmé en continu, sans question. Son amie Bellancilla est arrivée. Nous avons continué de filmer.

Les deux femmes nous utilisent, nous et notre caméra, pour livrer leur vérité. Euphrasie : *« Oui, c'est vrai, nos tueurs sont rentrés... On ne peut qu'espérer qu'ils se tiendront à carreau... Qu'ils ne recommenceront pas la coupe. »* Bellancilla : *« Qu'ils viennent m'achever sans attendre... Qu'ils viennent balayer ce qui reste de moi... Qu'ils me liquident vite, ça me rendra service. »*

Sur la fin, Euphrasie nous interpelle : *« Ça suffit. Ces Blancs posent des questions bizarres. »*

« Quelqu'un qui t'a fait du mal revient et tu dois te taire »

Jean-Paul est le fils d'Euphrasie. De ses enfants, il est l'un des deux à avoir survécu au génocide. Il avait 16 ou 17 ans à l'époque et vit, aujourd'hui, à une trentaine de mètres de chez sa mère. Il a sept enfants en bas âge. Quand il parle, il fait souvent des grimaces. Parfois, il se lève au milieu d'une phrase ou tourne le dos. Le traumatisme est criant chez Jean-Paul, qui n'en reste pas moins très actif. Il a accepté d'être le vice-président du conseil des *gacaca* de la colline de Gafumba.

À ce stade du tournage, les prisonniers venaient d'être libérés et les *gacaca* n'avaient pas encore démarré. Sur la colline, tout le monde se sentait un peu perdu. Jean-Paul comme les autres. *« Quelqu'un qui t'a fait du mal revient et tu dois te taire. »*

Un jour, il nous a lancé un défi : réunir dans la même pièce rescapés et bourreaux afin de briser le silence. Nous avons réfléchi. Pendant une semaine, nous avons fait des allers et retours entre les protagonistes. Tout le monde s'est finalement retrouvé au « cabaret », une cahute sur la colline. La réunion a duré plus de quatre heures.

« Je ne mélange pas »

Nous avions passé beaucoup de temps avec Rwamfizi à la prison. Libéré, il a accepté de venir au « cabaret », qui appartient à l'un de ses fils. Faïssa, assise à sa gauche, l'accuse d'avoir tué son mari et volé une de ses vaches.

Dans les premières minutes, le silence pèse. *« L'année dernière, n'avez-vous pas semé les haricots en novembre ou même décembre ? »*, demande Rwamfizi. *« La pluie était en retard »*, répond Faïssa.

Puis arrive Félicité. Les femmes partagent une bouteille de vin de banane. Rwamfizi sirote une Primus. Il propose de partager sa bière. Faïssa hésite, se ravise : *« Non, je ne mélange pas. »*

Euphrasie arrive à son tour. Au début, les trois femmes tournent le dos à Rwamfizi. Puis, petit à petit, elles se tournent vers lui. Quand Rwamfizi dit à Euphrasie qu'il ne parlera pas si elle le provoque, Félicité lui tope dans la main. *« Nous, les vieilles, nous n'allons pas le renier parce que nos proches ont été exterminés. »* Elle conclut : *« Mieux vaut un raté sur la colline qu'un enfant que tu gardes sous terre. »*

« Qu'on en finisse »

Au début de chaque *gacaca*, les séances de justice participative, un hommage est rendu aux victimes sous forme d'une minute de silence. Rwamfizi est sceptique. Accusé d'avoir tué, il dit que *« se souvenir est un acte intime, très personnel »*.

Selon Rwamfizi, certains se lèvent *« comme par jeu sans réfléchir à rien »*. D'autres se disent qu'ils aimeraient *« que ça recommence... »*. D'autres encore imaginent une autre issue.

Il en est, enfin, qui ont *« conscience de ce que ça leur a coûté »* et qui se disent *« plus jamais ça »*. Ceux-là *« se recueillent vraiment »*.

Quelques mois après avoir prononcé ces paroles, Rwamfizi est mort. Je crois qu'il faisait partie de ceux qui ont vraiment réfléchi. Il souhaitait passer à autre chose, il voulait *« qu'on en finisse une fois pour toutes »*.

« Vivre un jour de plus »

Félicité vient d'avoir un échange poignant avec Ignace, qu'elle accuse en public de n'avoir pas aidé son fils *« à vivre un jour de plus »*.

Le fils de Félicité, Kadmondi, a été tué fin avril 1994. Il s'était marié le 8 avril, au lendemain du début du génocide à Kigali. Ignace était son meilleur ami.

Félicité a déclaré qu'elle n'avait plus rien à dire. Elle a évoqué avec une abondance de détails le destin brisé de son fils et s'est recouvert la tête de son pagne. Le silence est impressionnant.

Je me demande comment tant de détails peuvent rester intacts dans la mémoire de Félicité, d'Ignace, d'Euphrasie... Je n'ai pas de réponse.

« Nos pensées sous terre »

Au moment du montage, je ne me souvenais pas avoir tourné l'image de ce flanc de colline décharné. Lors de nos premières visites, la colline était plantée d'eucalyptus. Neuf ans plus tard, tous les arbres sont rasés et les scieurs ahanent sous le cagnard.

À l'image, l'ombre d'un nuage avance et recouvre doucement la colline. La pluie va-t-elle tout balayer ? Où faire repousser les arbres ? Je n'en sais rien.

En off, Félicité évoque la saison des pluies, qui marque le temps du deuil. En cette saison, dit-elle, il faut se remettre à cultiver, même si *« nos pensées nous ramènent sous terre, au royaume des morts »*. XXI

Ancienne administratrice de la société familiale Wendel, Sophie Boegner n'est pas exactement une anarchiste ▣ « Jusqu'en 2006, j'étais comme tous les actionnaires du groupe », dit-elle ▣ Jamais elle n'aurait pensé avoir la moindre dissension avec sa famille ▣ Mais elle lit les rapports d'activité du groupe ▣ Et s'interroge ▣ « Sophie, si vous ne vous sentez pas à l'aise, il faut démissionner », lui conseille Ernest-Antoine Seillière, la figure de proue du groupe ▣ En assemblée générale, elle fait part de ses doutes ▣ Elle porte plainte pour « abus de biens sociaux » et « recel » ▣ L'avocat du baron parle d'« esprit de haine » et de « chantage » ▣ « Veut-elle ma succession ? », s'interroge Ernest-Antoine Seillière ▣ « Je ne me suis pas engagée pour des questions de luttes de pouvoir. En ça, je suis plus une femme qu'un homme », lui répond Sophie Boegner. ▣ Certains la disent manipulée par son mari, elle trouve cela pathétique ▣ Pour un cousin, « Sophie Boegner

RIFIFI CHEZ LE BARON

ENQUÊTE SUR SOPHIE BOEGNER

a bouleversé la culture de la famille » ▣ Elle en est certaine : « Les choses ne seront plus pareilles » ▣ Pas sûr ▣ « Ce petit accident » pourrait être « vite gommé » ▣ Au bénéfice du profit et de la famille, bien sûr. ▣ Par Guillemette Faure

Sophie Boegner est une *« harpie »*, quelqu'un de *« répugnant »*, elle est animée par un *« esprit de haine »*, cherche à faire du *« chantage »*, de *« l'extorsion de fonds »*.

L'homme qui s'exprime est un avocat. Me Christian Charrière-Bournazel, bâtonnier de Paris, est le conseil d'Ernest-Antoine Seillière, l'ancien patron du Medef, la figure de proue du groupe et de la famille Wendel.

La femme qu'il attaque est une cousine de son client, *« une héritière qui s'est donné le seul mal d'être née »*. À quelques mètres, elle semble avoir les larmes aux yeux.

Sophie Boegner a eu le tort de mettre en cause le management de l'entreprise familiale. Lors d'une assemblée générale du groupe Wendel et dans une interview à *L'Express*, elle a dénoncé le montage financier grâce auquel les dirigeants se sont enrichis en s'appropriant 4,5 % du capital. En juin, elle a porté plainte contre X pour « abus de biens sociaux » et « recel ».

Le trio qui dirige le groupe – Seillière, président du conseil de surveillance, Jean-Bernard Lafonta, président du directoire, et Bernard Gautier, directeur financier – a aussitôt réagi. Il attaque pour diffamation et dénonciation calomnieuse. Les trois hommes réclament six millions d'euros : un million par personne pour les propos dans la presse, un million par personne pour ceux tenus lors de l'assemblée générale de l'entreprise.

Ce vendredi 12 décembre 2008, à l'heure où l'on préfère se préparer à partir en week-end, l'audience commence. Elle durera cinq heures. Le baron Seillière est là, avec son staff. Face à lui, une petite brune, quinquagénaire menue, sa cousine, Sophie Boegner, ancienne administratrice du groupe.

Une cinquantaine d'actionnaires de la société familiale sont présents, séparés comme dans les mariages. Les partisans d'Ernest-Antoine Seillière, venus en force, ont investi un côté de la travée. En face, les soutiens de Sophie Boegner.

À la barre, Ernest-Antoine Seillière, que *Le Canard enchaîné* surnommait *« le baron des patrons »*, rappelle qu'il est une personnalité médiatique. Il a le cuir épais, explique-t-il, il a déjà été brocardé aux « Guignols », mais jamais de façon aussi indigne. Bernard Gautier, le directeur financier, intervient : Sophie Boegner a tellement sali le nom Wendel qu'on se moque de ses enfants à l'école.

Sophie Boegner est représentée par Me Patrick Maisonneuve – *« C'est vrai que vous avez fait appel à un avocat de gauche ? »*, lui a-t-on demandé lors d'une réunion de famille. Le conseil prend la parole, s'adresse à Ernest-Antoine Seillière :

« Vous avez mandaté l'agence Kroll pour surveiller ma cliente ?

– Voyez avec le directoire », répond le patron de Wendel.

Quelques mois plus tôt, Cyril ver Hulst, dont le père fut un dauphin pressenti de Seillière, avait été intrigué : en naviguant sur Internet, il découvre que l'agence de détectives Kroll serait chargée de se renseigner sur sa cousine, Sophie Boegner. Il contacte la direction de la communication du groupe. Et reste *« stupéfait par l'absence de démenti de Wendel »*. Cinq jours avant l'audience, cet avocat agrégé de gestion et d'histoire adresse un courriel confidentiel à Sophie Boegner et à Ernest-Antoine Seillière pour tenter de les rapprocher. Le texte se termine sur ces mots : *« Affections familiales. »*

Le message est présenté à l'audience par l'avocat d'Ernest-Antoine Seillière. Sur un ton narquois, le conseil raille la tentative de médiation *« pleine de bons sentiments »*. L'avocat affirme y voir une tentative d'extorsion. Cyril ver Hulst est *« très choqué par le procédé »*.

Oubliées les habitudes de bienséance. *« Nous étions en train de passer sur un terrain que ma famille ne connaissait pas »*, raconte Cyril ver Hulst. Le comte Arnaud de Louvencourt, un cousin qui dirige une entreprise de conseil en organisation et en ressources humaines, n'est pas loin de penser de même : *« S'ils veulent une guerre de sauvages, qu'ils la fassent ailleurs, mais pas dans la famille. »*

LA GRAND-MESSE DU PAVILLON DAUPHINE

Où commencent les relations professionnelles ? Où s'arrêtent les relations familiales ? Pas de frontière chez les Wendel. Comme le rapporte un cousin, *« les cocktails qui regroupent la famille sont organisés par la société »*.

La société, c'est la Société lorraine de participations sidérurgiques, la SLPS. Cette holding familiale regroupe les 950 descendants de François de Wendel, arrière-petit-fils de Jean-Martin Wendel, qui, en 1704, acheta les forges d'Hayange. Elle contrôle 35,90 % de la société d'investissement Wendel.

Les actionnaires de la holding, la famille donc, se retrouvent une fois par an pour une grand-messe dans les salons de réception du pavillon Dauphine, à l'orée du XVIe arrondissement. Même en ajoutant un chapiteau dans le jardin, le siège parisien de l'entreprise, 89 rue Taitbout, est devenu trop petit pour accueillir les héritiers.

Chaque descendant porte un badge d'une des trois couleurs désignant les branches : rouge pour les Wendel, verte pour les Gargan, bleue

Pas de frontière chez les Wendel. Comme le rapporte un cousin, « les cocktails qui regroupent la famille sont organisés par la société »

Chaque descendant porte un badge d'une des trois couleurs désignant les branches : rouge pour les Wendel, verte pour les Gargan, bleue pour les Curel. La rouge est la plus prestigieuse, c'est celle d'Ernest-Antoine Seillière

pour les Curel. La branche rouge est la plus prestigieuse, c'est celle d'Ernest-Antoine Seillière, celle qui a toujours été aux commandes de Wendel.

À l'issue des assemblées générales, chacun repart avec un cadeau. L'an dernier, c'était *Les Wendel et leurs alliances*, un pavé illustré sur l'histoire de la famille.

Conservé dans une grosse boîte gris ardoise, l'arbre généalogique est régulièrement remis à jour. Il se compose de plusieurs fascicules. D'abord le plan de l'arbre, puis les rameaux. Parmi les héritiers, des représentants des grandes familles de France, les La Rochefoucauld, les Montalembert, les De Broglie, les Noailles et d'autres noms connus, comme l'ex-prétendante à la mairie de Paris Françoise de Panafieu, le ministre de Giscard d'Estaing Jean-François Poncet, le chef de file de l'UMP au Sénat Josselin de Rohan, ou Yves Guéna, l'ancien président du conseil constitutionnel et compagnon de De Gaulle...

Selon les travaux des sociologues Monique Pinçon-Charlot et Michel Pinçon, plus des trois quarts des cousins de la neuvième génération, celle du baron Ernest-Antoine de Seillière, portent une particule ou un titre de noblesse. Les Wendel, c'est le bottin mondain, mais c'est aussi la noblesse française.

Ernest-Antoine, qui « nous a sortis du gouffre »

Ils n'ont jamais été aussi nombreux que cette année à la grand-messe. Jusque-là, les assemblées générales étaient plutôt des non-événements. On y annonçait les résultats, quelques détails de stratégie. *« L'usage était d'accorder une confiance totale. Les gens venaient mais avaient déjà donné leurs pouvoirs »*, confie un parent. Puis, cocktail et amabilités.

Le ton est différent cette fois-ci. L'action Wendel s'est effondrée. La dernière grosse opération – une prise de participation dans Saint-Gobain financée par un énorme endettement – a laissé perplexe. Surtout, Sophie Boegner, administratrice et cousine, a porté plainte. Le conseil d'administration lui a demandé de démissionner. Elle a refusé. La réunion familiale promet.

Des chaises et des écrans ont été installés dans une deuxième salle ouverte pour le buffet. Tout le monde doit pouvoir suivre. Ernest-Antoine Seillière ouvre la séance. Sophie Boegner est assise au premier rang. Son voisin de droite, François de Wendel, un administrateur, se lève, lit un texte. *« Cette plainte est inadmissible »*, déclare-t-il. Elle va *« traîner un homme dans la boue et avec lui sa famille et le nom que je porte, Wendel... »* Cet homme, c'est Ernest-Antoine, qui *« nous a sortis du gouffre »*.

François de Wendel poursuit. La plainte, affirme-t-il, ne permet plus à Sophie Boegner de rester au conseil d'administration. Il demande donc aux actionnaires de se prononcer pour sa révocation. Les cousins votent. Avec des petits tickets détachables à l'allure d'annonces de baby-sitter à la boulangerie.

Ernest-Antoine Seillière a alors *« la joie »* d'annoncer que Sophie Boegner est révoquée à 82 %. *« 18% contre, c'était déjà pas mal, étant donné les circonstances du vote »*, confie aujourd'hui sa cousine.

Aux assemblées générales familiales, on n'a pas l'habitude de contrarier les dirigeants. Cyril ver Hulst : *« Il faut imaginer une certaine inertie de la famille. Cette inertie est liée au conservatisme chez les plus âgés, à la méconnaissance des affaires chez les plus jeunes. »*

Ernest-Antoine Seillière fait approuver les comptes de l'entreprise. Pas de vote à bulletins secrets. Pas de prise en compte des procurations. Il demande qui est pour, regarde les bras levés. Qui est contre, nouveau coup d'œil. Qui s'abstient, quelques bras.

Le lendemain, le baron se déclare *« très heureux parce que l'on a traversé une période un peu pénible »*. À la radio, il se félicite du soutien *« de ma famille qui a voté les résolutions à 95 % »*.

Sophie Boegner est sidérée. Sa révocation a été votée à bulletins secrets et sous contrôle d'huissier. Pourquoi l'approbation des comptes n'a-t-elle pas respecté les mêmes règles ?

Héritière rebelle ? Certainement pas

L'ex-administratrice de la société familiale n'est pas exactement une anarchiste. Sophie Boegner, 56 ans, est directeur de projet au ministère de la Défense, où elle s'occupe d'immobilier. Cheveux courts, yeux noisette, un collier fantaisiste sur un col roulé noir, et, discrètement, la légion d'honneur au coin de la veste, elle parle de façon précise, volontiers technique.

Mère de deux fils aujourd'hui aux États-Unis, elle est mariée à Pierre Levine, un homme dont l'entreprise a travaillé avec des Saoudiens. Donc des affaires louches, pour ses détracteurs. C'est le message qu'ont retenu ceux qui ont entendu Ernest-Antoine Seillière à l'audience évoquer un « *complot international* » ou son avocat parler de « *sang mêlé* ». Certains la disent manipulée par son mari, elle trouve cela pathétique.

Réservée, elle n'a pas le côté patelin de son cousin Seillière. Héritière rebelle ? Certainement pas. Simplement « *quand je sens que j'ai épuisé tous les moyens, je ne me dis pas que ça n'est pas convenable de porter plainte* ».

Elle se dit fière de sa famille. Quand elle rue dans les brancards au sujet du baron, elle le fait au nom des valeurs Wendel, des « *valeurs d'intégrité* ». Elle parle aussi du « *courage de ne pas se résigner* », en référence aux reconstructions mythiques d'une famille aux allures de phénix.

Chez les Wendel, on est convié aux assemblées générales dès 15 ans. Longtemps, Sophie Boegner y est surtout allée pour rester en contact avec la famille. Les comptes, elle n'y jetait qu'un œil, jusqu'à ce qu'elle acquière ses responsabilités d'administratrice.

Elle se souvient du courrier d'Ernest-Antoine Seillière appelant à de nouvelles candidatures d'administrateurs. Elle se porte volontaire. Son CV parle pour elle : Sciences Po, ministère de l'Équipement, agence d'urbanisme, directrice générale d'une société d'économie mixte de la ville de Paris pendant dix ans. Elle estime connaître le fonctionnement d'une entreprise privée et d'un conseil d'administration, elle a déjà vu un bilan d'entreprise, elle maîtrise le fonctionnement des relations avec un commissaire aux comptes.

Ernest-Antoine Seillière n'est pas un proche, mais ils se connaissent. Enfant, elle vivait à Bruxelles, où son père, Jean-Marc Boegner, ambassadeur, collaborateur de De Gaulle, représentait la France auprès des communautés européennes. Le jeune baron – « *Ernekind* », comme on l'appelle dans la famille – était venu faire un stage dans la capitale belge. Il passait à la maison Boegner. Sophie le trouvait amusant, plein de verve. « *Jusqu'en 2006, j'étais comme tous les actionnaires. Je pensais que je n'aurais jamais la moindre dissension avec lui.* »

Nommée administratrice en juin 2006, elle tique rapidement devant le manque de professionnalisme du conseil. Pas d'ordre du jour, pas de document soumis, juste un procès-verbal à approuver. Au mieux, une rapide présentation, qui s'allume, qui s'éteint. Point suivant. « *On nous demandait de décider tout de suite au motif de la confiance et du consensus.* »

« Il faut lire les rapports, c'est tout »

Sophie Boegner pose des questions, sent que ça dérange, va voir Ernest-Antoine Seillière. « *Sophie, si vous ne vous sentez pas à l'aise, il faut démissionner* », lui répond-il. Elle demande que les décisions soient mises au vote : « *Le vote oblige les administrateurs à prendre leurs responsabilités.* » Le baron lui fait remarquer qu'elle se comporte en fonctionnaire des Nations unies.

La société familiale apprend, par la presse, la prise de participation de Wendel dans Saint-Gobain. Sophie Boegner s'étrangle. Elle découvre, dans le rapport financier, des noms de sociétés avec des adresses de bord de mer dont elle ne comprend pas l'activité. « *Il faut lire les rapports, c'est tout* », dit-elle. Et de mémoire : « *C'est à la page 166 du dernier rapport d'activité Wendel.* »

Sur cette page figure la Compagnie d'Audon, au cœur d'un Meccano financier qui permit aux dirigeants de la holding de se partager pour 324 millions d'euros d'actions.

Résultat, affirme Sophie Boegner, le contrôle de la famille sur le groupe a été affaibli : « *En un an, nous avons perdu 2,5 millions de titres et 10 % des droits de vote.* » Elle s'en ouvre au *Monde* et à *L'Express*, porte plainte pour « abus de biens sociaux » et « recel », demande aux autres actionnaires familiaux de ne pas approuver les comptes.

« *La première question que je me suis posée, c'était : quelle mouche l'a piquée ?* », déclare Ernest-Antoine Seillière dans une interview au *Figaro*. Nombreux, sans doute, sont ceux dans la famille à s'être demandé la même chose. « *Les vieilles tantes et les vieilles cousines tiennent à leurs dividendes* », plaisante un cousin.

Après la plainte en justice, des oncles ont voulu raisonner Sophie Boegner. « *Tu vas nous ruiner* », ont dit les uns. « *Il nous fait gagner des millions* », ont enchéri les autres. « *Qu'elle ait de la personnalité, c'était quelque chose de positif, mais il était impossible de lui faire comprendre un certain nombre de choses* », explique sa cousine, également administratrice, Priscilla de Moustier. La voilà seule, ou presque, contre tous.

« *Chez les Wendel, les femmes sont de bonne trempe* », s'amuse Arnaud de Louvencourt. Dans l'*Encyclopédie* de Diderot et d'Alembert, le rédacteur de l'article « fer » note : « *Je ne puis finir les qualités d'un maître des forges sans faire remarquer que celles de sa femme sont essentielles à son état...* »

Il y eut d'abord Anne Marguerite Mayer, épouse de Jean-Martin Wendel

La cousine tique devant le manque de professionnalisme du conseil. « On nous demandait de décider tout de suite au motif de la confiance et du consensus »

et mère de quinze enfants. Fondateur de la dynastie, le couple acheta en 1704 *« un modeste ensemble de forges d'assez triste apparence dans la vallée de la Fensch »*, selon les mots d'Yves Guéna, un descendant.

Puis Marguerite d'Hausen, dite Madame d'Hayange, qui apporte à son époux, Charles de Wendel, fils de Jean-Martin, *« 60 000 livres et de solides relations »*. Après la mort de son mari, en 1784, Marguerite fait l'acquisition définitive de la seigneurie d'Hayange.

Enfin, Joséphine de Fischer, la veuve de François, qui, après la capitulation de Napoléon en 1870, alors que la moitié de la région est annexée par l'Allemagne, dirige déjà l'entreprise depuis près d'un demi-siècle. À 86 ans, à moitié aveugle, elle règle la succession de son fils Charles. Par une donation à ses neuf petits-enfants. Clause essentielle : ne pourront détenir des parts de cette société en commandite que les descendants des neuf fondateurs.

« Aux périodes charnières, des femmes ont permis de passer des caps difficiles », note Sophie Boegner.

« Sophie Levine-Boegner est une héritière dont le patrimoine est au-dessus de la moyenne des 900 membres de la famille pour lesquels nous avons créé en moyenne 1,5 million d'euros de richesse sur la période 2002-2008 », observe Ernest-Antoine Seillière dans *Le Figaro*.

« Dans le débat en cours, un fait essentiel doit rester à l'esprit : la formidable création de valeur pour les actionnaires familiaux depuis cinq ans : nous avons vu notre patrimoine progresser de 400 millions d'euros en 2002 à 1 650 millions d'euros en 2008 », écrit, dans le même esprit et dans un

courriel adressé à tous les cousins, Édouard de l'Espée, administrateur de la holding familiale, la SLPS, et de Wendel.

Autrement dit, de quoi se plaint-elle ?

Sophie Boegner détient, avec son mari et ses enfants, environ 6 000 actions de la holding familiale. C'est bien moins que les 1 185 972 de Seillière, mais effectivement plus que la plupart de ses cousins. Avec 950 héritiers, le capital s'est atomisé.

« Veut-elle ma succession ? », s'interroge encore Ernest-Antoine Seillière dans les colonnes du *Figaro*. *« Je ne me suis pas engagée dans cette opération pour des questions de luttes de pouvoir. En ça, je suis plus une femme qu'un homme »*, rétorque Sophie Boegner.

Ceux qui la connaissent parlent de sa rigueur. Enfant, elle a suivi des cours par correspondance pendant quatre ans pour pouvoir se consacrer au piano. Elle a tenu à conserver celui de son père ainsi que ses partitions. *« Le piano, c'est une formation qui apprend à se coller sur un travail et à ne pas lâcher. »*

On évoque aussi souvent sa *« droiture protestante »*. Sophie Boegner est une Wendel par sa mère, Odilie de Moustier. Mais, par son père, ses origines sont protestantes. Dans une famille catholique – sur un vitrail de l'église d'Hayange, François de Wendel est représenté avec sa mère et ses jeunes frères –, c'est une singularité. D'autant que son grand-père, le pasteur Marc Boegner, est une icône du protestantisme français. Docteur en théologie, ancien président de la Fédération protestante de France, membre de l'Académie française, il fut élevé au rang de « juste », pour son action en faveur des Juifs pendant la guerre.

Enfant, Sophie allait lui rendre visite. Elle garde le souvenir d'échanges exceptionnels. Le pasteur l'interrogeait et l'écoutait comme on écoute de grandes personnes. Elle évoque aussi un autre pasteur Boegner, qu'elle a redécouvert plus récemment : Alfred, dont elle garde un exemplaire des *Pensées du matin* sur sa table de chevet. *« Sans discipline, pas d'énergie. La discipline n'est pas le fond de l'énergie, elle en est la forme, mais la forme indispensable »*, écrit Alfred Boegner le 10 février 1877.

Sophie Boegner : « Dans un état de droit, quand on n'est pas entendu par l'échange, on peut demander au juge de se prononcer »

« Le sens du devoir chevillé au corps »

On dit que c'est de ces racines protestantes qu'elle a hérité son intransigeance et sa rigueur. Vraiment ? L'ex-administratrice se sent, elle, des références morales côté maternel comme côté paternel. *« De part et d'autre, je trouve de la droiture. »* Son grand-père maternel, Jean de Moustier, fut un héros de la guerre de 14-18, déporté pendant la Seconde guerre, résistant. Mais elle parle autant de sa grand-mère puéricultrice, appelée à tout moment par ses patients. Dans les deux familles, dit-elle, un *« sens du devoir chevillé au corps »*.

Elle mesure mal l'importance de l'héritage protestant, mais relève que les catholiques ont souvent l'impression que la réussite est peu compatible avec la droiture morale. Une vue qu'elle ne partage pas.

Le pasteur Boegner comptait parmi ceux qui se rendaient à Chamonix, où Sophie Boegner possède toujours un grand chalet familial. Présidente de l'association pour la sauvegarde de la vallée, elle s'est opposée à la municipalité afin de bloquer l'extension d'un héliport, faute d'étude d'impact préalable sur l'environnement. Elle a obtenu gain de cause au tribunal. A perdu au Conseil d'État, qui a autorisé la réalisation de l'héliport à condition que l'usage de celui-ci soit restreint aux seuls secours en montagne. La démarche n'a pas été inutile, affirme-t-elle.

« C'est peut-être un schéma de fonctionnement », suggère un cousin à propos des plaintes en justice. Sophie Boegner préfère souligner que *« dans un état de droit, quand on n'est pas entendu par l'échange, on peut demander au juge de se prononcer »*.

La famille tient à la discrétion, et Sophie Boegner reste celle par qui le scandale est arrivé. Des dissensions familiales étalées dans la presse, ce n'est pas très Wendel. *« Nous avons été surpris par les méthodes employées »*, avoue Priscilla de Moustier, qui parle de *« deux pages truffées d'erreurs dans* Le Monde. *»* Ces deux pages sont celles qui ont déclenché le scandale. Elles ne plaisent pas, bien sûr. *« Communiquer par voie de presse, je ne l'aurais pas fait »*, dit un cousin proche de Sophie Boegner.

Contactés, le sénateur UMP Josselin de Rohan, beau-frère de Sophie Boegner, ou Françoise de Panafieu, ancienne prétendante à la mairie de Paris, ne souhaitent pas s'exprimer sur ce sujet.

Les doutes, jusque-là, on les gardait pour soi. *« Tant que les actionnaires familiaux percevaient un dividende, les doutes ne s'exprimaient pas. À compter du moment où ils ont été portés en place publique, la parole s'est libérée »*, constate Cyril ver Hulst.

Les dirigeants du groupe d'un côté, Sophie Boegner de l'autre arrosent les cousins de courriels et de courriers. *« Un foisonnement auquel on n'était pas habitué. »*

L'assemblée générale approche. En vue de l'approbation des comptes, Ernest-Antoine Seillière prépare le terrain. Il organise, à l'Automobile Club de France, des réunions d'information pour la famille.

À la première, Sophie Boegner sort le papier qu'elle a préparé. *« Chères tantes, cousines et nièces, chers oncles, cousins et neveux... »* Elle explique les raisons de sa démarche en justice. Un parent interroge Seillière sur l'acquisition des actions par le management. À chacun son éthique, lui répond le baron. Malaise.

À la réunion suivante, les questions sur le montage financier pleuvent. Le baron dégote une métaphore hippique : vous souhaitez un management de cheval de labour, dit-il à la famille, nous vous offrons des pur-sang.

« Avec tout le respect que nous avons pour notre oncle, ce choix est un faux dilemme », répond aujourd'hui Arnaud de Louvencourt. D'ailleurs, la société familiale n'a rien contre les chevaux de labour. *« Ce genre d'image, c'est ce dont nous ne voulons plus. Le côté noir ou blanc. Il faut être capable de changer de monture. Le cheval qui gagne l'Arc de Triomphe une année ne le gagnera pas deux ans après. Si c'est pour gagner une seule fois, est-ce que ça vaut le coup d'entretenir une écurie ? »*

Plus dérangeant pour le directoire, les dirigeants du groupe Wendel sont déboutés de leur action en justice. Seillière, Lafonta et Gautier réclamaient trois millions d'euros à Sophie Boegner pour ses déclarations à l'assemblée générale annuelle. Le tribunal de grande instance de Paris tranche : son intervention *« devant l'assemblée générale des actionnaires »* était *« légitime »*. Ses propos à *L'Express* lui valent, en revanche, une condamnation d'un euro pour diffamation. Elle y avait parlé de la *« spoliation »* des actionnaires.

L'honneur des dirigeants du groupe ne vaut pas très cher, sifflent les mauvaises langues. *« Je serais désireux de connaître la clé de répartition entre les trois »*, rigole un cousin. *« Ce n'était pas une histoire d'argent »*, corrige Anne-Lise Bapst, à la direction de la communication de Wendel. Les trois dirigeants ont annoncé vouloir faire appel.

Une pluie de dividendes

Les procédures en justice continuent donc, les réunions familiales aussi. *« Sophie Boegner a allumé la lumière dans une pièce pas claire. Quand on allume la lumière, on voit que la maison n'est pas rangée comme on pensait »*, observe Arnaud de Louvencourt. *« Beaucoup de gens veulent que cette histoire soit tirée au clair, que les responsabilités soient établies et que les affaires reprennent le bon chemin »*, relève Cyril ver Hulst.

Ils sont aujourd'hui quelques dizaines d'actionnaires familiaux à se réunir – *« Avec beaucoup de discrétion. Normal. Nous sommes entre cousins. »* – pour débattre de ce que devrait être une nouvelle gouvernance. *« Les gens s'interrogent sur ce que cela veut dire aujourd'hui faire des affaires. Quelques personnes peuvent faire déraper un système mondial. Quelques personnes peuvent aussi faire déraper un système familial. »*

Rares sont ceux qui, comme Sophie Boegner, nomment explicitement Ernest-Antoine Seillière. C'est que *« cher cousin »* symbolise la famille : *« À chaque génération, une ou deux personnes en représentent des centaines. Il n'y a pas de place pour l'équivoque. »* Seillière a présidé le Medef ? Une soixantaine d'années plus tôt, le chef de famille, François de Wendel, fut député, puis sénateur.

La famille doit au baron le sauvetage de l'entreprise familiale. À la fin des années 70, la branche sidérurgie, en pleine déconfiture, est nationalisée avec ses dettes. Elle obtient du gouvernement Barre de conserver les entreprises satellites, rentables. *« Comment les De Wendel ont sauvé leur trésor »*, titre alors *Le Canard enchaîné*. L'artisan de la négociation, Pierre Celier, confie les rênes du groupe à Ernest-Antoine Seillière, son jeune neveu d'abord embarqué en politique. Seillière trouve un *« bric-à-brac »* : des participations dans plus d'une vingtaine de sociétés aux activités éparpillées, ciment, baignoires émaillées, wagons...

Comme l'écrit Yves Guéna, *« puisque le nom de Wendel dans les années 80 n'est plus porteur »*, Seillière choisit de renommer la holding, qui devient la Compagnie générale d'industrie et de participations. L'entreprise investit dans des secteurs porteurs, mise sur la spéculation financière au début des années 80. La valeur du patrimoine familial remonte, consacrée par le retour des Wendel dans l'aristocratie patronale. En 1997, Ernest-Antoine Seillière est élu à la tête du Conseil national du patronat français (CNPF).

Aujourd'hui, même ses détracteurs reconnaissent au baron le mérite d'avoir fait fleurir les restes du groupe. La réorientation de l'entreprise en fonds d'investissement s'accélère en 2001, avec l'arrivée aux commandes de Jean-Bernard Lafonta. À l'exception

Les questions sur le montage financier pleuvent. Le baron dégote une métaphore hippique : vous souhaitez un management de cheval de labour, dit-il à la famille, nous vous offrons des pur-sang d'un gendre, il est le premier dirigeant à ne pas être de la famille. *« Un inconnu »*, selon les mots des cousins. Mais personne ne bronche. Les dividendes continuent à tomber.

En famille, le baron regrette que Lafonta n'ait pas l'ADN des Wendel. Il en aurait bien fait son successeur. C'est à peine si les actionnaires familiaux s'aperçoivent que lors du passage de l'entreprise, en 2005, à une structure avec conseil de surveillance et directoire, ce dernier ne compte plus aucun membre de la famille.

« Les choses ne sont plus comme elles étaient auparavant, assure Sophie Boegner. La famille ne souhaite pas associer son nom à un capitalisme hyper-financier lié à l'endettement. Elle veut revenir à un capitalisme davantage rattaché à la vie économique »

« On a rêvé que ça puisse continuer »

À l'heure des doutes, Jean-Bernard Lafonta incarne ce que l'on n'ose pas reprocher à Ernest-Antoine Seillière : avoir écarté la famille des affaires. La prise de participation dans Saint-Gobain a été l'occasion de réaliser que la famille n'était plus aux affaires.

« La plupart des actionnaires familiaux pensaient que les administrateurs familiaux étaient au moins consultés. Or, le conseil d'administration de la holding n'a pas été consulté avant une opération majeure impliquant un endettement modifiant les équilibres financiers du groupe », explique Cyril ver Hulst.

« Ils ont laissé faire parce que ça marchait », dit un cousin. *« Quand les entreprises annonçaient des rentabilités à plus de deux chiffres, on se demandait : "Mais comment font-ils ?" Après une période d'incrédulité, on a rêvé que ça puisse continuer »*, se souvient Arnaud de Louvencourt.

Ce qu'ils ont laissé faire ? Des LBO en rafale, c'est-à-dire des achats de société financés par de l'endettement, en espérant un effet de levier pour rembourser la dette.

Quand l'action passe de 145 à 17 euros, l'humeur tourne.

En 2008, la famille découvre que la dette de la holding s'élevait à 10 milliards d'euros, tandis que sa capitalisation boursière a fondu à 1,4 milliard d'euros. *« On est le type de famille à payer ses dettes, pas le type de famille à les augmenter »*, déclare un cousin.

Le serpent n'a pas réussi à digérer l'éléphant. Acquise au plus haut cours de l'action, la participation de 21,5 % dans Saint-Gobain a coûté 5,5 milliards d'euros, dont 4,3 financés par un emprunt. Aujourd'hui, l'action Saint-Gobain s'est effondrée. Ce sont plus de 3 milliards d'euros qui se sont potentiellement évaporés pour Wendel.

La culture de la famille bouleversée

En février 2009, l'agence de notation Standard & Poor's dégrade la dette à long terme du groupe pour la classer dans la catégorie des obligations pourries. Les banques rechignent à prêter à des entreprises mal notées. Difficile d'envisager de nouveaux emprunts.

Wendel a du patrimoine, mais manque de liquide. Voilà l'entreprise contrainte à se séparer de certaines de ses pépites – celles qui ne pas encore trop endettées : Editis, le numéro deux de l'édition, acheté en 2004 à Lagardère, et 15 % de Bureau Veritas. Une banque anglaise aurait eu mandat d'étudier l'éventualité d'une vente de Oranje-Nassau (immobilier, pétrole).

Lors d'une réunion récente du groupe de réformistes formé autour de Sophie Boegner, Arnaud de Louvencourt a pris la parole pour lire une maxime chinoise. *« Lorsque l'archer vise la cible pour le plaisir, il dispose de toutes ses capacités. Lorsqu'il vise la cible en vue d'obtenir une boucle de bronze, il est déjà nerveux. Lorsqu'il cherche à obtenir le prix en or massif, il devient aveugle, il voit deux cibles, il n'est plus lui-même. Sa compétence n'a pas diminué, il pense plus à gagner qu'à atteindre la cible et le besoin de gagner le vide de son pouvoir. »* Le résumé, selon lui, de ce qui s'est passé ces dernières années.

« Les choses ne sont plus comme elles étaient auparavant, assure Sophie Boegner. *La famille ne souhaite pas associer son nom à un capitalisme hyper-financier lié à l'endettement. Elle veut revenir à un capitalisme davantage rattaché à la vie économique. »* Elle réclame à présent un programme de restitution des actions Wendel et l'annulation du plan d'intéressement *« totalement inapproprié dans la situation actuelle »*. Chaque année, Wendel doit réserver un million de titres au management.

À la dernière assemblée générale, Pierre-Louis de la Rochefoucauld, un octogénaire de la branche Wendel très écouté, s'est inquiété de sa voix grave de l'*« opacité saisissante »* des opérations financières conduites par le directoire.

« Sur le plan de l'actionnariat familial, elle [Sophie Boegner] *a certainement suscité des interrogations et bouleversé*

la culture de la famille », concède Anne-Lise Bapst, directrice de la communication du groupe Wendel.

Remise en cause également, l'idée que la direction, en guise d'intéressement, touche des commissions sur les opérations. La vente d'Editis (Plon, Nathan, Robert Laffont, Fixot, La Découverte, etc.) a rapporté 30 millions d'euros à l'équipe du management. *« Jean-Bernard Lafonta et Ernest-Antoine Seillière se sont enrichis sur le dos des sociétés, malgré leurs mauvais résultats »*, claque un cousin. *« Les managers laissaient entendre qu'ils ne pouvaient exceller que s'ils avaient les mêmes conditions que leurs homologues de Londres ou New York »*, justifie un parent.

Jean-Bernard Lafonta est payé 2 millions d'euros par an, Bernard Gautier 1,7 million. *« Je me mets à la place des ouvriers de Veritas, de Legrand… Que ceux dans les bureaux de la rue Taitbout aient de pareilles rémunérations… En tant qu'actionnaire, je ne peux pas le défendre »*, déplore un cousin.

« Vous ne verrez personne [chez les Wendel] *se faire construire un palais en Corse »*, dit un cousin en allusion à peine masquée à la propriété de Lafonta sur l'île. Chez les Wendel, *« on essaie de garder des maisons de famille avec parfois des toits en mauvais état, avec l'idée qu'elles constituent des lieux de scellement familial. »* On construit à long terme loin du clinquant. Lafonta n'est pas dans l'esprit. *« Pour nous, Lafonta discrédite la société »*, insiste un autre cousin. À un conseil d'administration de la holding début janvier, quatre administrateurs sur seize ont refusé de lui renouveler leur confiance.

À l'automne 2008, Ernest-Antoine Seillière a renoncé à la présidence de la société familiale. *« Nous nous sommes réunis […] entre administrateurs familiaux et l'unanimité s'est faite aussitôt pour approuver ma proposition de nommer François de Wendel »*, écrit-il à ses cousins.

« Ceux qui étaient aux affaires avant qu'on y mette des inconnus avaient le souci des autres », confie Arnaud de Louvencourt. La désillusion nourrit une nostalgie du capitalisme des grands-pères. *« Ils se préoccupaient de la famille, des enfants du personnel, qu'on ait les meilleurs dispensaires de Lorraine. »*

Au XIXe siècle, les rues de la cité créée par Charles de Wendel portaient les prénoms des enfants de la famille. On mangeait, on dormait et on travaillait chez Wendel. Dans la famille, on garde les photos des usines, les macarons en bronze souvenirs de la mise en place de telle ou telle machine. *« À l'époque du virtuel, nous avons des repères tangibles. Les racines sont là. Nos arbres généalogiques sont vivants. »*

À l'aune de trois siècles

À l'heure où les petits actionnaires français voient fondre des actions achetées sur Boursorama, les Wendel ont chez eux des photos des grands-pères remettant des médailles aux ouvriers méritant des usines de production de Lorraine. Oublié le fait que les dirigeants d'alors étaient critiqués autant que *« le baron des patrons »* d'aujourd'hui. Les Wendel, en 1936, c'était aussi François de Wendel fermant les usines et mettant 2 000 personnes au chômage technique quand la révolte du Front populaire gagna la Lorraine.

Le parquet de Paris a classé sans suite la plainte de l'ex-administratrice contre X pour « abus de biens sociaux » et « recel ». Sophie Boegner en a du coup déposé une seconde, avec constitution de partie civile. Elle considère qu'elle n'a fait qu'ouvrir les yeux des actionnaires familiaux et, espère-t-elle, des épargnants Wendel. Quelle que soit l'issue de ses plaintes en justice, *« les choses ne seront plus pareilles »*.

Un cousin s'inquiète. *« Le temps de la justice n'est pas le temps des affaires. Ces incertitudes, ce n'est pas bien pour les partenaires comme pour le management. »* Arnaud de Louvencourt relativise : *« Ce n'est pas dramatique, sur trois siècles, d'avoir quelques années où on s'est fourvoyé. »*

Monique Pinçon-Charlot estime que l'histoire oubliera le coup de tête de Sophie Boegner. *« C'est une dynastie qui, dans le changement, a su reproduire sa position. »* Autrement dit, le passage de la sidérurgie à une société d'investissement n'est pas un accident de Wendel, mais découle de son modèle : tirer parti de l'activité économique la plus juteuse de l'époque. Pour la sociologue, *« c'est un petit accident qui sera vite gommé au bénéfice du profit et de la famille. L'épisode aura été dramatique pour Sophie Boegner et pour d'autres, mais, dans deux ans, il n'existera plus. La mémoire familiale et la solidarité familiale auront repris le dessus. »*

Le 26 janvier, une invitation cosignée de François de Wendel et de Priscilla de Moustier, responsable à l'Insead du Centre Wendel pour l'entreprise familiale, a été adressée aux actionnaires familiaux pour les convier à un séminaire. Le thème : *« Renforcement de la cohésion familiale. »* La réunion sera suivie *« d'une phase de mise en commun, puis d'un buffet »*. XXI

« Vous ne verrez personne chez les Wendel se faire construire un palais en Corse, on essaie de garder des maisons de famille avec parfois des toits en mauvais état »

Le carreau Wendel à Petite-Rosselle (Moselle), un ancien site d'extraction et de traitement de houille exploité entre 1856 et 1986. AFP / JEAN-CHRISTOPHE VERHAEGEN

La famille Wendel

L'histoire de l'entreprise Wendel débute en 1704, lorsque Jean-Martin Wendel achète les forges de la Fensch, dans la région d'Hayange. Son fils Charles prend la relève. À sa mort, sa femme, Marguerite d'Hausen, tient les rênes jusqu'à la confiscation des forges après la révolution.

Le petit-fils de Marguerite d'Hausen, dite « Madame d'Hayange », les rachète en 1803. La guerre franco-allemande les fait passer en territoire allemand.

Après la capitulation de 1871, Joséphine de Fischer, veuve de François de Wendel, fait don de l'entreprise à ses neuf petits-enfants. Elle met en place le mode de fonctionnement familial qui subsiste aujourd'hui.

Pendant la Seconde Guerre mondiale, l'Allemagne nazie s'adjuge des usines Wendel. La famille retrouve ses biens à la Libération.

Avec la crise de la sidérurgie, à la fin des années 70, l'entreprise s'endette lourdement. Nationalisée en partie, elle conserve ses activités satellites. Ernest-Antoine Seillière en prend la direction. Wendel se lance dans les acquisitions et dans la finance.

Rien d'incompatible avec les origines, ironise un cousin car *« en 1704, Jean-Martin ne crée pas les forges d'Hayange : il les rachète »*.

Les grands livres de référence sur le roman entrepreneurial familial ont été écrits… par des Wendel, ou sur commande.

***Les Wendel et leurs alliances* de Pierre Garelli**

***Les Wendel, trois siècles d'histoire* d'Yves Guéna** (Perrin, 2004).

***Les Wendel, 1704-2004* de Jacques Marseille** (Perrin, 2004), écrit à l'occasion du tricentenaire de la famille.

Le point de vue des sociologues

Les grandes fortunes, ce sont aussi des cultures et des réseaux, expliquent Michel Pinçon et Monique Pinçon-Charlot, sociologues et directeurs de recherche au CNRS, dans leur ouvrage *Grandes Fortunes*.

« Les repas familiaux sont des occasions de prendre la mesure du capital social disponible, c'est-à-dire de l'importance du réseau de relations familiales disponibles. » La famille a des *« correspondants »* dans tous les *« secteurs de l'activité sociale »* : affaires, armée, culture, Église. Ainsi, les Wendel ont compté *« dans leurs rangs des députés, un régent de la Banque de France, un académicien, un président du Medef… »*

***Grandes Fortunes, dynasties familiales et formes de richesse en France* de Michel Pinçon et Monique Pinçon-Charlot** (Payot, 2007)

Le montage financier

Jean-Bernard Lafonta et Ernest-Antoine Seillière. AFP / PHOTO ERIC PIERMONT

Le montage dénoncé par Sophie Boegner est particulièrement complexe.

La direction de Wendel a présenté aux actionnaires familiaux de la SLPS, la holding, un plan d'intéressement du management. Aux termes de ce plan, il est accordé aux dirigeants des actions de Wendel Participations, détenues par une filiale, la Solfur, qui possède 13,5 % des parts de Wendel Participations.

Plutôt que d'acheter les actions directement, les quinze dirigeants visés par le plan d'intéressement ont créé une société, la Compagnie d'Audon. C'est cette société qui, en avril 2007, achète Solfur pour 78,7 millions d'euros, pourtant estimée à 177,5 millions d'euros.

Avec le rachat de Solfur, l'équipe de direction devient indirectement propriétaire de 13,5 % des parts de Wendel Participations. Non cotées en bourse, ces actions ne peuvent être échangées qu'avec l'autorisation des actionnaires familiaux. Elles le seront contre des actions cotées de Wendel Investissement, sans que soit appliquée de décote.

Bilan de l'opération, en mai 2007, les quinze dirigeants concernés par le plan d'intéressement se sont partagé plus de 2,5 millions d'actions, représentant 324 millions d'euros, dont 79 millions pour le président du conseil de surveillance, Ernest-Antoine Seillière, 36 millions pour Bernard Gautier, directeur financier, et 83 millions pour le président du directoire, Jean-Bernard Lafonta.

Parmi ces quinze dirigeants, Christine Dutreil, épouse de l'ancien ministre Renaud Dutreil. Les Dutreil ont depuis quitté la France pour les États-Unis.

Du côté des administrateurs de la SLPS et de Wendel, on souligne qu'*« il ne s'est jamais agi d'un montage opaque »*. On ajoute que le chiffre de *« 324 millions représente une plus-value virtuelle »*, qu'avec la chute de la bourse cela pourrait devenir une moins-value.

Le Centre pour l'entreprise familiale

Il y a une douzaine d'années, la holding familiale SLPS et le groupe Wendel ont cofinancé la création d'une chaire d'étude des entreprises familiales à l'Insead.

En 2004, cette chaire est devenue le Centre international Wendel pour l'entreprise familiale. Le centre organise des séminaires de cinq jours auxquels participent des représentants de ces sociétés.

Fille de Pierre Celier, le prédécesseur de Seillière, administratrice de la SLPS, et vice-présidente en France du Family Business Network, Priscilla de Moustier suit le développement du centre.

Au-delà des noms les plus connus – des Wendel aux Lagardère –, les sociétés familiales représentent la majorité des entreprises. Leurs points communs ? *« Elles sont plus performantes »*, *« elles demandent une gestion plus complexe puisqu'il faut gérer une entreprise et un groupe familial »*, explique Priscilla de Moustier.

En novembre 2007, la holding Wendel a commencé à organiser des séminaires de *« cohésion familiale »*. Pour deux raisons essentielles : *« Nous avons changé d'activité et perdu notre ancrage géographique. »* Les descendants sont aussi toujours plus nombreux. *« Quand on est 900, bientôt 1000, il y a plus à faire que quand on est un groupe de cousins germains. »*

L'entreprise familiale sauvera-t-elle le capitalisme ? **de Christine Blondel et Anne Dumas** (Autrement, 2008). Christine Blondel dirige le Centre Wendel de l'Insead.

C'EST LE RÉEL QUI M'A SAUVÉ

RAYMOND DEPARDON

Photographe, documentariste, cinéaste, artiste, l'homme est inclassable. Ce qui le fait avancer ? Une « colère paysanne » qui, dit-il, le « rend sociable ». Après avoir « tellement capté l'image des gens », Depardon veut leur « redonner la parole » et « filmer des mots ».

Propos recueillis par Michel Guerrin

Page de droite : Sophia Loren et Anthony Perkins, 1962

Ci-contre : Depardon, en 1959.

Ci-dessous : *« Mon père me demandait souvent d'aller chercher les chevaux dans le pré, près de la ferme. Là, c'est Bijou, que j'ai forcé à galoper pour la photographie. »*

Rien ne prédisposait Raymond Depardon, fils de cultivateurs du Beaujolais, né le 6 juillet 1942 à Villefranche-sur-Saône (Rhône), à devenir le photographe le plus connu de France. Ni l'un des principaux cinéastes documentaires au monde. Et encore moins à créer des installations d'images (photos et films) pour les musées. Comment ce paysan mal dégrossi s'est-il construit un costume convaincant d'artiste ?

Loin d'être un frein, son origine fut un facteur de sa réussite. C'est à la ferme qu'il a acquis l'indépendance d'esprit, l'égoïsme, la liberté du regard, une façon de s'isoler et une rugosité qui lui permettent de résister à tous les climats.

Il y a, surtout, chez Depardon une volonté d'avancer, de progresser, de ne jamais retourner en arrière. Les quatre « employeurs » auxquels il fut attaché marquent chacun un palier qui l'éloigne du « presse-bouton » impétueux pour tendre vers l'artiste cérébral. En rejoignant à chaque étape une structure plus prestigieuse, il gagne son statut d'auteur.

Mais cela n'aurait pas suffi sans culture. Il se l'est forgée en lisant journaux et livres, en multipliant les rencontres, en se nourrissant de la photographie et du cinéma des autres. Notamment en observant les États-Unis. C'est ainsi qu'il s'est trouvé une esthétique. Il aime écrire à côté de ses photos, il tourne des films documentaires où la parole est reine. Petit à petit, le cinéma prend la première place dans ses préoccupations. C'est d'abord par ce biais qu'il est reconnu en tant qu'artiste.

Enfin, Depardon apprend à manier les mots. Ceux des autres, qu'il transforme en matière vive de ses films. Les siens, car le timide devient un communicant aussi à l'aise avec le paysan qu'avec l'homme politique, à même de jongler entre l'anecdote judicieuse, le souvenir sensible et la réflexion théorique.

En 2004, Raymond Depardon se lance dans un voyage monstre : photographier la France, ses vingt-deux régions, son territoire, au moyen d'un camping-car et d'une chambre photographique – il est aujourd'hui à la moitié de son périple.

Il révèle dans cet entretien qu'il prépare son troisième long-métrage de fiction. Après *Empty Quarter, une femme en Afrique* (1985), avec Sandrine Bonnaire, et *Un homme sans l'Occident* (2003), ce nouveau film aura pour cadre non plus l'Afrique, mais l'Amérique latine.

XXI : Partons d'une photo qui intrigue. Vous en êtes le sujet. Vous êtes tout jeune et vous avez pourtant déjà adopté les tics du reporter de *Paris Match*. Comment est-ce possible ?

Raymond Depardon : Je ne sais pas qui a pris cette photo, sans doute François Collard, un ami photographe, sur le quai d'Anjou, sur l'île Saint-Louis, où j'habitais un meublé. C'est effectivement une preuve de mon nouveau statut de reporter. Une veste prince de galles, la cravate sombre, la chemise blanche, le scooter, le regard résolu, la coupe de cheveux…

Nous sommes vraisemblablement à l'automne 1959. Une année est passée depuis mon arrivée à Paris, en octobre 1958, à l'âge de 16 ans. Je suis très jeune, plus un enfant qu'un jeune homme célibataire. J'ai le certificat d'études, mais je ne sais rien des manières. Je bois le café à la petite cuiller, comme le font les membres de ma famille – avec des sucres « canard ». Un collègue reporter me regarde avec un sourire et m'explique

« J'arrive à Paris à l'âge de 16 ans, je suis très jeune. J'ai le certificat d'études, mais je ne sais rien des manières. Je bois le café à la petite cuiller, avec des sucres "canard" »

comment le boire. Je ne sais pas non plus utiliser un téléphone à cadran. À la ferme de Villefranche, nous passions par une opératrice.

Durant cette première année à Paris, je suis « dérouillé » par mon premier employeur, le photographe Louis Foucherand, qui tient boutique sur l'île Saint-Louis. Je suis l'assistant de son assistant d'octobre 1958 à juillet 1959. J'avais écrit à Foucherand et il m'avait convoqué pour me demander : *« Que font vos parents ? »* J'étais devenu tout rouge. Terriblement complexé de répondre *« paysans »*, je lui ai dit *« cultivateurs »*. Je lui avais montré des photos de mes chevaux préférés à la ferme, Fanfan et Bijou. Il m'avait accordé 35 000 anciens francs (50 euros) par mois et me logeait au fond du labo.

C'est en juillet 1958 que j'achète la veste prince de galles, sur les Grands Boulevards, et des chemises en tergal bon marché qui n'ont pas besoin d'être repassées. La cravate est obligatoire pour photographier à l'Olympia, à l'Élysée, partout. Certains portent le blouson chic, mais avec une cravate en dessous. Et puis mes parents me disent : *« Ton petit veau a grandi. On l'a vendu. L'argent est à la Caisse d'épargne. 1 000 francs. C'est à toi. »* J'investis dans un scooter, de marque italienne, Rumi. J'avais compris qu'il fallait me déplacer vite pour photographier.

Les habits, le scooter, est-ce suffisant pour être reporter ?

Parfois, non. On se moque de moi, on parle de *l'« enfant de la campagne »*. Il y a des fils à papa parmi les reporters. Je suis complexé. Je parle peu, car ma voix aurait trahi mes origines rurales et lyonnaises – aujourd'hui encore, je traîne les mots. Je parle aux jeunes de mon âge, c'est-à-dire à pas grand monde.

Et puis, à l'été 1959, Louis Foucherand m'annonce qu'il s'associe à une grande agence photo de l'époque, Dalmas, et qu'il ne peut plus me payer. Je prends un meublé, une chambre payée à la semaine, au 46, rue Saint-Louis-en-l'Île. J'ai 17 ans. Je n'ai plus de salaire. Je dois m'adapter, trouver des commandes.

J'adore l'odeur du labo, mais je ne veux pas développer et tirer les images. Je veux devenir photographe. Je ne connais personne à Paris. Quand je rentre à Villefranche par le train, mes parents me demandent des nouvelles de mon patron. Je suis un peu inconscient de vouloir faire ce métier, de croire que j'y arriverai.

Comment faites-vous pour y arriver ?

Je suis plus emprunté que débrouillard, mais je suis animé d'une foi. Ce désir d'être photographe est venu à 14 ou 15 ans. Je ne sais pas pourquoi. Je pense à cette formule du paysan occitan Raymond Privat, qui apparaît dans mon film *La Vie moderne* : *« Il ne fait pas seulement aimer son métier, il faut être passionné. »*

L'orgueil est aussi un trait de mon caractère, quelque chose qui fait que je vais passer du statut de fils de paysan exploitant à petit photographe indépendant. Je pleure alors beaucoup, c'est lié à mon âge. Mais je pleure littéralement de rage quand je rate un cliché. Le désir de réussir une « plaque », c'est ma quête du Graal.

Un autre point central : comme un paysan, je déteste les activités structurées. J'ai enfin une grande curiosité. Elle m'a sauvé la vie. Mon père disait que je tenais cela de mon arrière-grand-père, qui est monté de Villefranche à Paris en 1900 pour voir l'exposition universelle. En fait, mon origine paysanne et mon

« Mes parents me disent : "Ton petit veau a grandi. On l'a vendu. L'argent est à la Caisse d'épargne. 1 000 francs. C'est à toi." J'investis dans un scooter »

De gauche à droite : starlettes de l'année 1960 ; Jean-Paul Belmondo, 1960 ; l'Américain Tommie Smith gagne le 200 mètres.

extrême jeunesse vont se révéler être deux atouts.

Malgré votre timidité ?

Ma timidité s'estompe quand je tiens une raison de faire une photo. Dès le début, à 16 ans, je n'ai pas peur, je veux être sur la brèche, tout plutôt que la solitude du dimanche. Je me dis : *« Pourvu qu'il y ait un tremblement de terre, un fait divers, une personnalité à photographier. »* Je me précipite avec joie pour faire trois photos au flash de Gary Cooper qui débarque Gare du Nord. Je cours les petits matchs de foot dans la boue – je suis payé 200 francs le but (3 euros) – avec mon Rolleiflex T, le moins cher.

Trente ans plus tard, une amie était étonnée de voir avec quel culot je pouvais interpeller le président François Mitterrand. C'est un culot de paysan. J'ai vu souvent mon père engueuler le maire de Villefranche. J'ai vu les nomades du désert parler vertement au roi Fayçal d'Arabie saoudite. Cette colère paysanne, qui rend soudain sociable, je l'ai d'emblée. M'approcher d'un pape, d'un roi, c'est facile. Mais photographier une femme dans la rue, sans raison, je n'y arrive pas. Trop timide.

À cette époque, je ne fais pas de photos dites personnelles. C'est devenu un problème dans les années 70 quand la tendance a été de valoriser l'homme anonyme, le reportage dans la rue, un peu dans la lignée de Cartier-Bresson. À l'agence Gamma, on demande à Gilles Caron, qui avait couvert Mai 68, le Vietnam, Londonderry, de photographier des hippies à Londres. Il répond : *« Je ne peux pas. »*

Photographier des blessés à deux mètres, des victimes d'un tremblement de terre, sonner à la porte d'une famille endeuillée, ce n'est pas un problème, mais arrêter une fille dans la rue et lui dire : *« Vous êtes jolie, je voudrais vous photographier »*, c'était impossible.

On dit qu'on devient photographe quand on peut photographier des gens face à soi, dans un compartiment de train. Je trouve ça d'une violence inouïe. C'est en voyageant que j'ai pu photographier des anonymes, à l'étranger, loin de chez moi. Mais mon quartier, cela fait vingt ans, pas plus, que je peux le photographier, et encore, sans m'arrêter sur les visages.

Et pourtant, les grandes photos qui restent, celles que l'on voit dans les livres et les expositions, ce sont celles des anonymes. Mais ce n'est pas le problème à la fin des années 50. Je ne sais pas pourquoi, je me rends compte qu'il faut attraper les vedettes pour monter en grade et devenir photographe.

Plus que la politique ou le grand reportage ?

Oui, j'ai une intuition, comme à la ferme. Au marché, qu'est-ce qui se vend le mieux ? C'est le broutard, un petit taureau, la viande la meilleure. Et le broutard de la photo, c'est la vedette que je négocie à *France-Soir* et à *Paris Match*. Je n'ai alors aucune notion du paparazzi – nous sommes avant la sortie du film *La Dolce Vita*, de Fellini – mais j'ai une chance. Les Angelina Jolie et Brad Pitt de l'époque s'appellent Brigitte Bardot, Sophia Loren et Maria Callas, et on peut les photographier sans problème, pendant deux ou trois minutes, à la sortie de l'hôtel George V ou du Lancaster. Parce que c'est une époque de fraîcheur et de confiance.

Comment avez-vous gagné votre réputation dans la photo de personnalité ?

En trois temps. En 1959, je tombe sur la parution dans le magazine *Life* de la fameuse série « Jumpologie » par le photographe américain Philippe Halsman, dans laquelle il montre les vedettes, dont Mauriac et Bardot, en train de sauter en l'air. Il dit que la façon de sauter révèle la personnalité. Je décide d'appliquer la méthode. Je prends mes rendez-vous. Bourvil, Georges Guétary, Gilbert Bécaud, Jean-Paul Belmondo… Des filles aussi. Je les retrouve au théâtre, dans les loges, à la sortie du spectacle, dans la rue, et je leur demande : *« Voulez-vous sauter ? »* Dalmas publie très bien la série. Pour la première fois, on parle de moi.

Je m'intéresse aussi aux deux vedettes à l'époque, De Gaulle et Bardot. Je n'ai pas accès au premier et pas aux grands événements de la

seconde... Il reste les à-côtés. Bardot a un fiancé, Jacques Charrier, qui refuse de faire son service militaire et qui est hospitalisé à Meudon. J'y vais le jour de l'Ascension, en 1960. BB arrive en robe courte et foulard Vichy. Je suis le seul photographe. Je prends six clichés. Très bonnes publications.

On me demande ensuite de « planquer » BB à Megève. Je ne suis jamais allé à la neige, je ne trouve pas Bardot. Mais le chauffeur de taxi qui me dépose à la gare de Sallanches me dit : *« J'ai monté Bardot dans tel village. »* J'y vais, je descends dans une auberge. La serveuse, la fille de la patronne, est jeune et jolie. Nous devenons complices. Je suis heureux d'être avec des gens de mon âge. Elle me dit : *« Le chalet de Brigitte, c'est celui-là. »* Je m'installe dans une grange et je fais mes photos. BB a un pantalon en cuir, elle est mince et magnifique. On ne s'est jamais parlé avec Bardot alors que je lui dois beaucoup.

Je redescends alors à la gare de Sallanches pour envoyer mes films par le train et j'apprends que les deux personnes qui avaient pris en otage, un an auparavant, Éric Peugeot, le fils de 5 ans de Roland Peugeot, le patron de l'entreprise automobile, viennent d'être arrêtés à Megève. La famille est réunie dans son chalet, également à Megève. Je fonce et je sonne à leur porte : *« Voilà, je voudrais photographier le petit... »*

Je me demande comment j'ai pu oser un truc pareil. Sa mère me répond non. Mais je suis si jeune, je ne comprends pas ce refus. Je sonne à nouveau, je pleure, je dois lui faire pitié... Toujours est-il qu'elle me dit : *« Dans une demi-heure, on sort. »* Je prends deux photos qui font la couverture de tous les journaux européens. *Paris Match* envoie un reporter le deuxième jour, mais ce sont mes clichés qui sont publiés.

Pourquoi les miennes ? Il y a une sorte de complicité entre ce gamin de 5 ans et moi, qui en ai 19. Il a les mains dans les poches, il est un peu en colère. Je sors du grenier de ma ferme et il doit le sentir. Je sais aller vers les enfants. Comme j'ai su aller, quelques mois plus tard, vers des gamins berlinois qui jouaient à construire leur mur à eux.

N'avez-vous pas eu simplement de la chance ?

Bardot, Peugeot, les vedettes qui sautent : j'ai de la chance, oui. En même temps, comment je trouve toutes ces personnalités ? Je ne suis alors pas bon photographe, mais je suis là où il faut. Je ne veux pas retourner à la ferme, ç'aurait été le comble de l'échec. J'entends encore les voisins : *« Il n'a pas fait d'études, il ne réussira pas. »*

J'ai réussi grâce à mon enfance, proche de celle des Indiens Yanomami en Amazonie. Je les ai filmés en 2008 avec Claudine Nougaret. À un moment, Claudine dit à un ethnologue qui nous accompagne sa surprise de voir l'incroyable liberté dont jouissent les enfants. Ils ont une complète liberté d'observation entre 1 et 10 ans. C'est leur apprentissage – préparer le gibier, aller à la rivière. Ils ne subissent jamais de réprimande. Mon éducation a été proche de celle des Indiens. J'étais en observation avec les vaches et les taureaux, on ne m'engueulait jamais, j'observais tout.

Photographier des stars et des starlettes à 18 ans, c'est aussi un apprentissage ?

Pas vraiment, je suis trop timide. Je me souviens d'un tournage de film avec Anna Karina, aux îles Canaries. Elle me dit : *« Vous avez des yeux magnifiques. »* Je suis surpris qu'on me parle de mes yeux bleus. Je me souviens aussi d'un rendez-vous qu'on avait pris pour moi avec une starlette, mais sans me dire que je devais la faire nue. Je ne lui ai pas demandé de se déshabiller et je me suis fait engueuler.

En faisant le paparazzi, aviez-vous des problèmes éthiques ?

Avec le gotha, je n'ai pas de morale. Mais l'époque est différente. On attend les personnalités, bien visibles, à la sortie de l'hôtel plus qu'on ne les traque sur une plage ou cachés dans un bateau. Il n'y a pas de télévision, pas de meute de photographes. Liz Taylor ou la Callas ne se dissimulent pas, elles s'offrent.

Quand je regarde mes photos d'alors, je ne vois pas de violence. C'est

De gauche à droite : De Gaulle, 1967 ; Mitterrand et Jospin, 1988 ; Afghanistan, 1979.

un jeu de cache-cache. Mitrailler la voiture au feu rouge, derrière la vitre, ce n'est pas mon truc. Lorsque Jospin, pendant une campagne présidentielle, me dit : *« Pas de photos quand je mange »*, je suis d'accord. BB est la première à avoir monté la pression en se cachant. À Megève, si elle était sortie deux minutes, elle aurait été tranquille, et moi aussi.

Pour les faits divers, c'est autre chose. Il y a quelques voyous qui ne lâchent pas les familles, mais le climat général n'a rien à voir avec aujourd'hui. Même en plein drame, la plupart des gens veulent leur photo dans le journal. Je photographie les parents de l'étrangleur Lucien Léger, qui avait tué une petite fille de Valenciennes.

Si je ne me vois pas comme un charognard mais comme un journaliste, c'est parce que les reporters de ces années sont des polyvalents : Liz Taylor, le fait divers, l'enterrement d'Édith Piaf, un discours de De Gaulle, un conseil des ministres, une course de 100 mètres, des reportages à l'étranger… Je planque la vedette de la même façon que je joue des coudes pour saisir la poignée de main au téléobjectif entre deux chefs d'État. Il y a la même idée de réussir la photo, trouver le meilleur angle, la meilleure place.

John Huston dit qu'il n'y a qu'un endroit où poser la caméra, pas deux. J'ai le projet de faire un film en Amérique latine avec une grande vedette. Il y aura une équipe de cinquante personnes qui attendra autour de moi que je dise : *« On place la caméra là, avec une focale 85. »* Je saurai le dire, parce j'ai pratiqué ce jeu de jambes des paparazzis. C'est comme un combat de boxe, tu dois te déplacer par rapport à la personne à photographier. On ressent cela dans les films de Fellini, où les acteurs bougent autant que la caméra.

Trouver la bonne place ouvre la question du style. Au début, mon style, c'est une colère, savoir forcer le destin, comme une humiliation à régler. Si je n'ai pas cette rage, le travail est moins bon. Je me souviens d'avoir « fait » BB et son mari Gunther Sachs à l'aéroport d'Orly, en 1967. Je tombe sur un autre photographe, déjà plus jeune, moins expérimenté. Je suis trop sûr de moi, je baisse la garde. Quelques jours plus tard, à l'agence Gamma, que je viens de créer avec d'autres photographes, on me dit : *« Ce n'est pas toi qui as fait* Paris Match, *c'est le petit. »*

Chasser la starlette, ce n'est pas l'image que l'on a de vous. Qu'est-ce ce qui vous a éloigné de ce monde ?

Le voyage. À partir de 20 ans, je voyage beaucoup pour les agences photos Dalmas puis Gamma. Ce qui me sauve, c'est de ne pas avoir peur du voyage. Je suis silencieux, empoté avec les filles, casanier, un peu sauvage, mais prendre un avion pour un pays lointain, même en guerre, ne me fait pas peur. Il est alors mille fois plus violent pour moi d'aller de Villefranche à Paris que de Paris à Saigon ou à Beyrouth en guerre.

En 1964, j'arrive au Vietnam et je demande à suivre les combats. Je déniche une traction, je la loue, je pars au front, je tombe sur le général Nguyen Cao Ky, le futur vice-président du Sud Vietnam. Je lui dis que je suis français, on me jette dans un hélicoptère avec une mitrailleuse à la porte et je publie mes photos dans le *New York Times*. Je suis heureux comme on ne peut pas savoir.

Je constate que les balles qui partent font un bruit d'enfer et ne sont pas dangereuses, alors que celles qui arrivent font un très joli son léger et font manger la poussière. Je descends au Royal, un hôtel tenu par un Corse, je

« Au début, mon style, c'est une colère, savoir forcer le destin, comme une humiliation à régler. Si je n'ai pas cette rage, le travail est moins bon »

lis *Un Américain bien tranquille*, de Graham Greene, l'histoire d'un journaliste qui enquête sur le Vietnam. Je suis bien dans un pays où l'on parle français. Paris m'oublie, j'arrive même à faire des photos dans la rue.

J'ai passé la fin de mon adolescence dans ces grandes villes du monde que sont Buenos Aires, Saigon, Alger ou Beyrouth. Au marché des mouches à Djibouti, même si on ne s'occupe pas de toi, tu peux rester des mois, grimper dans les montagnes, il y a cette force de vivre. Dans ces villes, je retrouve étrangement l'atmosphère de Villefranche. Je cherche un marchand de journaux, je bois un Coca. Après la journée de combats, tu as fait des photos, la lumière est belle, tu as envie de rencontrer la femme de ta vie. Mais tu es seul.

Quand je découvre l'Éthiopie, je me dis que ce pays, c'est la Bible. Je ne suis pas croyant, j'ai 22, 23 ans, j'aimerais une fiancée ici, pas à Paris. Je tourne autour de cette question depuis toujours. Je me suis marié à 45 ans et, avec Claudine, nous avons fait voyager très jeunes nos enfants ; nous avons vendu une maison pour cela. Si tu aimes voyager loin, si tu n'as pas peur, si ça devient naturel, même si le monde est dur, c'est une fantastique joie et une belle leçon de réel. C'est le réel qui m'a sauvé.

Vous retournez sur les traces de vos anciens voyages ?

Toujours, c'est central. J'en veux aux photographes qui ne retournent jamais. On me reproche aujourd'hui de faire trop de choses, trop d'expositions, trop de livres, mais c'est pour me libérer. J'essaie de ne pas laisser trop de cadavres derrière moi, afin de ne pas être aigri. Toutes ces photos que je republie dans mes livres me permettent d'avancer et d'en faire d'autres.

Vous retournez à la ferme ?

Beaucoup moins qu'il y a dix ans. Elle appartient à mon frère, et aucune de ses quatre filles ne veut y habiter et encore moins reprendre le métier de cultivateur. Alors, il y a deux-trois ans, mon frère en a vendu une partie à un électricien. S'il me l'avait proposée, j'aurais été embêté. Quand je m'assois sur l'escalier de pierre, je ressens une nostalgie pas vraiment positive. Claudine n'aime pas trop, mes enfants n'y sont pas attachés. Il faut savoir tourner la page. Ma façon de le faire, ça a été de tourner ma trilogie sur les paysans.

Comment avez-vous forgé votre culture ?

Adolescent, elle est limitée. Je ne lis pas. Mes parents achètent quelques *Paris Match* et je reste marqué par le numéro relatant la mort de leur photoreporter, Jean-Pierre Pedrazzini, en 1956, pendant l'insurrection de Budapest. Dans mon laboratoire à la ferme, en 1954-1956, j'écoute Gilbert Bécaud et Gloria Lasso. Des tubes sirupeux.

Je suis d'abord formé par le cinéma, car j'ai très tôt ce rêve de faire des films. Je vais parfois voir un western avant midi, où la séance coûte autour d'un euro. Rarement de bons films, des séries B, des films italiens des années 60-70 et plutôt Dino Risi que *Le Cri* d'Antonioni, mais déjà les films trop commerciaux me rebutent.

1961 est l'année d'*Accatone* de Pasolini, mais j'aime surtout *Il Posto* d'Ermanno Olmi, qui évoque le conflit entre la campagne et la ville. La nouvelle vague ne m'a pas impressionné, c'est un cinéma urbain, réfractaire aux questions de la campagne. Et puis cette révolte contre la bourgeoisie, la colère contre le père, Mai 68, ce n'est pas mon truc. Je ne suis pas en colère contre mon père, De Gaulle n'est pas mon papa. Et j'ai déjà beaucoup voyagé.

« On me reproche aujourd'hui de faire trop de choses, trop d'expositions, trop de livres, mais c'est pour me libérer. J'essaie de ne pas laisser trop de cadavres derrière moi »

De gauche à droite : images tirées des films *Une partie de campagne*, 1974 ; *Ian Palach*, 1969 ; *Tibesti Too*, 1976.

Je préfère la dérision des films tchèques de l'époque, mais je suis surtout proche du rêve américain. Je rêve de m'installer à New York, d'aller à Hollywood. Je fais tout pour apprendre l'anglais, j'achète une méthode Assimil, mais je n'y arrive pas. Sinon, j'aurais habité aux États-Unis. Plus tard, au début des années 70, je suis marqué par les films de Monte Hellman, notamment son road-movie *Macadam à deux voix*.

Et la culture photographique ?

Vers 17 ans, un reporter m'invite à boire un verre et me demande si je connais Cartier-Bresson. Je ne le connais pas. Mais, à 19 ans, je m'abonne à la revue photographique suisse *Camera*, et je suis marqué par un long entretien entre les photographes Robert Frank et Eugene Smith. Smith l'écorché veut dénoncer les méfaits du monde au moyen d'essais photographiques lyriques. Frank le littéraire raconte son Amérique dans son journal photographique. Dans l'entretien, Smith dit à Frank qu'il a de la chance de pouvoir trahir la vérité. Moi, ça peut sembler étrange, je suis à cette époque smithien.

Smith est un révolté, et finalement moi aussi, sinon je serais resté à Villefranche et je me serais marié avec une fille du pays. Et je n'aurais pas tenu les cinq premières années à Paris. Plus tard, je vais comprendre que Robert Frank me parle plus avec ses photos existentielles, alors que Smith était trop manichéen, même s'il est sans doute un des plus grands photographes de guerre.

Vous ne rechignez pas, aujourd'hui, à citer philosophes, ethnologues, essayistes, écrivains...

Un peu avant 30 ans, je commence à dire du mal de ce que j'aimais à l'adolescence – comme mes enfants du reste. Je me construis une culture par touches. Je suis une tête chercheuse. Je lis beaucoup de journaux, de revues, d'essais, de romans. Ce qui ne corrige en rien mes fautes d'orthographe. Mon père et mon frère n'en faisaient aucune, moi je n'ai pas la mémoire visuelle des mots.

Je suis marqué, en 1964, par un entretien entre Le Clézio et Godard, paru dans *L'Express*. Le Clézio parle de l'importance que va prendre le religieux dans les décennies qui vont suivre et Godard ne comprend pas. Je lis énormément en voyage. Dickens, Flaubert, tous les romans de désert, Wilfred Thesiger. C'est très bien de découvrir les grands livres au moment où l'on vit pleinement. *Madame Bovary*, c'est mieux à 30 ans qu'à 16 – quelle merveille de lire ça dans un motel américain, à Dacca ou à Calcutta.

C'est aussi l'époque où je découvre le photographe américain Walker Evans. C'est un moment crucial, notamment le livre *Louons maintenant les grands hommes*, qui reste un modèle. D'un côté, le grand récit lyrique de l'écrivain James Agee sur la misère et la dignité des paysans américains dans les années 30. De l'autre, les images frontales et sèches de Walker Evans. Il y a l'évocation d'un monde paysan bien sûr. Il y a aussi les deux noms mis sur un pied d'égalité, dès la couverture. Et la façon dont le texte et les images dialoguent ou s'ignorent me marque profondément.

Je suis aussi formé par des discussions, des rencontres. Celle avec les photographes Sophie Ristelhueber et Gilles Peress, des écrivains comme Jean Rollin et Jean Hatzfeld.

Pourquoi et comment n'êtes-vous pas resté un bon photographe de terrain ?

Au début, j'ai juste la volonté acharnée d'avancer. Je réussis des photos, j'en rate. Je ne suis pas le meilleur mais je cherche à entrer dans le magazine *Life*, sans succès. Je me souviens aussi, à 19 ans, d'avoir interpellé Robert Kennedy à Abidjan (Côte d'Ivoire) alors qu'il pelait une orange. Il est le ministre de la Justice de son frère JFK et je lui demande conseil sur les écoles de photo que je pourrais faire aux États-Unis. Il me répond en français, me donne un quartier de son orange et me parle de la révolte des étudiants noirs de Little Rock. Il m'apprend une chose : même quand tout va mal, si ça bouge, ça va dans le bon sens.

Ensuite, il y a un côté « indépendant paysan » en moi. Je suis très sensible au fait de garder ma liberté

de jugement face à l'abrutissement. Je sais que je ne travaillerai jamais dans un bureau, et pas longtemps avec un chef. Je ne veux dépendre de personne. Je veux rester propriétaire de mon travail, donc de mes négatifs. C'est parce que je ne le suis pas à l'agence Dalmas que je contribue, avec d'autres, à créer l'agence Gamma en 1967. Rejoindre Magnum, en 1979, c'est aussi la confirmation que je deviens un auteur.

Auteur, cela veut dire quoi pour vous ?

En 1974, trois métiers ne sont pas couverts par la Sécurité sociale : garçon de café, mannequin et photographe. Une loi donne aujourd'hui cette protection aux photoreporters, désormais payés en salaire dans leurs agences. C'est un bien mais aussi un mal, car le photographe perd en indépendance.

Un photographe, c'est un propriétaire, une profession libérale. Pas un salarié, pas un métayer. C'est la même chose pour mon cinéma. Je suis propriétaire de tous mes films. Je ne les ai jamais faits pour un client ou pour une télévision. Comme avec mes photos, je trouve mes sujets, l'argent, mes diffuseurs. Cette mentalité me vient des États-Unis, un pays qui me fascine pour son sens de l'entreprise individuelle. Quand un photographe me dit : *« Je suis photographe salarié à l'AFP »*, il fait le choix de recevoir un salaire quel que soit son travail. C'est un choix, pas le mien. Pour moi, un photographe n'est pas un ouvrier mais un artiste.

Quand on me propose de rejoindre l'agence Magnum, la première chose que je fais est de lire les statuts. Ils sont d'une intelligence incroyable. C'est comme une ferme autogérée : mettre des choses en commun, mais jamais sa personnalité artistique.

Auteur est un statut. Mais un artiste affirme une esthétique. Comment avez-vous forgé la vôtre ?

À 20 ans, même si je cherche à tenir un équilibre entre la forme et le contenu, je me dis journaliste, comme tous les reporters autour de moi. Le contenu et l'information priment. Et puis doucement, la forme et le beau marquent leur empreinte. Mais cette question reste longtemps un débat abstrait, la rapidité d'exécution tient trop de place dans ma pratique, et mon atelier est dehors. Le mot esthétique reste un mot difficile jusqu'au moment où je découvre cette phrase de Heidegger : *« Seule la forme conserve la vision. »*

La découverte du « style documentaire » de Walker Evans est aussi un temps fort, puisqu'il est le premier à affirmer que le documentaire peut être de l'art. Dire cela dans les années 40-50, et même avant, c'est révolutionnaire. À cette époque, en France, le photographe qui opère dans la rue cherche à s'effacer tout en essayant de montrer sa virtuosité, en jouant avec les plans, la netteté et le flou, les perspectives, le mouvement... Walker Evans, au contraire, impose sa présence et enracine son cadre dans le sol, sans bouger. Petit à petit, je tends vers sa tradition. Mais on ne peut dire que mes images – de Bardot à Megève jusqu'à mes récents portraits d'Indiens du Brésil au Polaroid – définissent une esthétique. Un concept ? Pas plus, car tout se mélange. J'aime m'adapter au mieux de la sensibilité du moment. Mais j'ai une distance avec les choses, c'est sûr.

On a dit de mes premières photos qu'elles étaient « timides », trop éloignées du sujet, trop dehors. J'ai jadis photographié les Jeux olympiques au téléobjectif. Depuis quelques années, je réalise un portrait de la France et de ses paysages à la chambre. On a parfois moqué mes photos de dos. Depuis 1968, il m'arrive de photographier avec un objectif grand angle, un 21 mm Schneider, monté sur le Leica. C'est une optique extraordinaire. Le combattant derrière lequel je cours à Beyrouth, je le fais avec lui et je l'attrape avec cet objectif. Il ne me quitte pas. Il n'est pas simple à utiliser, mais si je suis un peu en colère, si je ne reste pas passif mais « dedans », si je veux continuer de courir, il est parfait.

Tout cela pour dire que je suis difficile à cerner, mais, en fait, je n'ai pas trop changé. Je m'exprime en images pour percevoir au mieux. Pas comme un professionnel, mais comme un amateur. Mon problème en fait est ailleurs. Beaucoup de gens, dans la

Ci-dessous et à droite : « Le Garet », la ferme de l'enfance, Villefranche-sur-Saône, 1984

Ci-contre : paysan de Lozère, 2007

photo documentaire, ne voient que le contenu et pas la forme, la description et pas la poésie.

À la sortie de mon exposition « Terre natale », à la fondation Cartier, une femme me dit à propos de ces portraits sonores de gens du monde entier dont la langue est menacée : *« Vous avez montré toute la misère du monde. »* Ce n'est pas du tout ce que je voulais traduire. C'est toute l'ambiguïté de l'image. Mais ce n'est pas une raison de démissionner. Je continue résolument de travailler la forme. J'avance... Toujours avec l'image.

Vos films n'ont-ils pas installé votre image d'artiste, plus que vos photos ?

C'est vrai parce que j'ai réalisé une quinzaine de films qui sont sortis dans les salles de cinéma et pas directement à la télévision. La première fois que j'entends ce terme d'auteur, c'est en 1977 après la première séance de mon premier film sorti en salles, *Numéros Zéro*, sur le lancement du quotidien *Le Matin de Paris*. Il y avait quarante-huit spectateurs, et la productrice Pascale Dauman se tourne vers moi et me dit : *« Un auteur est né. »* Quarante-huit personnes, c'était beaucoup pour un documentaire sur un journal naissant.

Il y a autre chose. J'assiste au montage de tous mes films et cela m'apprend à regarder, juger, choisir, construire. Je prends conscience que ce qui se passe entre deux images – entre raccord et ellipse – est essentiel. Dans mon premier long-métrage, un documentaire sur la campagne présidentielle de Giscard d'Estaing en 1974, je comprends une chose toute simple : laisser sortir Giscard du cadre me permet de le reprendre où je veux dans le plan suivant. Le spectateur peut le quitter à Grenoble et le retrouver à Bordeaux. Alors que si je le coupe à l'écran, sans qu'il ne disparaisse, le plan suivant est impossible ou pauvre. Le montage a un fort potentiel de fiction et il permet aussi de mieux lire le réel, même si je pense comme Jean Rouch : tout est fiction.

Ce travail au montage m'aide à construire mes photos et à les présenter dans les expositions et dans les livres. Dans le registre du montage cinématographique, on n'a pas fait mieux que l'ouvrage *Les Américains* de Robert Frank. Les photographes fuient trop ces questions, ils ne travaillent pas assez leurs images et leurs montages.

Votre premier court-métrage, en 1969, est consacré à la minute de silence des Pragois visant à commémorer le premier anniversaire de la mort de Ian Palach, qui s'était immolé par le feu pour s'opposer à l'intervention des chars russes en Tchécoslovaquie. Pourquoi prendre une caméra et non un appareil photo ?

L'image en mouvement est un rêve d'enfant, un rêve aussi de l'agence Gamma, qui est toute jeune. Nous voulons expérimenter, je peux oser des choses. Je veux étirer la minute de silence – le film dure douze minutes –, et le cinéma est le meilleur moyen de le faire. C'est comme si je filmais ces gens pour la première ou la dernière fois. Ils sont magnifiques, car arrachés à leur quotidien. Entre mélancolie et perte.

Les bases de mon cinéma sont dans ce film. Montrer des choses qui disparaissent, un temps qui passe, mais sans nostalgie. Quand je fais un plan fixe de dix secondes, on me dit que c'est parce que je suis photographe. C'est faux, c'est même le contraire. C'est le rapport au temps qui s'oppose. En photo, je l'arrête ; au cinéma, je l'étire.

> « Quand je fais un plan fixe de dix secondes, on me dit que c'est parce que je suis photographe. C'est faux, c'est même le contraire. En photo, j'arrête le temps ; au cinéma, je l'étire »

Un autre temps fort de votre construction en tant qu'auteur est la sortie de votre petit livre *Notes*, en 1979, qui associe des photos des guerres du Liban et d'Afghanistan à des mots intimes adressés à une femme. Comment est venue cette idée ?

Je suis alors très amoureux, mais c'est un amour non partagé. Je pars pour le Liban en pleine guerre civile, d'où je rejoins l'Afghanistan avant l'intervention soviétique. Dans ce second pays, il se trouve que mon guide et traducteur est le futur commandant Massoud. Ce que je vois est extraordinaire, je suis entre euphorie et désespoir. *Life, Stern* publient des photos de ces deux pays en guerre. J'ai la tête ailleurs et je veux constituer un carnet de voyages. Un éditeur de poésie remarque une plaquette que j'avais publiée deux ans auparavant sur la guerre au Tchad, avec textes et images. L'éditeur évoque les *haïkus*, ces petits poèmes japonais. Je pense aussi à un essai de Barthes qui dit que le texte qui accompagne l'image est relais ou ancrage.

Ancrage, c'est simple, c'est la légende. Relais, c'est plus complexe, c'est raconter autre chose que ce que l'on voit sur l'image. J'opte pour l'image relais. Je montre un combattant libanais en action ou Massoud dans la montagne et j'écris : « *Je pense à toi.* » Les photoreporters ont très mal perçu le fait que je me mette en avant. Ce n'est pourtant pas un geste conceptuel de ma part. Mais ce n'est pas un hasard non plus. Le dialogue texte-images me fascine depuis toujours.

Le texte peut être le pire ennemi de l'image quand on ne le contrôle pas. J'ai voulu le contrôler. J'ai écrit une voix off, comme dans un film de Chris Marker ou de Jean Rouch. Voilà pourquoi le livre, plus que le journal, est devenu le support naturel de mes images. J'ai une idée extrêmement ambitieuse et démocratique du livre. C'est pour cela que j'en ai fait une quarantaine.

C'est donc bien à ce moment-là que vous prenez vos distances avec la presse pour gagner le monde artistique à travers livres, films et expositions ?

Je prends du recul vis-à-vis de la presse au moment où je sature du photojournalisme. Avec *Notes,* je veux tuer l'exotisme de la guerre qui domine les journaux illustrés. J'ai alors conscience des limites de la photo classique, j'en ai marre d'attendre le bon vouloir des journaux, je veux construire mon récit comme je l'entends, fabriquer ma maquette. Et traiter l'événement de la façon la plus quotidienne et banale.

Une histoire en Afghanistan cristallise tout cela. À l'approche d'un village, Massoud me dit de monter sur un cheval. Des enfants surgissent et me jettent des noix. C'est une tradition. Plusieurs mois après, je découvre l'image dans *Stern* avec cette légende : « *Les enfants fuient les bombes.* » En fait, ils courent après les noix. Je suis triste car je ne vois pas d'avenir pour cette photographie. Le cinéma m'aide alors à avancer. Je veux redonner la parole aux gens, moi qui ai tellement capté leur image. Mon cinéma part de là, filmer des mots, enregistrer ce que j'appelle le « discours frais ».

Voilà comment, alors que je suis photographe, je décide de construire un cinéma fondé sur la parole. Sur le naturel des gens filmés, aussi. Pour cela, avec ma caméra, je deviens abat-jour ou portemanteau et prends un plaisir immense à être transparent. Gamin, à la ferme, j'avais vu une photo prise à Lourdes d'un caméraman au milieu des pèlerins. Il leur disait : « *Ne regardez pas la caméra, priez !* » Je m'en souviens, car c'est un peu la métaphore de mon cinéma : « *Ne regardez pas la caméra, parlez !* » XXI

« Le livre est devenu le support naturel de mes images. J'ai une idée extrêmement ambitieuse et démocratique du livre. C'est pour cela que j'en ai fait une quarantaine »

Ils sont cinq photographes français, leurs univers esthétiques divergent, mais ils ont grandi avec Raymond Depardon et partagent avec lui une certaine attitude. Ils enregistrent la matière vivante, sur le terrain, et pas en studio, et ils affirment leur vérité sur une personne ou sur un paysage. Ils ont le goût du voyage. Ils s'agitent ou se posent pour construire des images contemplatives. Ils n'aiment pas l'exotisme, avancent à leur rythme. Ils s'expriment essentiellement en couleur. Ils publient dans les journaux, exposent dans des musées, font des livres soignés. Ils appartiennent à une génération « flottante », pas vraiment dans le monde de la presse, pas totalement dans celui de l'art. Loin des chapelles, en somme. M.G.

Christophe Bourguedieu

Christophe Bourguedieu, né à Marrakech en 1961, installé à Paris, est un jeune homme discret qui photographie en voyage, là où les sensations sont les *« plus fortes »*, dit-il, là où il *« épuise »* ses sentiments. Il a réalisé ses images aux États-Unis, en Finlande, en Australie. Les titres de ses livres invitent à aller voir ailleurs : *Le Cartographe* (2000), *Tavastia* (2002), *Eden* (2004), *Les Passagers* (2007), tous publiés aux éditions Le Point du jour.

Il faut se méfier. Bourguedieu n'est pas un baroudeur illuminé ou un beatnik qui aurait perdu sa boussole. Rien de touristique dans ses images aux couleurs chaudes. Prenons *Les Passagers*, dont les prises de vue ont été réalisées en Australie : paysages, portraits, intérieurs, vues urbaines, détails du quotidien. Rien n'est identifié, on ne sait rien de ces garçons et filles, et pourtant chaque lieu, chaque visage, nous semble familier. Rares sont les photographes qui arrivent à traduire cette fragilité rassurante des lieux et des personnes.

CHRISTOPHE BOURGUEDIEU

Jean-Christian Bourcart

JEAN-CHRISTIAN BOURCART

Jean-Christian Bourcart, né en 1960 à Colmar, est un agité qui adore braver les interdits pour montrer ce que l'on ne peut pas voir, un peu comme Depardon quand il jouait au paparazzi. Il a récupéré dans un laboratoire de la Fnac des photos ratées de mariages des années 70 et les a exposées. Il a pris sans se faire voir des photos dans un *eros center* de Francfort ou dans un club échangiste (*Forbidden City*, 2000). Il a projeté sur des maisons aux États-Unis des photos de cadavres irakiens réalisées par des soldats américains. Il a réalisé des films, et on lui doit une convaincante autobiographie illustrée, *Sinon la mort te gagnait* (Le Point du jour, 2008).

« Je suis photographe car je suis voyeur », dit Bourcart. L'animal ne rechigne pas à travailler pour la presse – *« J'aime que les images circulent »*. Retenons enfin la série *Traffic* (Janvier Léo Scheer, 2004) : Bourcart s'est posté au bas de son appartement de New York et il a photographié au téléobjectif, souvent à leur insu, des gens au volant, dans les embouteillages. Les visages sont tragiques, fantomatiques, émouvants.

Guillaume Herbaut

Né en 1970, membre fondateur du collectif Œil public, Guillaume Herbaut est le chef de file d'une génération de photographes aussi à l'aise dans les journaux que dans les musées. Son sujet : les blessures de l'histoire. Herbaut a rompu avec le noir et blanc, et avec la composition virtuose qui vise à cadrer un ou plusieurs personnages sur fond de paysage. Il opère en couleur et dissocie les approches : les portraits d'un côté, le cadre de vie de l'autre.

Son premier livre, qui a marqué, est *Tchernobylsty* (Le Petit Camarguais, 2003), qui témoigne des ravages sur les corps et sur les paysages après l'explosion de la centrale de Tchernobyl, en 1986. Herbaut a aussi photographié la ville d'Oswiecim, en Pologne, où fut implanté le camp d'Auschwitz, ou encore les vengeances de sang qui déciment des familles en Albanie. Son dernier livre, *Urakami* (Anabet, 2006), le plus radical par son opposition entre beauté et atrocité, a pour sujet les traces cachées et visibles de l'explosion de la bombe atomique à Nagasaki, au Japon.

GUILLAUME HERBAUT/ŒIL PUBLIC

Thibaut Cuisset

LA RUE DE PARIS DE THIBAUT CUISSET

Thibaut Cuisset, né en 1958 à Maubeuge, est un paysagiste apparu dans les années 80 ; à cette époque, il y en avait peu. Ce voyageur et marcheur intuitif, *« mélange de concentration et de distraction »*, dit-il, prend son temps lorsqu'il part *« en campagne »* avec sa chambre photographique. Thibaut Cuisset a réalisé des images en Australie, Suisse, Espagne, Italie, Corse, Turquie, Japon, Namibie, Islande. Récemment, il était en Syrie.

Qu'il montre des montagnes, le désert ou un fleuve, il tend vers l'épure, sans que l'on puisse identifier le site, mais sans pourtant s'éloigner de ce qu'il a vu. Son talent est d'offrir ce qu'il appelle *« un concentré de paysage »*. Les couleurs sont pastel, la lumière est douce, il n'y a pas de détail distrayant, ni de motif superflu. *« Je vais à l'essentiel, vers une représentation du pays à la fois puissante et discrète.* Il a publié deux livres aux éditions Filigranes en 2005 : *Le Dehors absolu*, sur l'Islande et la Namibie, et *La Rue de Paris*, à Montreuil.

Lise Sarfati

Lise Sarfati est née à Oran en 1958, elle a grandi à Nice, elle a étudié le russe, et personne n'a photographié les adolescents comme elle. On peut le vérifier à travers son livre *The New Life* (Twin Palms, 2005), qui rassemble 50 portraits en couleur de jeunes américains, surtout des filles, qui posent dans leur cadre de vie, en Californie, en Louisiane, au Texas ou en Oregon.

Cette membre de l'agence Magnum confie que sa vie est traversée par de longues périodes d'*« intériorité »*. On pense la même chose devant ces photos lumineuses de jeunes filles qui nous ignorent superbement mais qui restent incroyablement vivantes. Cette impression est renforcée par l'album *Fashion Magazine*, que Lise Sarfati a réalisé en 2008 avec Magnum : des demoiselles de la classe moyenne, habitant Austin, portent des vêtements de Paul Smith ou de Christian Lacroix. Bien plus que des vues de mode, un travail sur la personnalité.

LISE SARFATI/MAGNUM

Jusqu'en 1980, Saly était un village de pêcheurs au sud de Dakar. C'est aujourd'hui le plus grand centre touristique d'Afrique de l'Ouest. En haute saison, plus de 20 000 personnes s'y retrouvent le long des plages. Soleil, mer, golf, quad... Saly attire aussi des retraités européens. L'un d'eux est le père du dessinateur. « C'est pas beau la vie ? », lui demande-t-il. Le fils ne répond pas : il dessine.

Récit graphique d'Hippolyte

L'AFRIQU

Hippolyte a 32 ans. Et la bougeotte. Il voyage, explore, touche à tout. Du dessin au théâtre en passant par la photo, il aime ouvrir son champ. Dans *L'Afrique de papa*, il s'est lancé dans une nouvelle exploration.

D'abord, il raconte une histoire vraie, celle de son père, installé au Sénégal depuis quatre ans. Deux fois marié, deux fois divorcé, le père d'Hippolyte fut agent de voyages et vendeur de voitures. À sa préretraite, il vend sa maison de Haute-Savoie et, pour le même prix, en achète trois à Saly, une petite ville étalée le long des plages de l'Atlantique, à 80 kilomètres de Dakar. Il s'installe dans l'une de ses résidences, loue les deux autres.

Hippolyte connaît très peu son père. Il se rend à Saly pour ses 60 ans. Il passe deux semaines dans cette ville, en reste interloqué. *« Quand on arrive, on franchit d'abord une barrière sur laquelle est inscrit "Bienvenue à Saly", puis on remonte une immense avenue qui longe la mer, sur la gauche. Là, avant le centre, des lotissements. Puis, dans le centre, des commerces, des bars, des hôtels, des boîtes. Juste après, une petite ruelle mène au village de pêcheurs originel. Et alors, tout au long de l'avenue, encore d'autres lotissements, arborant chacun un nom fait pour rêver : "Bougainvillées" ou "les jardins de Popenguine". Chaque lotissement a son gardien, sa piscine, son accès privé à la plage. »*

Deux mondes cohabitent dans cette ville à part, développée voici vingt ans pour les Blancs et totalement artificielle : *« Saly est comme une petite ville de province française avec de petits jardinets proprets, des ronds-points impeccables et les mêmes immeubles d'affaires où l'on trouve les mêmes agences bancaires, les mêmes assurances, les mêmes galeries. »* Saly est en Afrique comme une bulle sur un lac. Le père d'Hippolyte est un Blanc d'Afrique. Son Afrique est celle de papa. La raconter n'a pas été facile. Avant le départ d'Hippolyte, son père avait lu son carnet de

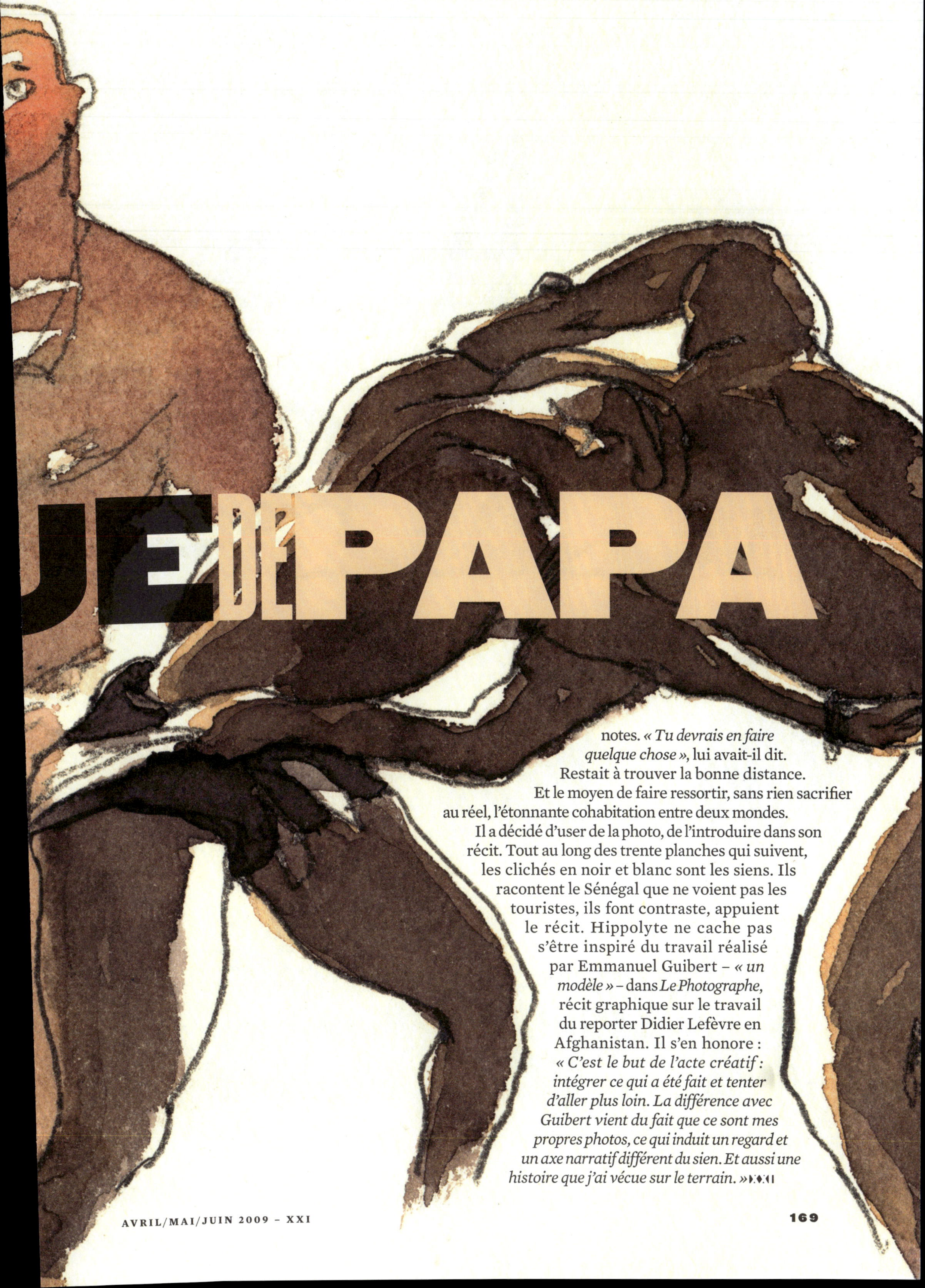

UE DE PAPA

notes. *« Tu devrais en faire quelque chose »*, lui avait-il dit. Restait à trouver la bonne distance. Et le moyen de faire ressortir, sans rien sacrifier au réel, l'étonnante cohabitation entre deux mondes.

Il a décidé d'user de la photo, de l'introduire dans son récit. Tout au long des trente planches qui suivent, les clichés en noir et blanc sont les siens. Ils racontent le Sénégal que ne voient pas les touristes, ils font contraste, appuient le récit. Hippolyte ne cache pas s'être inspiré du travail réalisé par Emmanuel Guibert – *« un modèle »* – dans *Le Photographe*, récit graphique sur le travail du reporter Didier Lefèvre en Afghanistan. Il s'en honore : *« C'est le but de l'acte créatif : intégrer ce qui a été fait et tenter d'aller plus loin. La différence avec Guibert vient du fait que ce sont mes propres photos, ce qui induit un regard et un axe narratif différent du sien. Et aussi une histoire que j'ai vécue sur le terrain. »* XXI

mphh!
CRAC!
CRAC!
CRAAL!
umph!!
CLAC
CLAC
CLAC
CLAC
OUCH!

JE SUIS CALÉ AU FOND DE CET A321 D'IBERIA, DIRECTION DAKAR VIA MADRID.
AUJOURD'HUI JE M'ENVOLE POUR LE SÉNÉGAL POUR Y RETROUVER MON PÈRE.
IL VA AVOIR 60 ANS ET HABITE SALY DEPUIS 4 ANS.
C'EST LA PREMIÈRE FOIS QUE JE LUI RENDS VISITE.
4 ANS QU'IL ME PARLE DES MERVEILLES DU SÉNÉGAL ET DE SALY, DU BONHEUR DE LA RETRAITE AU SOLEIL...

À BORD, LA POPULATION EST ASSEZ BIGARRÉE.
BOUUUUOOOOOCCAAHHH
LE SPECTRE ALLANT DE L'EXUBÉRANT ESPAGNOL AU SÉNÉGALAIS FINEMENT SAPÉ DE RETOUR AU PAYS EN PASSANT PAR LA MAMA AYANT REVÊTU SON PLUS BEAU "BOUBOU".
L'AMBIANCE EST JOYEUSE, ÇA PARLE HAUT ET FORT. DES RIRES TRANSPERCENT L'ATMOSPHÈRE.
DERRIÈRE MON SIÈGE, RANGÉE 35, TROIS HOMMES SONT ASSIS.
TROIS JEUNES.
DEUX BLANCS ENCADRENT UN JEUNE NOIR.
IBERIA

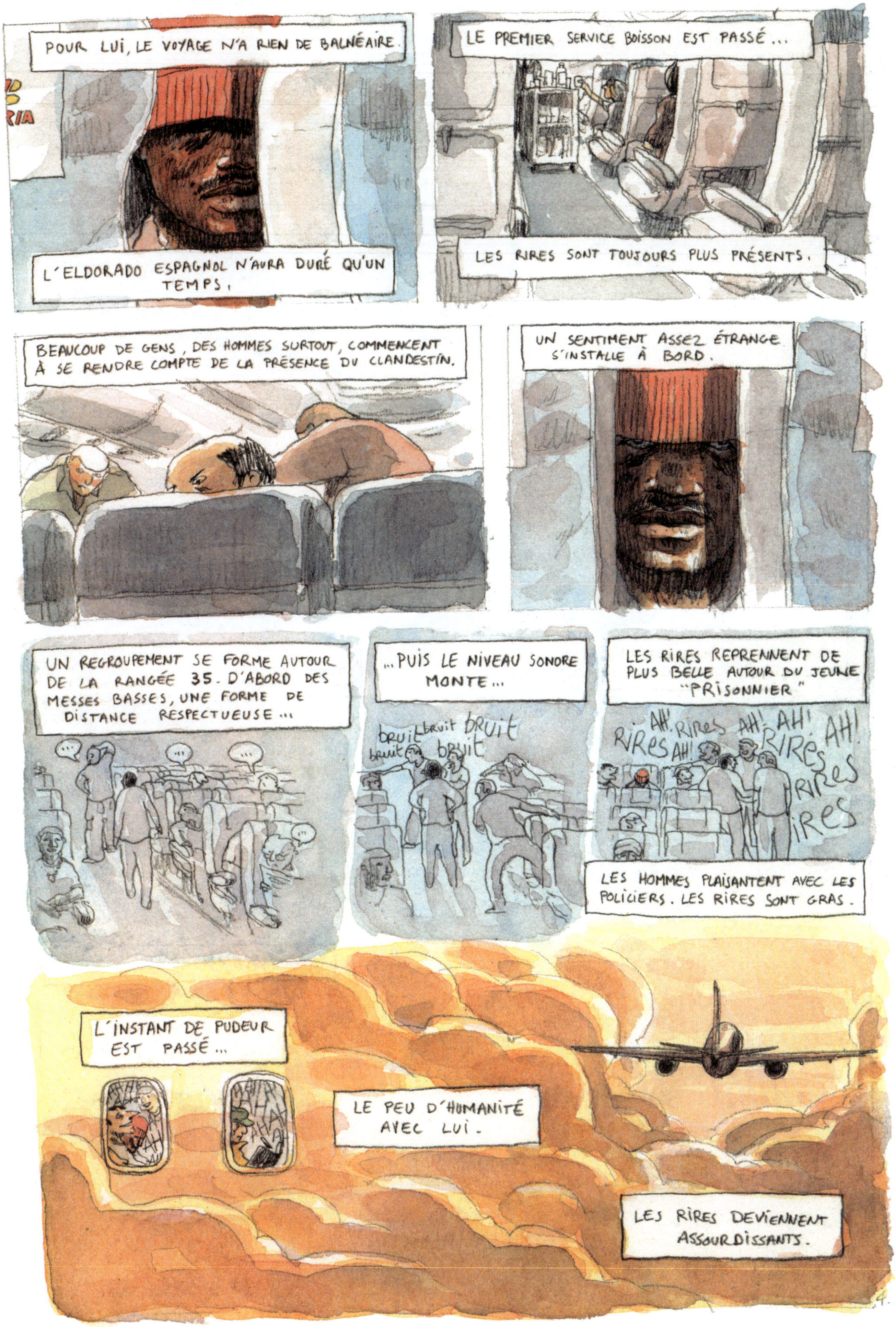

POUR LUI, LE VOYAGE N'A RIEN DE BALNÉAIRE.
L'ELDORADO ESPAGNOL N'AURA DURÉ QU'UN TEMPS.
LE PREMIER SERVICE BOISSON EST PASSÉ...
LES RIRES SONT TOUJOURS PLUS PRÉSENTS.
BEAUCOUP DE GENS, DES HOMMES SURTOUT, COMMENCENT À SE RENDRE COMPTE DE LA PRÉSENCE DU CLANDESTIN.
UN SENTIMENT ASSEZ ÉTRANGE S'INSTALLE À BORD.
UN REGROUPEMENT SE FORME AUTOUR DE LA RANGÉE 35. D'ABORD DES MESSES BASSES, UNE FORME DE DISTANCE RESPECTUEUSE...
...PUIS LE NIVEAU SONORE MONTE...
bruit
bruit
bruit
bruit
bruit
LES RIRES REPRENNENT DE PLUS BELLE AUTOUR DU JEUNE "PRISONNIER"
AH!
Rires
AH!
AH!
AH!
Rires
rires
rires
LES HOMMES PLAISANTENT AVEC LES POLICIERS. LES RIRES SONT GRAS.
L'INSTANT DE PUDEUR EST PASSÉ...
LE PEU D'HUMANITÉ AVEC LUI.
LES RIRES DEVIENNENT ASSOURDISSANTS.

!!!
OUCH!!
Umphh!!
OUCH
Umph!!

ARRÊTE DE RÊVER OMAR...
CE N'EST PAS COMME ÇA QUE TU DEVIENDRAS UN CHAMPION !
CE N'EST PAS COMME ÇA QUE TU T'EN SORTIRAS...
CONCENTRE-TOI SUR LA LUTTE ! LA LUTTE OMAR !
LA LUTTE !

L'AFRIQUE EST LÀ, JOYEUSE ET DÉBORDANTE, DANS LE BORDEL DE L'AÉROPORT DE DAKAR.
L'AFRIQUE EST LÀ, AUTOUR DE MOI, DANS MES NARINES, ELLE M'ENVAHIT...
MON PÈRE A ENVOYÉ SON CHAUFFEUR, PAPE. RIEN QUE PAPA QUI ENVOIE PAPE ÇA M'AMUSE DÉJÀ...
TON PÈRE EST TRÈS CONTENT DE TE VOIR, OUI !
...
CONSTRUIT IL Y A UNE VINGTAINE D'ANNÉES, SALY EST VITE DEVENUE LA STATION BALNÉAIRE PHARE DU SÉNÉGAL. LA DESTINATION NUMÉRO UN DES TOUR OPERATORS.
C'EST PLUTÔT DÉSERT ICI... ON EST LOIN DE SALY ?
NON, ON EST BIENTÔT. ICI ILS VONT CONSTRUIRE LE NOUVEL AÉROPORT.
À CAUSE DE SALY ?
OUI, OUI ! COMME ÇA BEAUCOUP DE TOURISTES POURRONT VENIR, OU PLUS DE GENS COMME TON PAPA VIENDRONT HABITER !
J'IMAGINAIS ÇA DIFFÉREMMENT.
AH OUI ? AH ! AH !

BEAUCOUP DE FRANÇAIS VIENNENT Y COULER UNE RETRAITE À PRIX DISCOUNT ET TOUT EST ÉVIDEMMENT PRÉVU POUR LEUR BONHEUR. POUR EUX, TOUT EST PLUS DOUX QU'EN FRANCE.
CARROUSEL
CENTRE COMMERCIAL DU
PRESSE
Samedi SOIRÉE SÉNÉGALAISE
ALCOOL BON MARCHÉ, CIGARETTES LOW COST, LANGOUSTES À GOGO, PLAGE DE SABLE FIN, SOLEIL TOUTE L'ANNÉE...
MASSAGES CALIFORNIE THAILANDE INTEGRAL
ALLUMER LE FEU
ALLUMER LE
LA MAISON DU CUIR
LOCATION BUGGY
C'EST SÛR QUE ÇA CHANGE DE DAKAR...
AH OUI ! LES GENS AIMENT BIEN !
BELLES VILLAS ENTOURÉES DE BOUGAINVILLIERS, JARDINIERS, PISCINES, FEMMES DE MÉNAGE, FEMMES DE PASSAGE ... ICI, L'EUROPÉEN PEUT JOUIR SANS ENTRAVE.
ICI Bientôt RESIDENCES DU GOLF
ICI, IL A LE POUVOIR DE L'ARGENT. CELUI QUI FAIT BAISSER LES TÊTES. CELUI QUI FORCE LES SOURIRES. CELUI QUI REND IMPORTANT...
... LE RÊVE.
ALORS, ELLE EST PAS BELLE LA VIE !
BIENVENUE DANS L'AFRIQUE DE PAPA.

pfou pfou
JOR DAN

PUTAIN, ILS SONT TOUJOURS EN TRAIN DE COURIR...
...ÇA ME DÉMONTE !
...
MAIS ÇA C'EST PARCE QU'ILS ONT RIEN À FOUTRE ET QU'ILS VEULENT RIEN FOUTRE !!
C'EST VRAIMENT DES FEIGNANTS...
PFFF...
ALORS ! ON N'EST PAS BIEN LÀ !

*surnom donné à mon père sur les tables de jeux...

Hippolyte

TIENS ! C'EST MON GAMIN ÇA !
AH ! TON PÈRE Y VA TE MONTRER LES BONS COINS ! T'ES AVEC UN CHAMPION LÀ !
ICI ON S'ÉCLATE !
PUTAIN OUAIS ON EST BIEN !
ET T'AS SU ?
NAN...
ILS ONT CAMBRIOLÉ JIPÉ !
OUAH !! ÇA CRAINT !
FAUT FAIRE SUPER GAFFE ICI...
PUTAIN OUAIS ! C'EST VRAIMENT TOUS DES VOLEURS...
OUAIS ÇA CRAINT...
BON ALLEZ ... ALLAAAAAHAAAA ... PÉRO !! AH ! AH !
AH ! AH !
OUAIS ELLE EST BONNE
AH ! AH !
SALUT BINGO !
AH ! AH ! ELLE MARCHE TOUJOURS CELLE-LÀ...
TU VOIS C'QU'IL A BERNARD HEIN ! UN "BOMBARDIER" JAUNE ! ÇA C'EST LA CLASSE !
MAIS J'VAIS M'EN PRENDRE UN ! AVEC ÇA ICI T'ES LE ROI !
ILS ONT TOUS ÇA MAINTENANT LES TOUBABS ! LES TOUBABS, C'EST LES BLANCS ICI HEIN ! J'T'EXPLIQUE !
PUTAIN, AVEC ÇA ON TE RESPECTE ICI...

QUAND LA JOURNÉE TIRE À SA FIN, LES LUTTEURS SE RETROUVENT ET COMMENCENT LEUR ÉCHAUFFEMENT FINAL.
ILS LAISSENT DER-RIÈRE EUX LES MAISONS "AFRICAINES" DES TOUBABS ET LEURS DIFFÉRENTS JOUJOUS HIGH-TECH.
ILS VIVENT LEUR VIE.
ILS N'AIMENT PAS TROP ÊTRE PRIS EN PHOTO TU SAIS...
... COMME DES CURIOSITÉS.
OK.
ICI, C'EST UNE PARENTHÈSE DANS SALY...
C'EST UN MOMENT À EUX, PAS UN SHOW
LES CORPS DES LUTTEURS S'ENTRECHOQUENT. LEUR SUEUR SE MÊLE AU SABLE QUI RECOUVRE LEUR MUSCULATURE IMPOSANTE, LES FAISANT RESSEMBLER À DES STATUES.
LA LUTTE EST LE SPORT NUMÉRO UN AU SÉNÉGAL, DEVANT LE FOOT, ET PEUT BRASSER BEAUCOUP D'ARGENT. CHAQUE VILLAGE A SON CHAMPION ET BEAUCOUP DE JEUNES RÊVENT DE LE DEVENIR. ICI, LES CHAMPIONS SONT DES STARS ADULÉES. ET, EN AFRIQUE COMME AILLEURS, TOUT LE MONDE VEUT ÊTRE UNE STAR.

DODO N'EST PAS UN LUTTEUR, SIMPLEMENT UN ARTISTE EXILÉ À SALY POUR LE TRAVAIL. IL RÉALISE DES PEINTURES AFRICAINES AU KILOMÈTRE POUR LES TOURISTES. LE SOIR, IL VIENT JOUER SES MORCEAUX FACE AU COUCHANT ET AUX LUTTEURS. APRÈS UNE JOURNÉE DE FAUX-SEMBLANTS, C'EST POUR LUI UNE "PARENTHÈSE ENCHANTÉE".
À SALY, IL Y A DE L'ARGENT ET DU TRAVAIL.
MOI JE VIENS DES MONTAGNES, À L'EST.
MA FEMME ET MA FILLE VIVENT LÀ-BAS. ELLES N'ONT JAMAIS VU LA MER.
JE PEUX RENTRER UNE FOIS PAR MOIS POUR LEUR AMENER L'ARGENT ET LES SERRER DANS MES BRAS...
LA PROSTITUTION ?
...
C'EST SOUVENT UN MOYEN DE S'EN SORTIR, DE FAIRE VIVRE SA FAMILLE, DE SURVIVRE, VOIR D'ACCÉDER À L'EUROPE.
AU RÊVE.
BEAUCOUP ESPÈRENT LE MARIAGE, HOMMES OU FEMMES...
ICI, POUR T'EN SORTIR, TU AS LE SPORT OU LES EUROPÉENS. ÊTRE UN CHAMPION OU UN ÉTALON. C'EST TOUJOURS TON CORPS QUE TU DONNES.
MOI JE SUIS PAS TRÈS BEAU ET PAS TRÈS COSTAUD, ALORS JE PEINS ET J'ÉCRIS DES CHANSONS ! AH ! AH ! MAIS MOI SI TU VEUX TU PEUX ME PRENDRE EN PHOTO !

* femme de ménage
femme à tout faire

NOUS AUSSI BEAU GOSSE ! ON VA TROUVER DE QUOI S'OCCUPER...
C'EST PAS LE TOUT DE BOIRE DES COUPS !
AH ! AH ! EUX C'EST DES BONS, ÇA C'EST SALY TU VOIS... ON S'ÉCLATE ICI !
NOUS ON VA ALLER SE PRENDRE L'APÉRO TRANQUILLE DANS UN BAR QUE JE CONNAIS !
LE PATRON EST DE HAUTE-SAVOIE. AH ! AH ! LUI AUSSI IL SAIT VIVRE ! IL EST SUPER !
IL A TOUT COMPRIS, IL SE FAIT DES COUILLES EN OR ICI !
TU VERRAS, ILS ONT DES PIZZAS, ILS TE LES COUPENT ET TOUT... AVEC UNE BONNE SAUCE PIQUANTE...
...UN P'TIT COUP DE ROSÉ PAR-DESSUS...
ELLE EST PAS BELLE LA VIE !
FAUT SAVOIR VIVRE MERDE... AH ! AH !
AFRICA
CAPTAIN 69 MASSAGES
KARTING
L'ETAGE

SALUT GRAND !
L'ETAGE MENU
TU NOUS METS UNE TABLE !
INSTALLEZ-VOUS ! IL EST ENCORE TÔT...
LÀ Y A PERSONNE HEIN, MAIS TU REVIENS À 22H C'EST BLINDÉ !
ET PIS AVEC DES BELLES, PFOU...
... ELLES ARRIVENT DE PARTOUT !
MESSIEURS...
VAS-Y FAIS TOI PLAISIR ! Y EN A MÊME À L'ANANAS POUR LES JEUNES AH! AH!
LES VACANCES J'TE DIS !
Y A RIEN DE SÉNÉGALAIS PAR HASARD ?...
DESSERTS
L'ETAGE MENU
PIZZAS
GLACES
AH! AH!
T'HABITES PAS LÀ TOUTE L'ANNÉE TOI, PFFF...
MOI J'EN PEUX PLUS D'LEURS TRUCS...
VOILÀ L'DERNIER TRUC LOCAL QUE J'BOUFFE ! AH! AH!
ELLES ARRIVENT TÔT... ELLES ONT DÛ ME VOIR !
ALORS LES TOUTES BELLES !!
VOUS AVEZ PAS PEUR D'ATTRAPER FROID LÀ ?
AH! AH!
LES VACANCES J'TE DIS !

PUTAIN, SI ELLES SONT BELLES LES SÉNÉGALAISES !
MAIS TU VOIS, LE MIEUX C'EST LES CASAMANCIENNES...
OUAHH ! SI ELLES SONT BELLES LES CASAMANCIENNES !!
MAIS AU LIT ÇA VAUT RIEN...
...C'EST FABRIQUÉ MAIS ÇA BOUGE PAS...
...ELLES SE DONNENT PAS...
AH ! SI ON EST BIEN !

AU DÉPART, SALY ÉTAIT UN VILLAGE DE PÊCHEURS.
KHALIFA ABABACAR
SY MALICK
LE VILLAGE EXISTE ENCORE ET TOUCHE LA VILLE NOUVELLE.
À DEUX PAS DES NÉONS, ON TROUVE LA MOSQUÉE ET L'ÉCOLE DU VILLAGE.
LES PÊCHEURS SONT TOUJOURS PRÉSENTS, MAIS ILS SE BORNENT À EMMENER LE TOURISTE EN BALADE ET ARRONDISSENT LEUR FIN DE MOIS EN OFFRANT LEURS CHARMES À QUELQUES EUROPÉENNES EN MANQUE D'EXOTISME.

AUJOURD'HUI C'EST L'AÏD, APPELÉ ICI TABASKI. IL EST 7H30 SALY S'ÉVEILLE À PEINE ET UNE PETITE FOULE SE MASSE SUR UNE DES PLACES DU VILLAGE. DE VIEUX SÉNÉGALAIS SONT PRÉSENTS, DES ENFANTS OBSERVENT DE PRÈS ...
TOUS SONT VENUS ASSISTER À L'ÉGORGEMENT D'UN BOEUF QUI SERA ENSUITE DÉPECÉ ET DÉCOUPÉ AU RYTHME DES PRIÈRES.
MA PRÉSENCE INTRIGUE.
ON M'INVITE À ME RAPPROCHER. LES VILLAGEOIS SEMBLENT HEUREUX QUE JE M'INTÉRESSE À EUX.
ILS ME DEMANDENT DE LES PHOTOGRAPHIER AUTOUR DE LA BÊTE SACRIFIÉE.
LES DIFFÉRENTS MORCEAUX QUITTERONT LE LIEU DANS DE GRANDES BASSINES ARGENTÉES ET NUMÉROTÉES. CHAQUE VILLAGEOIS DISPOSERA D'UNE PARTIE DE L'ANIMAL DURANT LA FÊTE DU SOIR, SOUS LE GRAND BAOBAB DU VILLAGE, PERPÉTUANT AINSI LA TRADITION.

LE VILLAGE NE FAIT PAS FORCÉMENT PARTIE DU CIRCUIT TOURISTIQUE MAIS CERTAINS "OSENT" L'AVENTURE...
ET VOUS AVEZ COMBIEN DE FEMMES ?
TROIS !!
AH ! TU SERAIS CONTENT TOI ICI !
ALORS Y EN A UNE POUR LE LIT, UNE POUR LA BOUFFE ET UNE POUR LES ENFANTS, HEIN ?
BEN CHEZ NOUS TU VOIS C'EST PAS POS-SIBLE HEIN, LES FEMMES ONT BEAUCOUP PLUS DE DROITS !
ALORS ! COMBIEN LE BOUBOU ? COMBIEN ?
QU'EST-CE T'EN PENSES ?
C'EST VILAIN MAIS C'EST PAS CHER...
C'EST PAS CHER MAIS POUR EUX C'EST ENORME !!
ILS GAGNENT RIEN NORMALEMENT...
BON ! ON REPASSERA PLUS TARD HEIN !
SALUT !

BIENVENUE À TOUS
DIOUF
9
POUR LA GRANDE RÉUNION DE LUTTE DE…
OMAR VIENS !
ON VA À SALY !
LES CHAMPIONS SONT PRÊTS…
ALLEZ OMAR ! TRAÎNE PAS !
L'ETAGE

PFFF... LA LUTTE...
EN DIRECT
SI C'EST NUL...
ÇA SE BALANCE PENDANT 2 PLOMBES SANS RIEN FOUTRE...
AH! AH!
PUTAIN DE FEIGNANTS...

ils m'entraînent !
13

BOULANGERIE LAYAL
AH! AH! METS-NOUS DES GAZELLES*!
Les dém
minuit
* bière sénégalaise
AH! SI ON EST BIEN LÀ!
insomn
les démons de
AH! AH!

minuit
AH! AH!
ils m'entraînent...
AH! AH! AH!
ELLE EST PAS BELLE LA VIE !
LE PARADIS !
SI C'EST PAS L'BONHEUR !!

ICI, POUR T'EN
SORTIR...

... TU AS LE SPORT...
... OU LES EUROPÉENS ...

... ÊTRE UN CHAMPION...
... OU UN ÉTALON...

C'EST TOUJOURS TON CORPS QUI T'AIDE...
... OU QUI TE PERD.

Dans les arcanes de Saly

AFP

AFP

AFP

• Situé sur la commune de Mbour, Saly est aujourd'hui le **plus grand centre touristique** de l'Afrique de l'Ouest.

• Créée de toutes pièces à proximité du village, **la station balnéaire a été inaugurée le 24 février 1984,** au moment où le tourisme prenait son essor au Sénégal, destination peu familière auparavant.

• Le nombre d'habitants est difficile à fixer en raison des allées et venues des touristes, et de la présence de **nombreux résidents temporaires,** qui viennent passer à Saly quelques mois par an. Cependant, une moyenne de **20 000 personnes** en haute saison est le plus souvent avancée.

• Le **développement rapide du tourisme de masse,** dans un pays plutôt démuni, n'est pas sans conséquences sur la petite délinquance, la prostitution et la pédophilie, ou encore sur la propagation du sida et des infections sexuellement transmissibles.

Pour ne pas ternir l'image de Saly, ces **problèmes ont longtemps été tus.** Mais des mesures ont été prises : en 2002, un observatoire pour la protection des enfants contre les abus et l'exploitation sexuelle, Avenir de l'enfant (ADE), a ainsi été créé. Les hôtels de Saly sont maintenant tenus d'afficher dans leurs chambres un **avertissement** expliquant les dangers de la pédophilie.

La prostitution au Sénégal est **officiellement interdite** pour les mineurs de moins de 21 ans.

Des essais

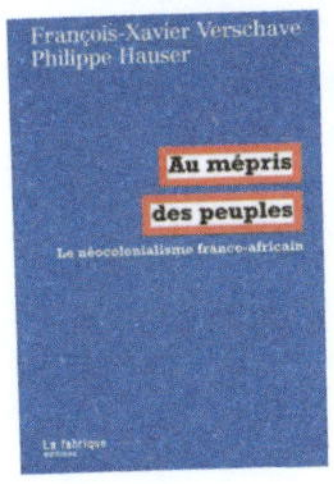

***Petit Précis de remise à niveau sur l'histoire africaine à l'usage du président Sarkozy*, sous la direction de Adame Ba Konaré** (La Découverte, 2008). Vingt-cinq contributions de spécialistes ou de jeunes chercheurs qui abordent avec rigueur et précision un pan de l'histoire méconnue du continent africain. Cette réponse au discours de Dakar du président français est une entreprise d'historiens, du Nord comme du Sud.

***Au mépris des peuples* par François-Xavier Verschave et Philippe Hauser** (La Fabrique éditions, 2004). Une réfutation des thèses selon lesquelles le désastre actuel est imputable aux Africains eux-mêmes.

Des romans

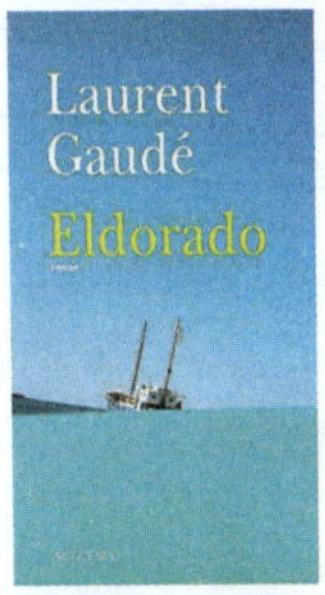

***Eldorado* de Laurent Gaudé** (Actes Sud, 2006). Deux histoires s'entremêlent. Celle du commandant Piracci, gardien de la citadelle d'Europe, chargé d'intercepter les embarcations de clandestins, et celle de deux Soudanais s'apprêtant à entreprendre le dangereux voyage vers l'eldorado européen.

***Plateforme* de Michel Houellebecq** (Flammarion, 2001). Prenant pour cible le tourisme sexuel en Asie, ce roman parle de notre temps. *« Dès qu'ils ont quelques jours de liberté les habitants d'Europe occidentale se précipitent à l'autre bout du monde, ils traversent la moitié du monde en avion, ils se comportent comme des évadés de prison. »*

Un film

***Vers le Sud* de Laurent Cantet** (2006). D'après une histoire de Dany Laferrière, Laurent Cantet met en scène deux Américaines (Charlotte Rampling et Karen Young) en vacances en Haïti. Les deux femmes se disputent les charmes d'un jeune gigolo du cru. Pouvoir de l'argent, séduction, misère sentimentale et histoire d'amour se mélangent, jusqu'au drame annoncé.

Un livre photo

***L'Afrique à poings nus* par Philippe Bordas** (Seuil, 2004). D'un côté, les boxeurs du Kenya ; de l'autre, les lutteurs du Sénégal. Pendant quinze ans, Philippe Bordas a suivi et a photographié cette Afrique du combat, livrant un témoignage photographique et poétique exaltant.

Une bande dessinée

***Paroles sans papiers* par Alfred, Mattotti, Gipi, Peeters, Jouvray, Kokor, Bruno, Pedrosa, Munoz, Chauvel et Place** (Delcourt, 2007). Neuf témoignages mis en image par certains des auteurs les plus intéressants du moment. Neuf destins pour mieux comprendre la réalité de l'immigration en France.

LES AUTEURS DE XXI

Célia Mercier
Tarzan et Jane, version pachtoune, p. 34-45

J'ai passé mon enfance entre l'Égypte, la Turquie et l'Indonésie. Après des études en France, j'ai travaillé quelques mois au *Parisien* avant d'aller découvrir l'Amérique du Sud, tout en réalisant des reportages. Puis je suis partie en voyage sac au dos au Pakistan et en Afghanistan en 2003. J'y suis restée plusieurs années. À Islamabad, j'ai travaillé comme correspondante pour *Libération*. J'écris pour la presse magazine et j'ai réalisé une dizaine de reportages télévisés, depuis les rave party de Karachi jusqu'aux talibans de Swat (Arte, Canal + et M6).

Delphine Minoui
Cousin, cousine à Beyrouth, p. 46-55

Journaliste indépendante, Delphine Minoui, 34 ans, couvre depuis 1997 l'actualité de l'Iran et de sa région. Elle a notamment suivi pour Radio France et *Le Figaro* l'après-11 septembre en Afghanistan. Elle a reçu le prix Albert Londres 2006 pour ses reportages en Iran et en Irak. Après avoir été basée pendant dix ans à Téhéran, elle s'est récemment délocalisée à Beyrouth. Elle est l'auteur des *Pintades à Téhéran : chroniques de la vie des Iraniennes* (Éditions Jacob-Duvernet, 2007) et a dirigé l'ouvrage collectif *Jeunesse d'Iran : les voix du changement* (Autrement, 2001). Elle vient de prêter sa plume à la plus jeune divorcée du Yémen, à laquelle elle reverse ses droits d'auteur.

Guillaume Perrier
Les Jésuites de l'Islam, p. 56-67

Né en 1976, Guillaume Perrier est journaliste indépendant. Il s'est installé en 2005 à Istanbul, sur la rive européenne du Bosphore, pour décortiquer les mutations de la Turquie. Depuis, correspondant pour *Le Monde* et pour Europe 1, il collabore régulièrement à plusieurs titres de la presse française (*Le Point*, *Le Journal du dimanche*, *L'Équipe*...) et a publié, pendant trois ans, sur le site Internet du *Monde*, un blog : Au fil du Bosphore. Au gré de l'actualité et de ses reportages, il voyage fréquemment dans les pays environnants : Irak, Caucase, Grèce, Chypre, Liban... Dès qu'il en a l'occasion, il se rend également en Afrique.

Hector Mediavilla
Les sapeurs de Brazza, p. 68-93

Photographe documentaire, Hector Mediavilla habite à Barcelone. Il s'intéresse aux sujets de société et n'aime rien tant que les perspectives originales. Il travaille essentiellement en Afrique et Amérique latine. Ses images ont été publiées par *Géo* (Allemagne), *Time*, *New York Times*, *Alternatives Internationales*. Il a reçu un prix Picture of the Year 2007. Avec d'autres photographes espagnols, il a créé le collectif Pandora.

Pierre Pratabuy
L'effacée des Kennedy, p. 94-105

Né à Chambéry en 1976, il entre à l'Agence France presse à sa sortie du CFJ, en 2001. Après cinq ans de journalisme économique à Paris et dans la City de Londres d'avant la crise, il passe au service général à Marseille où il vit actuellement en famille. De ses études d'histoire, il a gardé le goût de l'archive et de l'ambiance feutrée des bibliothèques. A voyagé au Rwanda, au Vietnam, au Costa Rica et aux États-Unis. Aime les bistrots, le cinéma et les vieux logos publicitaires. Un regret : la trompette.

Charlie Buffet
Une plume dans la cage du Tibet, p. 106-117

Né en 1963. Ne connaissait de la Chine que le versant tibétain de l'Himalaya lorsqu'il s'est retrouvé à Pékin. Depuis bientôt deux ans, il y tient la chronique montagne du *Monde*, et explore l'inconnu : le mandarin et la plaine. A publié *Première de cordée* (Robert Laffont, 2003), *La Folie du K2* (Guérin, 2004) et *Échappées belles* (Hoëbeke, 2007).

Léna Mauger
Les évaporés du Japon, p. 118-129

Née à Paris en 1983, Léna Mauger globe-trotte depuis son plus jeune âge. Elle retrouve cependant la capitale lors de ses études (Sciences Po et un DEA d'histoire). Dans sa famille, issue de paysans cotentinois et de poètes picto-charentais, ses parents journalistes l'ont influencée *« à l'insu de leur plein gré »*. Après plus de deux années bien remplies au service société du *Nouvel Observateur*, elle est aujourd'hui indépendante et collabore à différents supports de presse écrite et de télévision.

Anne Aghion
Mon voisin, mon tueur, p. 130-141

Cinéaste franco-américaine, elle a grandi à Paris et vit à New York. *Mon voisin, mon tueur* est son sixième film et le quatrième de sa série sur la justice au Rwanda. Les deux premiers films ont été diffusés dans le monde entier. *Au Rwanda, on dit* a été couronné d'un Emmy en 2005, et *Gacaca* a reçu le prix Fellini de l'Unesco en 2003. En 2008, Anne Aghion a réalisé *Ice people*, un film coproduit par *Arte* et Sundance Channel qu'elle a tourné en Antarctique et qui explore les défis personnels et émotionnels de la vie des chercheurs *« sur la glace »*.

Guillemette Faure
Enquête sur Sophie Boegner, p. 142-153

J'ai passé douze ans aux États-Unis. J'ai écrit un livre (sérieux) sur les femmes condamnées à mort en Amérique (*Je ne suis pas Karla*, Le Serpent à plumes, 2002), un autre (léger) sur les idées toutes faites que les Américains ont sur les Français (*La France made in USA*, Jacob Duvernet, 2005). Écrit entre New York et Paris, le troisième (sérieux et léger) traite des célibataires qui décident d'avoir des enfants seules (*Un bébé toute seule ?*, Flammarion, 2008). Elle travaille aussi pour le site d'info rue89.

Michel Guerrin
Entretien avec Raymond Depardon, p. 154-167

Né à Nice en 1957, Michel Guerrin est journaliste au *Monde* depuis 1983. Il rejoint le service culture en 1991, prenant en charge la rubrique photographie tout en réalisant des enquêtes sur le monde de l'art et sur la culture. Depuis 2005, il est chef du service culture. Il enseigne, à Lausanne, au Centre romand de formation des journalistes (CRFJ) et à l'École cantonale d'art (ECAL). Il est l'auteur de *Profession : photoreporter* (Gallimard, 1988), *Raymond Depardon* (Nathan, 1999), *Guy Bourdin Exhibit A* (Seuil, 2001), *Réalités, un mensuel français illustré*, avec Anne de Mondenard (Actes Sud, 2008).

Hippolyte
L'Afrique de papa, p. 168-201

Né en 1976 en haute savoie, j'ai toujours été attiré par l'image. D'abord illustrateur pour la presse et la jeunesse (*Le Nouvel Obs*, *Le Monde*, Nathan...), je suis auteur de bandes dessinées depuis 2003 (*Dracula*, *Le Maître de Ballantrae*, *Minik*). Changeant régulièrement d'univers et de latitude, je tente toujours de trouver la réponse graphique la plus appropriée aux histoires que je développe. Je m'intéresse de plus en plus au rapport entre photographie et dessin comme outil narratif. Mon travail est régulièrement exposé en france et à l'étranger.

ILLUSTRATIONS

Lorenzo Mattotti
Couverture et pages 30-31

Lorenzo vit et travaille à Paris. Après ses études d'architecture, il se consacre à la bande dessinée. Pour les enfants, il a illustré et publié *Pinocchio* de Collodi, *Le Pavillon dans les dunes* de Stevenson et *Eugenio,* qui a reçu en 93 le grand prix de Bratislava. Mattotti a aussi travaillé dans le domaine de la mode, réinterprétant pour la revue *Vanity* les modèles des plus grands couturiers. Il a réalisé des campagnes publicitaires et dessiné les couvertures de revues telles que *The New Yorker, Le Monde, Suddeutsche Zeitung*. En 1995, le Palazzo delle Esposizioni de Rome et le Frans Hals Museum de Haarlem lui ont consacré une anthologie.

Placid
Détonnant p. 20-21

Je suis né en 1961 à Caen, où j'ai grandi. À vingt ans, je suis venu faire une carrière d'artiste à Paris. À l'époque il n'y avait pas Internet mais j'ai participé à de nombreux *graphzines*, des fanzines graphiques à petits tirages, souvent photocopiés, c'était la mode. J'ai fait aussi de la peinture, à la mode aussi dans les années 80, du dessin, des illustrations, des affichages de rue, des décos de carnaval, des journaux, des livres. Encore aujourd'hui, je suis peintre, dessinateur et graphiste (pour XXI notamment).

Dimitri Planchon
Tarzan et Jane, version pachtoune, p. 34-45

Né à Paris en 1977, Dimitri Planchon fait ses études l'École nationale des arts décoratifs de Strasbourg. Auteur et illustrateur, il commence à publier ses bandes dessinées en 2003 dans le magazine *Fluide Glacial,* chez qui sort son premier album, *Jésus et les copains*. Il collabore également à *L'Écho de savanes*. Son dernier livre, *Blaise,* est paru chez Glénat.

Michael Sterckeman
Cousin, cousine à Beyrouth, p. 46-55

Je suis né en 1976 dans le nord de la France, où j'ai passé une enfance sauvage et sportive. J'ai hésité un long moment entre une carrière scientifique et le dessin et j'ai finalement embrassé ce dernier, pour le meilleur et pour le pire. Après les beaux-arts d'Angoulême, je me suis installé à Paris pour y travailler comme illustrateur et auteur de bande dessinée. Depuis 2000, mes histoires explorent les rapports humains et les relations complexes qu'entretient l'homme avec la nature. J'ai publié chez Ego comme X, Atrabile, Milan, Actes Sud, Sarbacane, Dupuis...

Christian Roux
Les Jésuites de l'Islam, p. 56-67

Autodidicate, Christian Roux est né en 1952 à Calais. Il publie très vite dans *Actuel, Charlie Mensuel* et *Harakiri* puis dans la presse française (*Marie Claire, Cosmo, Le Monde, Libération, La Tribune*...) et américaine (*Washington Post, New Yorker, Chicago Tribune, Wall Street Journal*). Depuis une dizaine d'années, il s'est lancé dans la création graphique pour l'édition. Christian Roux écrit et dessine des livres pour les enfants tout en continuant à publier régulièrement dans la presse.

Olivier Marboeuf
L'effacée des Kennedy, p. 94-105

Comme il ne sera pas footballeur professionnel, ni chercheur en biologie, Olivier Marboeuf devient graphiste et illustrateur autodidacte. Il est aujourd'hui directeur artistique de l'Espace Khiasma aux Lilas, commissaire d'exposition indépendant, auteur et critique. Il pratique la vidéo et collabore avec le spectacle vivant pour occuper le reste de son temps libre.

Stéphane Kiehl
Une plume dans la cage du Tibet, p. 106-117

Né en 1975, Stéphane Kiehl est diplômé de l'École nationale supérieure des beaux-arts de Nancy. Il crée des mondes imaginaires où un merveilleux bestiaire croise les dernières technologies. Il adore l'abondance de détails, la truculence des motifs, les références multiples. Il travaille en tant qu'illustrateur depuis 1999, notamment pour la presse, l'édition, la communication, des festivals de musique, la publicité... Stéphane Kiehl vit à Paris.

Gérard Dubois
Les évaporés du Japon, p. 118-129

Diplômé en juin 1989 de l'école Estienne, il traverse l'Atlantique en octobre et travaille comme conseiller en design graphique au sein de diverses revues et journaux, dans le cadre des accords de coopération du Ministère français des Affaires étrangères. En 1991, il s'installe à Montréal. Depuis plus de dix ans, il a reçu de prestigieuses distinctions en Amérique du Nord, ainsi que trois distinctions, dont deux médailles d'or de la Society of Illustrators à New York. Ses travaux ont été exposés à Chicago, Los Angeles, New York, Paris, Montréal, Toronto.

Sergio Aquindo
Mon voisin, mon tueur, p. 130-141

Auteur et illustrateur argentin, né en 1974, Sergio Aquindo quitte l'Argentine en 1999. Après un périple entre Londres, Lisbonne et Barcelone, il s'installe à Paris en 2000. Un an plus tard, il publie son premier livre en français, *Les Jouets perdus* de Romilio Roil (L'œil d'or, 2005). Il travaille comme illustrateur pour la presse et collabore avec *Le Monde*. Son dernier livre, *La Mère Machine* (Rackham), est sorti en novembre 2008.

Emre Orhun
Enquête sur Sophie Boegner, p. 142-153

Jeune illustrateur de nationalité turque, né en Chine, Emre Ohrun est lyonnais d'adoption depuis 1993. Pour ses illustrations, il utilise le plus souvent la technique de la carte à gratter qu'il a vue pour la première fois dans une BD du dessinateur Thomas Ott. Il n'hésite pas à varier les plaisirs en utilisant des techniques plus traditionnelles comme le crayon, la plume, l'acrylique et la gouache, mais aussi l'informatique pour des peintures numériques. Il a publié un grand nombre d'albums pour l'édition jeunesse, mais travaille aussi régulièrement pour la presse, notamment pour *Le Monde*.

Killoffer
Ainsi la vie p. 204-205

Présenter encore Killoffer relève de la faute de goût : c'est une star. Né le 16 juin 1966 à Metz, en Lorraine, d'un père mineur et d'une mère au foyer, il dessine. C'est comme ça qu'on trouve de l'argent (chez *Libération, Le Monde*, Hachette, Renaud – le chanteur à la con – et pardon pour ceux qu'il oublie). Il dessine aussi pour son plaisir. Gratuitement. Et celui des autres espère-t-il...

AINSI LA VIE
quand on donne son argent
à une main invisible,
il disparaît
combien vous faut-il?
est-ce que tout, ça suffira?
on ira tous au parad

TES-NOUS «S'IL VOUS PLAÎT»
ES-NOUS «MERCI»
NOT'
désolé fiston: c'est pour toi l'addition
(FISCAL)

LE PRIX LOUIS HACHETTE POUR ANNA MIQUEL

Anna Miquel a reçu le prix Louis Hachette 2008 du meilleur reportage pour *Les Crocodiles du Zaïre*, paru dans le numéro 4 de XXI, évocation du Congo d'aujourd'hui au travers d'une enquête sur la mort de Philippe de Dieuleveult, tué en 1985 sur ordre de Mobutu.

Dans son allocution, la ministre de la Culture, Christine Albanel, a rendu hommage à la ténacité d'Anna Miquel et à la qualité de son travail. Jean de Dieuleveult, le frère de l'ancien animateur de La Chasse au trésor, était présent.

Le prix Louis Hachette, est décerné par un jury de journalistes présidé par Claude Imbert, et comprenant une dizaine de ténors de la profession, de Jean Daniel à Philippe Labro.

Dans la même promotion, Marion Van Renterghem a été récompensée pour un portrait de Marek Edelman, publié dans *Le Monde* et intitulé : *Le révolté du ghetto*.

Gille Biassette a été distingué pour sa série d'enquêtes sur *L'Amérique se cherche* publié dans *La Croix*.

Bertrand de Saint Vincent a été primé pour l'ensemble de ses chroniques parues dans *Le Figaro*.

XXI EN LIBRAIRIE

XXI est vendu dans plus de 1 200 points de vente : librairies générales, Relay des gares et des aéroports, grands magasins culturels (Fnac, Cultura, Forum, Virgin, espaces Leclerc), Maisons de la presse (au rayon livre). Nous avons tissé des liens privilégiés avec une quarantaine de librairies qui nous soutiennent particulièrement :

Les Abbesses, Paris 18e
Antipodes, Enghien
L'Arbre à Lettres, Paris 5e et 12e
L'Armitière, Rouen
L'Atelier 9, Paris 9e
L'Atelier 20, Paris 20e
L'Autre Rive, Nancy
Atout Livre, Paris 12e
Auprès de mon Arbre, Pau
La Boîte à livres, Tours.
Calligrammes, La Rochelle
Coiffard, Nantes
Decitre, Lyon 2e
Le Divan, Paris 15e
La Droguerie de Marine, Saint-Malo
L'Ecume des Pages, Paris 6e
Folies d'Encre, Montreuil
Le Furet, Lille
Géronimo, Metz
La Hune, Paris 6e
Joseph Gibert, Paris 13e
Kléber, Strasbourg
Libellis, Narbonne
Librairie de Paris, Paris 17e
Le Livre Ecarlate, Paris 14e
Longtemps, Paris 19e
La Machine à Lire, Bordeaux
Masséna, Nice
Le Merle Moqueur, Paris 20e
Millepages, Vincennes
Mollat, Bordeaux
Ombres Blanches, Toulouse
Page 189, Paris 11e
Païdos, Marseille
Passages, Lyon
Le Roi Lire, Sceaux
Sandales d'Empédocle, Besançon
Sauramps, Montpellier
Le Square, Grenoble
Tonnet, Pau
Virgin, Paris 8e et 18

PARIS

• Le jeudi 9 avril, rencontre avec l'équipe de XXI à la librairie L'Arbre à lettres Mouffetard, à partir de 19 h.
• La brasserie Zimmer, place du Châtelet, propose tous les exemplaires de la revue, en libre consultation, à ses clients.

LA ROCHELLE

• Le vendredi 17 avril, rencontre avec l'équipe de XXI à la librairie Calligrammes, à partir de 19 h.

METZ

• « L'été du livre » de la ville de Metz, les 5, 6 et 7 juin 2009, aura pour thème « Journalisme et littérature ». Conférences, exposition, projection de documentaire, lectures et tables rondes se succéderont pendant trois jours. Patrick de Saint-Exupéry et plusieurs auteurs de XXI participeront à cette manifestation.

leblogde21.com

Le blog propose des reportages de jeunes journalistes, des portraits des auteurs de XXI et des entretiens avec eux, des enquêtes qui prolongent les articles du trimestre.

UN NOUVEAU RENDEZ-VOUS AVEC XXI : CHAQUE DIMANCHE MATIN À 8H54, SUR FRANCE INFO

Philippe Chaffanjon, directeur de la rédaction de France Info et Jean Leymarie, présentateur des éditions matinales du week-end, expliquent leur choix.

Dès le premier jour – c'était bien avant la sortie du premier numéro de XXI ! –, France Info a souhaité accompagner cette formidable aventure.

Ce qui nous a immédiatement plu dans ce projet, c'est le pari de la longueur et de la profondeur. Oser prendre le temps de l'enquête au long cours, voire au très long cours, a séduit les tenanciers de l'immédiat que nous sommes.

Notre métier à France Info est d'offrir une information neuve à chaque instant, renouvelée et continue. Bien sûr nous proposons des moments d'enquête, des débats, des séquences de décryptage, mais nous ne dépassons pas sept minutes, sauf exception. Accompagner XXI, c'est la fierté de suivre le travail de journalistes, de photographes, de dessinateurs qui vont au-delà de la ligne d'horizon de l'actualité quotidienne.

Nous avons donc proposé que désormais, chaque dimanche matin, à 8 h 54, un auteur de XXI vienne raconter à Jean Leymarie son reportage. Les lecteurs de XXI qui voudront nous rejoindre auront le plaisir d'entendre la voix des auteurs et d'entrer dans les coulisses de leurs enquêtes. Pour les auditeurs de France Info qui ne connaissent pas la revue, ce sera une fenêtre ouverte sur le monde et sur le journalisme au long cours.

XXI, l'information grand format, se lit au rythme de son envie. On peut le lire, le relire, le laisser et le reprendre un mois plus tard. Et le succès est là : paradoxe ou conséquence logique des temps que nous vivons à l'heure d'Internet, XXI joue le rôle d'une ancre flottante dans la masse d'informations qui déferlent sur nous tous les jours, une façon de garder un cap.

Philippe Chaffanjon
Jean Leymarie
France Info

france info

À écouter sur la bande FM.
Après diffusion, les interviews seront disponibles sur le site www.france-info.com et sur leblogde21.com

LA PETITE BOUTIQUE DE XXI

Tous les numéros de XXI sont disponibles à l'unité chez votre libraire ou en commande sur **leblogde21.com**

Quelques coffrets 2008 sont encore en stock

UN HORS-SÉRIE DE XXI

Le 25 avril 2009, plus de 500 libraires indépendants se regroupent pour fêter l'amour du livre, autour de la journée « un livre, une rose ».

Depuis dix ans, l'association Verbes, créée par la libraire Marie-Rose Guarnieri, a repris en France une tradition qui fait fureur en Espagne et en Amérique latine : la san Jordi. Depuis presque un siècle, chaque année, le jour de la fête de saint Georges, dans plus de cent pays, les libraires sortent dans la rue. Des millions de lecteurs déambulent dans les rues de Barcelone et des grandes villes latines. Les hommes offrent une rose à l'élue de leur cœur et les femmes un livre à leur amoureux (d'autres combinaisons sont bien sûr possibles !).

En France, les promoteurs de cette journée (l'association Verbes, Actes Sud, les éditions Thierry Magnier et Flammarion, avec le soutien du Centre national du livre, de la région Île-de-France, du Syndicat de la librairie française et d'Europe 1) invitent chaque année un auteur et un éditeur pour célébrer à leur manière le livre et la librairie.

Cette année, c'est la revue XXI qui a été choisie. Nous avons eu l'idée de créer un hors-série de 68 pages, « **Histoires de livres** ». Au sommaire, outre des pages actualités, deux grands récits :

La Bible de Gutenberg au pays des Soviets ou les tribulations d'un trophée de la Seconde Guerre mondiale, arraché par l'Armée rouge aux Allemands et caché pendant soixante ans.

Le commissaire se cache au Mozambique ou l'histoire d'Henning Mankell, l'homme dont les polars se vendent à des centaines de milliers d'exemplaires à travers la planète, mais qui vit depuis vingt ans à Maputo la vie anonyme d'un metteur en scène de théâtre.

Le portfolio **Chut ! Je lis** explore les relations que chacun d'entre nous entretient avec cette expérience intime et rituel : la lecture.

Le hors-série se termine par un récit, tout en demi-teinte, d'Orhan Pamuk, prix Nobel de littérature, **La valise de mon papa**, qui évoque les relations avec son père sur fond d'écriture.

10 000 exemplaires, hors commerce, seront distribués le samedi 25 avril, comme cadeau à leurs meilleurs clients, par les libraires indépendants qui participent à la journée « un livre, une rose ».

Le reste du tirage sera mis en vente à partir du 7 mai 2009, au prix de 5 euros l'exemplaire.

XXI

3, rue Rollin, 75005 Paris
01 42 17 47 80 ; fax 01 43 31 77 97
info@rollinpublications.fr
www.leblogde21.fr

Directeur de la publication
Laurent Beccaria
Rédacteur en chef
Patrick de Saint-Exupéry
Directeurs artistiques
Quintin Leeds, Sara Deux
Directrice de la communication
et des partenariats
Laurence Corona
Pages actualité
Dominique Lorentz
Mise en page
Placid
Secrétariat de rédaction
Mirabelle Carré, Safia Bouda
leblogde21.com
Léna Mauger
Relations libraires
Pierre Bottura
Assistante communication
Sidonie Mangin
Comptabilité
Christelle Lemonnier
Droits étrangers
et secrétariat général
Jean-Baptiste Bourrat

Abonnements : XXI,
service des abonnements, 3, rue Rollin
75005 Paris. 01 42 17 47 80
abonnement@rollinpublications.fr
Formulaire téléchargeable
sur www.leblogde21.fr

Edité par Rollin publications,
SAS au capital de 55 728 €.
Siège social : 3, rue Rollin, 75005 Paris
Président : Laurent Beccaria.
Actionnaires : BSA (Beccaria Sivry et associées), Patrick de Saint-Exupéry, Madrigall (groupe Gallimard), Patrick Bréaud, Charles-Henri Flammarion, Laurent Hebenstreit, Dominique Villeroy de Galhau.

Avec le soutien de l'AFP et de France Info

Impression : RotoFrance impression,
rue de la Maison-Rouge, 77185 Lognes.
Commission paritaire : 0210 I 89299
ISSN 1960-8853
ISBN 978-2-35638-010-4
Dépôt légal : avril 2009.

XXI PROCHAIN NUMERO

LE 25 JUIN 2009

Réservez votre numéro chez votre libraire

DOSSIER LES ENFANTS DU PARADIS

REPORTAGE EN BD

Le Monsieur de la rue